나만의 여행시선 1

나만의 여행 시선 1

권범 지음

프롤로그

어느 영화에서 나오는 대사 중에 여행 가이드가 여행 책을 펼쳐드는 여행자에게 던진 뼈있는 말 한 마디... "관광객은 삶에서 탈출하고 싶어 하고 여행객은 경험을 하고 싶어 하죠. 삶이 얼마나 남았는지 우리는 알 수 없어요. 왜 삶에서 탈출하는데 시간을 낭비하시죠? 대신 경험하는데 쓰세요." 말인 즉은 책자나 매뉴얼에 의지하지 말고 감각과 상황에 따라 발길 닿는 대로, 마음 가는 대로 체험을 직접 해보라는 권유일거다. 그 말에 전적으로 동의한다. 단체관광 하듯이 미리 짜여진 각본대로 세부적인 일정에 따라서 움직이다보면 좀 더 시간을 갖고 살펴보거나 느껴 봐야할 것들을 놓치는 경우가 많기 때문이다. 어느 영화에서는 여행 중에 길을 잃은 사람에게 길을 잃는 순간 새로운 여행이 시작된다는 말도 같은 맥락일 거다. 그 말에 동의하지만 혼자만의 여행이 아닐 경우는 그대로 적용하기는 무리리고 본다. 발길 닿는 대로, 마음 가는 대로 움직이기에는 한 도시 안에서의 여행하는 것이 아니라면 그건 영화나 소설에서나 나올만한 낭만적인 수사에 불과한 것은 아닐까싶다. 실제 그런 상황이 현실에서 맞부딪히면 상당히 당혹스럽고 난처해질 수밖에 없기 때문이다. 가볍지 않은 캐리어를 끌고 유럽 도시의 울퉁불퉁한 보도와 언덕, 그리고 계단을 오르내리면서도 그런 사치스러운 낭만을 언급할 수 있을까? 숙소이동까지는 설계한 대로 순탄하게 이동하고 그 다음 빈손으로 나와서 움직일 때는 어느 정도 골목길을 헤매고 새로운 루트를 찾는 것은 가능하다고 본다. 그래서 나는 어느 정도의 여유시간을 두더라도 행선지와 일정 등을 사전에 설계하고 움직이는 편이다.

나는 이번 여행에세이를 쓰면서 최소 3번의 여행을 하는 셈이다. 그 첫 번째는 여행을 계획하는 과정에서다. 어디를 여행할지, 그 지역에서 어디를 우선적으로 둘러볼지, 교통편은 무엇으로 할지, 숙소는 어디에서 묵을지, 그곳에서 무엇을 꼭 경험해봐야 할지 등을 생각하고 설계하다보면 어느 새 한번의 여행을 미리 하고 있는 걸 느끼게 된다. 그 결과 날짜별로 둘러볼 곳과 이동경로 등이 나오고 그에 따라 여행에 필요한 비용과 기간들을 산출하게 된다. 어떤 지인은 귀찮지 않느냐고 하지만 나는 내 스스로 여행을 디자인하는 것을 즐겨하는 편이다. 아마도 오랫동안 광고매체전략을 수립하는 업무가 몸에 밴 탓일 수도 있다. 두 번째는 설계한 내용을 중심으로 여행을 직접 하는 과정이다. 계획할 때 상상한 모습과 비교하는 것도 나름 재미있다. 디자인하며 상상했던 것보다 막상 현장에서는 실망하는 경우도 종종 있지만... 그래서 전체 스케줄에 무리가지 않는 범위에서 기존 계획을 현장에서 수정하는 경우도 발생하기도 한다. 세 번째는 여행하면서 찍은 사진과 간략한 코멘트를 정리해서 SNS 피드에 올리고 지인들과 여행담을 공유하고 서로 대화하는 것이다. 이제는 네 번째로 한걸음 더 나아가 에세이로 집필한 여행담을 독자들과 함께 공유하면서 지난 여행을 회상하려고 한다. 물론 같은 지역을 여행한 독자들도 많을 것으로 안다. 하지만 같은 장소일지라도 보는 관점과 느낌은 사뭇 다르기 때문에 다른 여행자의 이야기를 읽고 비교해보는 것도 재미있을 것으로 판단된다. 에세이를 쓰면서 느끼는 것은 다시 이곳을 여행하게 된다면 이전보다는 더 알차게 여행할 수 있을 것 같다는 느낌이다. 글을 쓰면서 많은 자료와 미처 둘러보지 못한 부분이 많이 보이기 때문에 다시 여행할 때는 좀 더 세밀하게 살펴볼 수 있기 때문이다.

광고회사에 오랫동안 근무하면서 출장업무와 각종 행사로 주변 아시아와 오세아니아권인 일본·홍콩·대만·태국·말레이시아·뉴질랜드 등을 다녔다. 그 중에서 기회 될 때 아내와 함께 여행하고 싶은 곳으로 뉴질랜드가 떠오르곤 한다. 평온하고 청정한 자연환경과 노천온천이 추억으로 남기 때문이다. 항상 마음속에는 함께 못한 것이 못내 미안함으로 남아있었다. 두 딸과는 직장을 그만두던 마지막 해 여름, 작심하고 아이들 방학을 이용해서 15일간의 유럽 5개 도시, 런던·파리·루체른·베네치아·로마를 말 그대로 배낭여행을 계획하고 실행한 적이 있다. 어린 녀석들을 동반하고 나 역시 처음 배낭여행을 하는 것이다 보니 철저하게 준비할 수밖에 없었다. 성격상 모든 일을 사전에 최대한 설계하고 구체적인 동선과 일자별 방문지와 경비 등을 세우고 가능하면 그대로 실행하려다 보니 다소 피곤해보일 수도 있지만... 아무리 철저하게 준비한다고 해도 실전에 나서면 여러 가지 변수가 발생해서 100% 그대로 실행된 적은 없다. 그래도 무계획적으로 발길 닿는 대로 여행하기에는 방문 장소와 숙소에 대한 사전예약도 필요하고 필요한 여행경비도 준비해야 하기 때문에 나 홀로 여행처럼 무작정 나설 수는 없다는 것이 나름 소신이다.

근검절약하면서 살아온 나로서 아내와 함께 해외여행을 나선 까닭은 선친의 삶에서 느낀 점이 크게 작용했다고 본다. 평생 건강관리를 잘 하시면서 살아오시던 분이 어느 날 몸이 안 좋아 병원에서 정밀검사를 받은 결과 말기 암 판정을 받았다. 오랜 전 정기건강검진에서 정밀검사를 받아볼 것을 권유하던 소견서를 받고도 과거에 발생했던 의료 트라우마 때문에 기피한 것을 뒤늦게 후회하셨다. 그러면서 옷장 안에 좋은 날에 입으려고 소중하게 보관해오던 새 옷들을 쳐다보면서 자책하시는 것을 보니 가슴이 찢어질 듯 아파왔다. 그 당시 그 소견서를 나라도 봤더라면 지금의 상황과는 많이 달라져있을 텐데 하는 아쉬움이 나 자신을 질책하게 만들었다. 결국 부친은 얼마 후에 작고하셨고 그 과정을 경험한 나 자신에게 분에 넘치지 않는 범위 안에서 여력이 있을 때 아내와 추억을 만들어야겠다는 다짐을 하게 되었다. 그래서 처음 해외로 나간 것이 가까운 말레이시아 체러팅이라는 곳이었고 클럽메드 휴양지에서 제공하는 모든 서비스를 받으며 지냈지만 제한된 공간에서 휴식만 하는 것은 다소 지루한 느낌이 들었다. 그래서 그 다음 해부터 크로아티아를 중심으로 본격적인 해외여행을 유럽지역을 대상으로 다니기 시작한 것이 현재까지 많지는 않지만 아내와 함께 대략 35개 도시를 여행한 듯하다. 이번 에세이에서 포르투갈, 스페인, 이탈리아, 크로아티아, 슬로베니아, 보스니아 헤르체코비나, 체코, 오스트리아, 헝가리를 순서대로 독자들과 함께 다시 여행해보려고 한다.

과거에는 한번 해외에 나갈 때 가능하면 많은 도시를 한번의 여행기간에 하려는 욕심이 많았었는데 여행을 하면 할수록 드는 생각은 방문도시 수를 줄여서라도 수박 겉핥기식은 피하자는 생각이다. 제대로 한곳을 집중하지 못하는 것도 있고 매번 짐 싸고 이동하는 것도 바람직하지 않다는 것을 느끼게 된다. 코로나로 전 지구촌이 몸살을 앓던 시기 전에 다녀온 스페인·포르투갈 여행에서도 그런 생각이 강하게 작용되었다. 오랜 동안 카탈루냐 분리독립 분쟁과 IS 도심테러로 보류했던 포르투갈과 스페인 여행을 맨 처음 구상할 때는 포르투갈을 기점으로 스페인 북서부와 남부를 거쳐 모로코 쉐프샤우엔, 페즈를 여행하고 다시 스페인 동북부로 이동하는 루트를 설계하였다. 지역별로 세분해서 북서부 지역의 마드리드, 톨레도를 한 그룹으로, 그리고 중남부지역인 세비야, 론다, 말라가, 네르하, 프리힐리아나, 그라나다를 또 한 그룹으로 묶었다. 그리고 끝으로 동북부 지역의 몬세라트와 바르셀로나를 한 묶음으로 정리하였다. 그러나 앞서 언급한 것처럼 한정된 일정동안 너무 무리한 스케줄은 피하자는 판단에서 여행 콘셉트를 '선택과 집중, 그리고 과감한 생략… 여유롭게, 자유롭게'로 정하면서 1박 정도만 할 여행지는 과감하게 들어냈다. 역시 여행지를 추가하는 것보다 들어내는 게 아쉽기도 하고 어렵다. 모로코 쉐프샤우엔과 페즈, 스페인 마드리드와 톨레도, 론다 등이 그런 케이스다. 가능하면 이동을 최소화하고 매일 짐 싸는 건 힘들기도 해서 이들 7개 지역은 대상에서 제외하고 4개 지역으로 압축시켰다. 그리고 세비야에서 그라나다만 버스이동이고 나머진 항공기 이동으로 확정지었다. 숙박은 최소 포르토 2박이고 최대 4박 일정으로 재설계하였다. 물론 한 지역에서 한달살기에도 그곳을 충분히 둘러보기에도 부족하겠지만…

에세이를 쓰면서 언급하게 되는 등장인물이나 주요 장소는 가급적 여행 방문지 언어와 명칭으로 표기하려고 하였다. 그 이유는 스페인 세비야 여행 편에서도 나타나겠지만 현지인들과 대화에서 영어 명칭으로만 소통하는 데 한계를 느꼈기 때문이다. 나중에 그곳을 여행하려고 하는 독자들을 위해서도 현지인들에게 익숙한 명칭으로 표현하는 것이 필요할 듯싶어서다. 아무튼 나만의 여행시선을 담으려고 했지만 어느 정도 독자들과 공감하고 또 여행을 계획하고 있는 사람들에게 도움이 될지는 기대 반 염려 반이다.

차례

아줄레주와 동 루이스다리로 기억되는
작지만 아름다운 곳... 포르투

포르투(Porto)의 프란시스쿠 사 카르네이루공항(Aeroporto Francisco Sá Carneiro)엔 예정시각보다 1시간 늦은 밤 10시에 도착하였다. 탑승한 루프트한자 항공기가 지연된 탓이다. 그 바람에 공항에서 우리를 픽업하기 위해 대기하기로 한 택시가 그냥 갈까봐 걱정스럽다. 입국절차를 마치고 캐리어를 찾아서 나오니 거의 1시간 정도가 더 지체되었다. 택시는 항공기 도착 후 45분간만 대기하는 것으로 되어있어서 더욱 초조해질 수밖에 없었다. 부랴부랴 서둘러서 출국장을 빠져나와 기다리는 인파 속에서 다행히 우리 이름이 적힌 피켓 든 한 남성을 발견한다. 눈물나게 반가운 마음이다. 인사를 마치고 짐을 싣고 숙소로 향한다. 밖은 어두움 그 자체다. 자정을 넘겨 숙소에 도착하고 택시기사에겐 고마움에 적지 않은 팁을 주었다. 택시비용은 예약한 호텔 앱에서 지불하는 것으로 되어있었지만 감사한 마음에 흔쾌하게 주게 된다. 택시기사는 생각지도 못한 팁에 감사하다고 거듭 고개를 꾸벅인다. 새벽에 도착해서 1층 현관 벨을 누르니 중국계 현지인이 카운터에서 우리를 맞이한다. 가족들이 운영하는 작은 레지던트 타입의 숙소다. 숙박비를 선결제하고 방에 들어와 대충 짐을 정리하고 씻은 후에 잠자리에 들었다. 무척 피곤한 첫 날이다. 도착 다음 날 아침, 식사는 우리의 여행 힐링 푸드인 따끈한 누릉지탕으로 간단하게 해결하고 부랴부랴 준비하고 숙소를 나선다.

이곳 포르투는 북부지역의 대표 도시로 포르투주에 속해있고 수도 리스본(Lisboa)에 이어 인구와 경제면에서 포르투갈 제2의 도시다. 인구는 대략 24만 명 규모로 BC 29년 로마에 의해 정복된 당시에 따뜻한 지중해성 기후를 가진 이곳을 '따뜻한 항구'라는 의미의 포르투스 칼레(Portus Cale)로 불렸다고 한다. 국가명 포르투갈도 결국 포르투스 칼레에서 그 어원이 유래하였다고 한다. 이곳은 겨울에는 대서양에서 불어오는 편서풍으로 온난하고 비가 자주 내리고 여름에는 아열대 고기압의 영향으로 건조하며 더운 편이다. 연중 강수량이 많은 편이고 주로 10월부터 5월 사이에 고르게 내린다고 한다. 그래서 그런지 비가 부슬부슬 내린다. 유럽여행을 하면서 비를 경험한 적이 별로 없었는데... 첫날부터 비라니... 지금이 10월 중순이니 유럽지역은 우기 시즌이다. 걸어서 숙소 근처 보다폰 매장에 먼저 들러서 유심 칩부터 장착한다. 이전까지는 출발하기 전에 여행지에서 가장 잘 작동하는 유심 칩으로 국내에서 장착했는데도 정작 현지에

알마스 성당

나가서 작동하면 먹통이거나 원활하지 못해서 차라리 현지에 도착해서 그 지역에서 직접 정상 작동여부를 체크하고 설치하는 것으로 방법을 바꿨다. 유심 칩을 장착하고 나오는 길에 비가 바람과 함께 휘몰아친다.

서둘러 먼저 근처 재래시장인 볼량시장(Mercado do Bolhão)에 들렀다. 포르투에서 가장 오래된 재래시장으로 19세기에 지어졌다고 한다. 화려한 볼거리는 없지만 포르투갈 재래시장의 정겨운 모습이 있는 곳이다. 여행객으로는 아줄레주(Azulejo) 타일이나 각종 기념품, 각종 과일과 와인, 치즈 등을 저렴하게 구입할 수 있는 곳이다. 그런데 아쉽게도 내부공사 중이라 휴점 상태다. 이런... 출발 전에 여행정보에도 휴점 상태인 것을 메모했음에도 혹시나 하는 심정으로 와봤지만 역시나... 아쉽지만 발길을 돌려 근처 알마스성당(Capela das Almas)에 도착해서 비바람 속에 우산을 든 채 성당 건너편에서 간신히 폰 셔터를 누른다. 날씨마저 도와주질 않는다. 알마스성당은 18세기 초 지어진 성당으로 '영혼의 예배당'이라는 의미를 지니고 있다고 한다. 성 카타리나에게 헌정되어 산타 카타리나 예배당(Capela de Santa Catarina)으로도 불린다고 한다. 외관 대부분이 성 카타리나와 성 프란시스코의 모습을 묘사한 큰 규모의 아줄레주로 덮여 있다. 푸른빛의 아줄레주 배경은 포르투 방문 기념사진을 남기기 좋은 곳이다. 아랍어로 '작고 아름다운 돌(Zellij)'을 의미하는 아줄레주는 주석 유약을 사용해 그림을 그려서 만든 포르투갈의 도자기 타일 작품이다. 포르투갈의 왕인 마누엘 1세(Manuel I de Portugal)는 이슬람 세력의 점령지였던 그라나다 알람브라 궁전을 방문했을 때 이슬람 문화에서 전해진 이 타일 장식의 매력에 끌렸다고 한다. 그래서 포르투갈에 돌아온 후 자신의 왕궁을 아줄레주로 장식하였다고 하고 그 이후로 아줄레주는 포르투갈 전국에 퍼져 나가기 시작하였다고 한다. 마누엘 1세의 지시로 처음 만들어진 포르투갈 최초의 아줄레주는 리스보아주에 있는 신트라 왕궁(Palácio Nacional de Sintra)으로 유네스코 세계유산으로 지정되어 있다고 한다. 그 후 시대에 따라 포르투갈만의 독특한 아줄레주로 발전되었고 포르투갈만의 고유문화로 자리 잡았다고 한다. 리스본의 국립타일박물관에서 타일을 이용한 포르투갈의 건축양식을 엿볼 수 있다고 한다. 이 마누엘 1세는 선왕의 항해사업을 계승하여 바스쿠 다 가마(Vasco da Gama)의 인도 도착과 카브랄(Pedro Álvares Cabral)의 브라질 발견으로 명실상부한 포르투갈 해상제국을 실현한 인물이다. 그의 통치시대에 꽃피운 르네상스 건축 장식을 일컬어 '마누엘 양식'으로 불린다고 한다.

이러한 아줄레주의 본거지는 페르시아 지역이고 13세기 이전부터 백토에 푸른색 산화코발트 안료를 칠한 도기를 제작하였다고 한다. 이러한 안료가 회화청이라는 이름으로 중국으로 들어가 청화자기가 되었고 조선에는 1457년 세조 3년에 명나라에서 수입되면서 청화백자가 만들어지는 계기가 되었다고 한다. 결국 이슬람문화권은 폭염 등 환경적 요인 때문에 고급자기로 진전되지 못하고 채색타일에 집중한 반면 중국이나 한국은 산화코발트 등의 비싼 원료가격으로 인해서 타일보다는 고급자기에 제한적으로 활용해서 각자의 문화로 발전시킨 셈이다. 이러한 아줄레주 양식은 5세기 넘게 생산되어 오면서 포르투갈 문화를 특징짓는 상징이 되었다고 한다. 또한 라틴아메리카와 필리핀 등 옛 포르투갈과 스페인 식민지에도 아줄레주 전통이 전래되었다고 한다. 그러나 이제는 이러한 이슬람 문화유산기법을 전수받을 만한 계승자가 없어서 후

마제스틱 카페

대에는 사라질 위기에 처했다고 한다. 어느 나라나 어느 문화권이나 이러한 독특한 세계문화유산들이 사라지기 전에 보호하고 계승할 방법을 적극적으로 모색해야 할 듯싶다. 알마스성당 내부에는 화려한 샹들리에와 고전적인 제단, 여러 가톨릭 조형물과 성화를 볼 수 있지만 비바람이 워낙 심하게 몰아쳐서 바로 앞 건널목을 아쉽게도 건너지 못했다. 포르투갈 리스본과 스페인 마드리드 등 다른 도시를 생략하고 포르투로 향하게 한 것이 바로 아줄레주 때문이었는데... 그저 아쉬울 뿐이다. 점점 더 거세지는 비바람을 피해서 근처 유명한 마제스틱카페(Majestic Cafe)에 들렀다. 이 곳은 단순 카페를 넘어서 1920년대부터 철학가와 작가, 정치인들이 모여 토론하고 글 쓰는 곳으로 유명세를 타고 있다. 특히 소설 『해리 포터(Harry Potter』 시리즈 작가인 조안 롤링(Joan. K. Rowling)이 이 카페에서 소설을 집필했다고 해서 평상시에는 방문객들의 대기 줄이 상당히 길다고 한다. 그러나 이른 아침과 비바람 덕에 우리는 대기 줄 없이 바로 입장하였다. 내부에는 아직 테이블이 많이 비어있는 상태다. 따뜻한 초코 음료와 마제스틱 프렌치토스트로 추운 몸을 잠시 추스른다. 이 카페 내부는 무려 100년의 역사를 지

리베르다드 광장

클레리구스 성당내부

닌 아르 누보 스타일의 장식으로 요즘 말로 핫플이다.

카페를 나와서 이곳저곳을 둘러보지만 비바람이 멈출 줄 모른다. 갑작스런 비바람 속에서 그들의 결혼식을 치르던 영화 〈어바웃 타임(About Time)〉의 주인공들처럼 이러한 날씨도 낭만으로 만들 순 없을까? 빗속에서 포르투 구시가지 중심부에 자리한 광장인 리베르다드광장(Praça da Liberdade)에 이르렀다. 광장이 조성된 후 몇 차례 이름이 바뀌었는데 20세기 초부터 '자유'라는 뜻의 지금 이름으로 불리고 있다고 한다. 광장 중앙에서는 30대 국왕 동 페드로 4세의 청동상이 있고 북쪽에는 포르투 시청사가 자리하고 있다. 런던에서 주로 보던 빨간 색 이층버스가 지나간다. 다시 서둘러 근처에 있는 클레리구스 성당과 종탑(Igreja e Torre dos Clerigo)으로 잠시 은신하였다. 포르투를 대표하는 76m 높이의 전형적인 바로크 양식의 이 성당은 18세기 초반 성직자인 클레리구스 형제가 의뢰해서 이탈리아 출신 건축가가 설계했다고 한다. 내부는 전형적인 바로크식 타원형 평면도를 채택한 포르투갈 최초의 바로크 교회 중 하나로 4가지 색의 대리석으로 만들어진 로코코풍의 예배당 제단이 있다. 성당내부는 평범해 보이는 외관에 비해서 무척 화려하다. 더 이상 이 비바람 속에서 움직이는 것이 바람직하지 않다고 판단해서 원래 계획을 수정하고 일단 우리의 베이스캠프인 숙소로 작전상 후퇴하기로 하였다. 숙소 근처에 있는 산투 일드폰소 성당(Igreja de Santo Ildefonso)에 다다르자 비바람이 그치기 시작하였다. 바로크 양식으로 지어진 이 성당은 바탈랴 광장(Praça da Batalha) 근처에 있는데 1739년에 완공되었고 이탈리아 예술가의 제단화와 1932년에 아줄레주 타일로 마감한 외관이 특징이다. 성당 옆을 지나가는 트램이 참 고풍스럽다. 날씨만 좋으면 이보다 더 좋을 수 없으련만...

숙소에서 점심을 해결하고 다행히 비가 그치고 햇빛이 비쳐 바로 언덕 아래방향으로 길을 나선다. 내려가다 보면 도우루(Douro)강변에 다다르겠지 판단하고 얼마를 걷다보니 좌측 코너에 이번 포르투를 여행하게 만든, 외관은 허름해 보이는 상 벤투역(Estação Ferroviária de Porto-São Bento)을 만난다. 아줄레주 때문에 세계에서 가장 아름다운 기차역으로 선정되기도 한 곳이다. 이 역은 원래는 포르투 중앙역인데 16세기에 화재로 폐허가 된 성 베네딕토 수도원(Mosteiro de São Bento de Avé Maria)

산투 일드폰소 성당

도로 위의 트램

상 벤투역 플랫폼

자리에 재건축한 까닭에 성 베네딕토 이름을 따서 상 벤투역으로 주로 불린다고 한다. 이 역은 1900년 카를로스 1세(D. Carlos I)가 당대 최고 건축가 호세 마르케스 다 실바(José Marques da Silva)와 화가 호르헤 콜라소(Jorge Colaço)를 기용해 아름다운 기차역으로 꾸민 것이라고 한다. 현재 이 역은 인근 지역으로 운행하는 단거리 열차들만의 종착역으로 활용중이라고 해서 그런지 생각보다 한산한 편이다. 기차역 내부 아줄레주 작업은 1905년부터 11년에 걸쳐서 제작되었고 약 2만 장의 타일을 사용해서 포르투갈의 역사적 사건을 세밀하게 묘사한 작품이라고 한다. 역 입구 왼쪽에는 카스티야왕국 이브레아왕조 초대국왕이자 레온왕국 보르고냐왕조 초대국왕인 알폰소 7세(Alfonso VII)의 발데베스 전투(Torneio de Arcos de Valdevez)와 에가스 모니스 전투(Torneio de Egas Moniz)를 묘사한 장면이 북쪽 벽면 전체에 펼쳐져있다. 그 아래에는 그 당시 왕국의 수도인 톨레도에서 엔리케 왕자의 스승이자 귀족인 에가스 모니스가 기마랑이스(Guimarães) 지역 포위공격 이후 목에 스스로 밧줄을 맨 채 알폰소 7세

상 벤투역 내부 아줄레주

포르투 대성당과 엔리케 왕자 기마상

를 찾아가서 자신의 목숨과 아내, 아들을 바치는 모습을 그린 또 다른 작품이 묘사되어 있다. 결국 알폰소 7세는 이런 에가스 모니스의 진정성 있는 행동을 높게 평가하고 그를 용서했다고 한다. 이 벽화작품에 이끌려서 다른 도시를 제치고 이곳으로 날아와서 그 장면을 직접 목격할 수 있는 것이 여행의 진정한 보람이 아닌가 싶다. 그리고 오른쪽에는 동 알폰소 1세(Dom Afonso I), 즉 엔리케의 세우타(Ceuta) 정복에서 무어인들을 물리치는 장면도 함께 묘사되어 있다. 건축물의 윗면과 아랫면 구분선에 붙인 띠 모양의 장식물인 프리즈(frieze) 아래쪽과 위쪽 프레임은 양식화된 기하학적 패턴의 파란색·갈색·노란색 타일 선으로 구분되어 있는데 입구 윗부분의 벽 중간 중간에는 그 당시 서민들의 삶과 시골풍경을 묘사한 작은 패널작품도 섞여있는 등 여러 가지 색상의 아줄레주로 둘러싸여 있다. 남쪽 방향으로는 주앙 1세(João I)국왕과 랭커스터의 필리파(Filipa)가 결혼을 축하하기 위해 말을 타고 포르투에 들어서는 모습 등도 묘사되어 있다. 그러나 한편으로는 작가인 화가 호르헤 콜라소가 캔버스 화가이자 캐리커처 작가여서 그런지 자세하게 살펴보면 그의 벽화작품에서 다소 만화적인 모습도 엿보인다. 이곳으로 우리를 이끈 아줄레주 타일로 장식된 대형벽화가 그들 포르투갈의 전성기를 뽐내고 있다. 한참을 넋을 놓고 그 아줄레주 대형벽화 장면들을 살펴보다가 역을 나와서 대각선변으로 우뚝 솟은 건물로 발길을 옮긴다. 포르투 대성당(Sé do Porto)이다. 포르투의 제1 성당으로 입구에는 엔리케 왕자의 청동 기마상이 먼저 보인다. 이 기마상을 지나니 성당건물 정면이 보이고 탑 두 개가 양옆으로 함께 서있다. 12세기 로마네스크 풍으로 건축되었고 파사드의 고딕 장미 창문은 초기 건축 이후 변형되지 않은 채 원래 모습을 그대로 간직하고 있다고 한다. 성당의 탑은 13세기 당시 고딕 양식으로 지어졌으며 회랑은 14세기에 건축되었다고 한다. 또한 18세기에 내부를 아줄레주로 장식해 아름다움을 더하고있다. 성당 앞 광장에는 페로우리뇨(Pelourinho)란 높은 기둥이 세워져 있는데 죄인과 노예를 묶어 놓고 매질하는 용도로 사용했다고 한다. 이러한 공공장소에서 중세시대에 특정 개인에 대한 신체적 형벌을 가하는 행위와 도구들은 크로아티아 자다르(Zadar) 등 유럽여행 중에 곳곳에서 목격하게 되는데 공정한 재판을 한 것인지 의심스럽다. 중세시대는 권력자인 교황이나 추기경 등 종교지도자들

성당광장 앞 페로우리뇨

의 권위와 해당지역 성주나 지배자들의 위세에 의해서 마녀사냥 등이 비일비재했기 때문이다. 프랑스 소설가이자 정치가인 빅토르 위고(Victor Hugo)의 『파리의 노트르담(Notre-Dame de Paris)』에서도 그 참상이 잔혹할 정도로 묘사되고 있다.

성당에서 아래 강변 쪽을 바라보다 광장 난간에서 '밀당러' 갈매기 한 녀석을 만난다. 갈매기가 무언가 할 얘기가 있는 듯한지 아내가 그 녀석과 옆에서 한참동안 그 자리에 선 채로 대화를 나눈다. 아마도 집에 두고 온 청계 똥이가 그리운 모양이다. 청계 똥이는 현재 2살이 좀 넘었다. 청계의 평균수명이 한 8~10년 정도라니 사람 나이로 치면 30대 정도인 셈이다. 이 녀석은 2년 전 6월초에 아들내미 방 책상 밑에서 인공부화 장치를 통해서 이 세상에 모습을 드러냈다. 아내가 내게 먹게 해주려고 사온 청계란에서 두 개를 부화시켰는데 그 중 한 개에서 이 녀석이 태어난 것이다. 태어나기 전까지 전혀 모른 채 감쪽같이 속은 셈이다. 내 성격상 털이나 각질, 배변처리 같이 집안이 지저분해지는 것을 별로 좋아하지 않아서 집에서 애완동물 키우는 것을 꺼려하는 편이다. 그러나 이렇게 이 세상에 나왔으니 이젠 평생 책임질 수밖에... 아내는 이 녀석이 알을 낳으면 주겠다고 회유 아닌 회유를 했지만... 아내와 애들은 병아리 시절부터 이 녀석을 데리고 매일 산책을 시키려 나가곤 했는데 점차 성장해서 머리 벼슬이 커지고 수놈이라는 정체를 알게 된 시점부턴 아내는 함께 데리고 나가질 않는다. 일종의 실망감을 느낀 걸까? 아무튼 완전 성체가 되는 데는 채 몇 개월이 안 걸렸다. 모습은 마치 수묵화에서나 볼 수 있는 흰 바탕에 진회색 깃털, 붉은 벼슬, 멋진 녀석으로 성장하였다. 아파트 단지 내 산책을 나서면 아이돌 부럽지 않은 인기가 많은 녀석이다. 창문을 열어

우리 집 애완 닭 청계 똥이와 친구 바니인형

놓으면 우는 소리에 시끄러울까봐 우리는 노심초사하지만 정작 주변사람들은 그 울음소리가 정겨운 모양이다. 잠자리는 아들 방 회전의자에 횟대를 만들어줘서 그 곳에서 자는, 아들과는 룸메이트인 셈이다. 거실 소파에는 낮에 쉴 공간을 별도로 만들어주었다. 이 녀석, 거실 바닥에 똥을 싸서 닦아주면 미안하면서도 고마운지 똥을 닦는 순간에 와서 등을 부리로 톡톡 쪼면서 고마움을 표한다. 같이 생활하다보니 이 녀석의 희노애락에 대한 감정을 자연스레 이해하고 소통하게 된다. 애들 지인들이 의아해서 어떻게 화난 것을 아느냐고 물어보면 웃으며 그저 보면 안다고 답한단다. 그게 정답일 듯싶다. 기분이 좋으면 날개를 반쯤 펼쳐서 주변을 빙글빙글 돌며 춤을 추고 먹이가 떨어지면 빈 그릇을 톡톡 쪼며 먹을 것을 달라고 한다. 헤어 드라이기를 사용하는 걸 보면 달려가서 함께 드라이기 바람을 쐬며 춤을 춘다. 한번은 공원으로 가족과 함께 산책 가는 길에 뒤를 돌아보니 낯선 곳으로 가는 것이 걱정스러운 지 오던 집 방향으로 뒤뚱뒤뚱 뛰어가는 모습이 얼마나 우습던지... 가족들이 모두 외출하면 나 홀로 집에 할 녀석이 처음에는 현관입구까지 쫓아 나오면서 울어대더니 곧 들어온다는 걸 안 이후로부터는 똥도 참았다가 들어올 때쯤에 쌀 정도로 영리한 녀석이다. 일반 닭들은 미각과 후각이 무디다고 하는데 이 녀석은 귀신같이 냄새와 맛을 잘 알아서 우리는 애니메이션 속의 주인공인 요리하는 쥐 '라따뚜이(Ratatouille)'라고 부른다. 나도 그런 녀석이 그립다. 이 녀석 현관출입 중문 유리문에 자신의 모습이 처음 비춰진 것을 보고 마치 다른 종을 보는 듯 놀랍다는 모습으로 한참 그 자리를 떠나지 못하던 장면이 아직도 생생하다. 아마도 가족들 속에서 함께 지내다보니 제 자신을 자연스럽게 사람으로 인식한 건 아닌지... 카프카(Franz Kafka)의 소설 『변신(Die Verwandlung)』 속의 주인공 그레고르가 어느 날 아침에 잠깨어보니 한 마리 벌레로 바뀐 본인 모습을 보는 순간, 이런 심정이었을까?

우리는 갈매기와 작별하고 걸음을 재촉해서 동 루이스 1세 다리(Ponte de Dom Luís I)로 향한다. 이 다리는 포르투갈 국왕 루이스 1세의 이름을 딴 아치형 2층 구조로 1886년에 개통되었다고 한다. 포르투와 포트와인 생산지로 유명한 지역인 빌라 노바 드 가이아(Vila Nova de Gaia)를 연결하는 다리다. 구스타프 에펠의 제자로 알려진 테

동 루이스 1세 다리

오필레 세리그(Théophile Seyrig)가 설계했다고 한다. 건축 당시에 세계에서 가장 긴 다리로 매우 파격적인 형태였기 때문에 흉물스럽다는 비판도 많았다고 한다. 그 스승에 그 제자인가? 파리의 에펠탑도 그 당시 많은 비난을 받았다고 하는데 아무튼 사람들은 기존의 상식에서 벗어나는 것에 대한 반감이 본능적으로 잠재되어 있는 듯싶다. 상층부는 트램, 하층부는 차도로 이용되는데 보행자는 두 구역 모두 이용할 수 있도록 설계되어 있다. 다리 상층부는 포르투 구시가지의 모습을 카메라에 담을 수 있는 포토 스팟과 해질 무렵의 아름다운 일몰, 빛나는 도시야경을 감상할 수 있는 명소로 아줄레주와 함께 포르투를 상징하는 스팟으로 인기가 많은 곳이다. 걸어서 다리를 건너며 전망을 즐기지만 바람과 공기가 무척 차갑다. 우리나라 한강변에는 많은 다리가 있음에도 불구하고 이런 전망을 즐길 수 있는 시설과 풍경이 없다는 것이 마냥 아쉬울 뿐이다. 전 세계 많은 여행자들이 이 다리에서의 전망과 아줄레주를 보기 위해서 몰려드는데... 그저 개발지상주의를 지향하는 우리의 정책과 현실이 씁쓰름할 뿐이다. 이 곳 도우루강은 이베리아반도의 가장 주요한 강 중 하나다. 스페인과 포르투갈의 국경을 가르는 역할을 하고 있고 총 길이는 897km에 달한다고 하는데 그 중에서 112km가 양국의 국경선에 걸쳐 흐르고 있다. 이 곳 포르투갈 쪽에서는 소형선박으로 관광하는 것이 가능하고 포르투에서 대서양으로 연결되어 흐른다. 도우루강을 낀 포르투 구시가지와 포르투갈 상류계곡의 와인 생산지는 유네스코 세계문화유산으로 지정되어 있다. 원래 계획은 다리를 건너 힐 가든, 일명 모로 가든(Jardim du Morro)에서 일몰야경을 보고 대서양을 보러갈 생각이었지만 험한 날씨로 첫 도착지부터 행여나 감기에 걸릴까봐 포기하고 도우루강변으로 내려가 저녁 식사할 만한 레스토랑을 찾아 헤맨다. 그러나 여기가 포트와인으로 유명한 곳이고 주로 와인을 마시면서 강변야경을 즐기는 곳이어서 식사할 만한 곳을 찾아 헤매다가 겨우 골목언덕에서 작은 한 식당을 찾아 들어간다. 청춘들이 커플로 잇달아서 들어온다. 알고 보니 이 곳이 한국에선 맛집으로 소개된 인기 있는 집이라고 한다. 오징어튀김과 해물 밥으로 주문하고 기다리는 동안 한 가지 의문점이 들었다. 이전 지식으로는 서양인들은 비늘이 없는 어류는 '악마의 물고기'라고 해서 잡은 후 바로 버리거나 식용으로 먹지 않는 걸로 알고 있는데 이전 이탈리아 여행에서도 버젓이 오징어튀김을 즐겨먹고 이 곳에서도 문어나 오징어요리가 아무렇지도 않게 조리되고 있는 것이 의아하다. 그래서 관련 정보를 검색해보니 기독교 구약성서에 금기음식으로 언급되면서 북유럽과 게르만 민족국가인 독일·오스트리아·스위스 등에서는 아직도 금기시하는 편이란다. 북유럽 신화와 민속전설에서 전해 내려오는 거대한 바다괴물로 크라켄(Kraken)이 존재한다. 이 괴물은 18m까지 자라고 심해에 서식하는 거대한 대왕오징어(Architeuthis Dux)나 대왕문어로 상상 속의 괴물로 보는데 배와 선원을 공격한다고 전해진다. 그래서인지 소설이나 영화 속에서도 공포스러운 존재로 등장하곤 한다. 고대 그리스 신화이면서 유랑시인 호메로스(Homeros)의 서사시로 전해지는 『오디세이아(Odysseia)』에 등장하는 스킬라(Scylla)나 허먼 멜빌(Herman Melville)의 고전소설 『모비딕(Moby Dick)』의 거대한 향유고래, 영화 〈캐러비안의 해적:망자의 함(Pirates of Caribbean:Dead Man's Chest)〉등에서 반인 반문어 캐릭터인 데비 존스가 등장하곤 한다. 국내영화 〈올드 보이(Old Boy)〉에서 오대수로 분한 최민식이 서양인들에게 가뜩이나 공포 대상인 산낙지를 통째로 뜯어 씹어 먹는 장면에 경악하는 건 당연할 수밖에 없을 듯싶다. 한 가지 새롭게 안 사실은 우리는 오징어나 문어를 데칠 때 쫄깃한 식감 때문에 살짝 데치는 반면 스페인이나 포르투갈에서는 푹 데쳐서 부드러운 식감으로 먹는다는 것이다. 주문한 오징어튀김도 부드러워서 먹을 때나 소화시키는 데 더 편할 듯하다. 이후론 집에서도 문어를 데칠 때 이전보다 더 시간을 두고 데치는 습관이 생겼다. 아무튼 여행을 하면서 새로운 지혜를 습득하는 것도 또 하나의 즐거움이다. 주문한 해물 밥은 익숙한 맛이었지만 여전히 간은 센 편이다. 유럽에서는 소금을 많이 넣는 것이 손님을 귀하게 대접하는 것으로 인식하는 문화가 식문화에 아직도 남아있다고 한다. 소금이 금보다 귀했던 중세시대부터 손님에 대한 후한 대접으로 음식에 소금 간을 충분히 했다고 한다. 월급이나 일당을 의미하는

동 루이스 다리 야경

샐러리(salary)란 용어 자체도 로마시대에 군인들에게 소금(salarium)으로 월급을 지급한 데서 유래했다고 하니 이해가 가는 대목이다. 또 다른 한 가지 이유는 유럽대륙 대부분이 석회암 지질이고 물에도 많은 석회질이 포함되어 있어서 담석증이나 요로결석을 유발할 수 있고 텁텁한 석회수 때문에 음식 맛을 내기 어렵다고 한다. 이 문제에 대한 해결책으로 소금이 사용되었고 이 소금이 석회질을 제거하거나 완화해주기 때문에 음식을 짜게 만드는 습관이 여전히 남아있다고 한다. 그렇게 저녁식사를 해결하고 소화도 시킬 겸 다리 아래 강변에 위치한 히베이라 광장(Praça da Ribeira)에서 야경을 느끼고 다시 걸어서 숙소로 돌아온다. 무척 피곤한 날이다. 이곳 포르투를 배경으로 한 영화작품으로는 〈포르투〉가 있다. 짐 자무쉬(Jim Jarmusch)가 제작하고 안톤 옐친(Anton Yelchin)이라는 배우의 유작이라고 한다. 제목답게 모든 장소가 이곳을 배경으로 담고 있다. 낯선 도시에서 우연히 만난 한 프랑스 여자와 미국 남자와의 하루를 보내는 스토리인데 서로 각자의 시선으로 이야기가 전개되다가 말미에 두 사람의 이야기로 통합되는 구조로 짜여져 있다.

포르투를 떠나 세비야(Sevilla)로 이동해야 하는 3일째 마지막 날 아침, 날씨가 얄밉도록 쾌청하다. 체크아웃하기 전에 마지막으로 숙소 주변에서 포르투를 다시 느끼기로 한다. 이곳저곳을 산보하며 추억꺼리를 주워 담는다. 마침 어제 강한 비바람으로 외부사진을 못 남긴 마제스틱카페를 배경으로 한 컷 담는다. 그리고 포르투갈에서 유명한 원조격인 에그타르트(eggtart)를 맛보기 위해 근처 맛집 만테이가리아에서 간식 겸 비상용으로 산다. 국내에서도 후식으로 즐겨먹는 설탕범벅인 마카롱보다는 영양 면이나 맛 차원에서 에그타르트가 훨씬 좋다고 판단된다. 후에 귀국해서 그때 그 맛과 같은 에그타르트점을 찾아 이따금씩 여행을 추억하며 즐기곤 한다. 숙소로 돌아오는 길에 유심 칩을 장착한 보다폰 매장에 들렀는데... 아뿔싸! 오늘이 일요일이라 휴점이다. 현지 통신사 대리점에서 확인하고 설치했는데도 막상 움직이다보니 작동이 원활하지 못하다. 할 수없이 포기하고 숙소에 들어와 2박3일간의 포르투여행의 마지막 기념사진을 남긴다. 말이 2박3일이지 자정이 넘은 시간에 숙소에 도착하고 마지막 날 낮에 다른 도시로 이동하는 걸 감안하면 온전하게 여행하는 것은 이튿날 하루뿐이다. 그나마 포

포르투 거리 풍경

마제스틱카페 전경

에그타르트 유명 점포

레지던스 하늘정원 풍경

르투가 도보로 여행할 수 있는 작은 도시여서 가능했을 듯싶다. 조안 롤링이 소설『해리 포터』시리즈 집필과정에서 많은 영감을 받았다는 렐루서점(Livraria Lello)은 방문을 생략하였다. 특히 렐루서점은 서적을 구매하지 않으면 입장료를 내고 사진만 찍고 나오는 것은 아닌 듯싶고 많은 방문객 틈에서 부대끼는 것도 별로라서... 그래서 여행도 사람들이 많이 다니는 휴가시즌과 성수기는 가급적 피하는 편이다. 숙소 공동식당 옆 유리 문 밖 하늘정원엔 호스트의 엄마가 오랫동안 정성껏 키운 오렌지나무가 예쁘게 자리하고 있었다. 사진을 몇 장 남기고 도착 첫날 이용한 콜택시로 공항으로 이동해서 점심을 해결한 후 라이언에어에 몸을 싣고 다음 행선지인 세비야로 향한다.

황당하게 길 위에서 길을 잃었던 곳...
세비야

1시간 30분정도에 걸쳐서 세비야공항(Aeropuerto de Sevilla)에 도착한다. 라이언에어가 여행자들에겐 악명이 높지만 정작 루프트한자 항공보다 지연시간도 덜 하다. 라이언에어에 대한 혹평은 그때마다 발생할 수 있는 것일 뿐 일반화시킬 수는 없는 듯 싶다. 그러나 세비야 도착당일에 길 위에서 유감스럽게도 길을 잃었다. 사전에 미리 확인한 대로 공항에서 EA버스를 타고 해당 역에서 내린 후 다른 버스로 환승하기 위해서 버스정류장을 확인하고 탑승하면 별 문제가 없었는데 그 사이 한 현지인이 개입하면서 혼선이 생겼다. 그의 조언과 안내에 따라 메트로를 타면서 방향이 완전히 어긋났다. 나중에 지나가는 행인이 던진 말 한 마디에 속았다는 걸 알게 되었다. 친절을 베푸는 척 우리를 메트로로 안내한 사람은 택시운전사라는 귀띔이다. 결국 양심불량의 한 현지인에게 처참하게 당한 꼴이다. 그 와중에 예정에 없던 체험을 통해 새롭게 안 사

세비야의 지하철 플랫폼

실 하나는 우리나라 지하철이 가장 깨끗하고 좋다고 우리 스스로 이야기하는데 실제 그렇지는 않다는 것이다. 런던이나 파리 등 우리가 많이 여행하는 서유럽 도시들보다 우리가 좋은 건 체험적으로 알고 있지만 이곳 세비야에서 접한 메트로와 공항버스는 우리보다 훨씬 청결하고 첨단적이다. 물론 언제 설치했는지는 확인은 못했지만... 그 혼란스런 와중에도 공항버스 내부와 메트로 승강장 시설은 사진으로 남길 여유는 있었던 모양이다. 스크린도어까지 잘 설치되어 있고 우리처럼 광고가 사방에 도배되어 있지 않고 깔끔 그 자체다. 포르투에서 설치한 보다폰 유심이 제대로 작동했어도, 30여 페이지로 준비한 여행계획서에 세비야공항에서 숙소까지 가는 구글맵을 사진과 함께 캡처해서 붙였어도... 너무 주목되는 건축물 바로 옆에 있는 숙소라 구글맵을 복사하지 않은 것이 내내 후회되는 순간이었다. 그 바람에 말 그대로 현지인과의 대화가 영화 〈늑대와 함께 춤을(Dances with Wolves)〉에 등장하는 존 던바 중위 역의 케빈 코스트너가 된 기분... 결국 현지인들에게 물어물어 그 유명한 스팟을 찾다가 더 이상 안 될 것 같아 포기하고 택시에 오른다. 이 택시기사 역시 지친 여행자를 골목골목 돌면서 얼마 안 되는 거리를 빼빼이 돌리는 느낌인데 그냥 참는다. 아무튼 우여곡절 끝에 목적지에 도착하였다. 여행정보에 나온 '메트로폴 파라솔(Metropol Parasol)'이 현지인들한텐 전혀 인식이 안되고 '세타스 데 세빌(Setas de Sevilla)'이라고 해야 안다는 건 숙소 주인을 만나고서야 비로소 알았다. 영어로 머쉬룸이라고 해도 이해 못하고 소통도 안되는데 정작 스페인어로 버섯이 '세타'더라. 그 건축물명이 '세비야의 버섯'이라는 의미더라. 그래, 오늘은 비 오는 날이고 내일은 해가 나겠지... 애써 스스로 위로해본다. 어느 영화 대사 중에 길을 잃는 순간 새로운 여행이 시작된다라고 하지만 캐리어를 끌고 이곳저곳을 헤매는 걸 직접 체험하지 않은 사람들의 낭만적인 이야기 아닐까 싶다. 현재까지도 세비야에서의 방황은 여전히 생생하고 두 번 다시 겪고 싶지 않은 아픈 추억이다.

이 세타스 데 세빌은 구시가지의 엥카르나시온 광장((Plaza de la Encarnación)에 위치한 대형 목재구조물이다. 마치 모양이 버섯 같기도 하고 어떻게 보면 와플 문양 같기도 하다. 전통시장과 식당·공연광장·고고학박물관·세비야의 구 시가지를 한눈

세타스 데 세빌

에 볼 수 있는 옥상 테라스 등을 갖추고 있다. 이 6개의 버섯모양을 한 거대 건축물은 독일 건축가 위르겐 마이어(Jurgen Mayer)에 의해 2011년에 만들어졌고 높이 150m, 길이 70m, 넓이 30m에 이르는 세계 최대규모의 목조건축물이다. 제작 초기에 기술적인 문제와 예산, 제작기간에 대한 문제가 있었던 이 건축물은 핀란드산 소나무로 만들어졌고 개장 이후 세비야에서 세 번째로 방문객이 많은 세비야의 랜드 마크가 되었다고 한다. 이 건축물은 세비야 대성당(Catedral de Sevilla)의 둥근 천장과 인근 크리스토 데 부르고스 광장(Plaza de Cristo de Burgos)에 있는 벤자민 고무나무에서 영감을 받아 설계하였다고 한다. 이 건축물은 4개 층으로 구성되어 있는데 지하층에는 건설현장에서 발견된 로마와 무어유적이 전시된 박물관(Antiquarium)이 있다. 1층엔 중앙시장이 있고 1층 지붕은 야외공공광장의 표면으로 위에 나무 파라솔로 그늘을 드리우고 공공행사를 할 수 있도록 설계되어있다. 2층과 3층은 탁 트인 테라스와 레스토랑으로 구성되어 있고 시내를 내려다 볼 수 있는 야외 전망대가 조성되어 있다. 이 세타스 데 세빌 바로 옆에 있는 호텔이라지만 간판이 없는 레지던스 타입이라 번지수를 보고 힘들게 찾은 숙소엔 벨을 눌러도 주인 그림자조차도 안 보인다. 1층 숙소에 불빛이 있어 창문을 두드려도 무반응이다. 한참 후에 어디선가 젊은 여주인이 슬그머니 나타나서 연속 미안함을 표한다. 참, 힘든 세비야의 첫날이다. 일단 방에 들어서니 아까 열심히 창을 두드린 방이 결국 우리 방이었다. 여주인은 방음이 철저해서 바깥 소음은 전혀 걱정 말란다. 아까 내가 처절하게 창문을 두드리는 모습을 봤으면서 눈치가 있는 건지... 아무튼 피곤해서 첫날은 가까운 카르푸 익스프레스에 들러 토마토·망고·치즈 등을 구입한 후 숙소에서 2차 누룽지탕을 소울푸드로 삼는다.

이튿날, 어제 숙소를 찾아 헤매던 누에바 광장(Plaza Nueva)에서 우리 숙소까지는 확인해보니 불과 도보로 10분 거리에 위치하고 있었다. 우리 인생도 가까운 목표를 바

누에바 광장

로 옆에 두고 그 주변을 이처럼 헤매고 있는 건 아닐까 싶다. 세비야시청 바로 앞에 위치한 누에바광장은 트램 노선 T1 출발지로 수시로 오가는 트램을 이용해서 다른 관광명소로 편히 이동할 수 있는 장소다. 여주인으로부터 스페인에선 오렌지폰 유심 칩을 일반적으로 가장 많이 활용한다는 이야기를 듣고 먼저 서둘러서 오렌지폰 매장에 들러 유심을 재장착한다. 아내와 내 것까지 장착하기엔 비용 면에서도 그렇고 함께 움직이기 때문에 비효율적인 듯싶어서 아내 폰에만 유심 칩을 탑재하였다. 결국 아내가 구글맵으로 길을 찾고 나는 미리 준비한 여행자료와 독도법을 활용한 감각에 의지해서 여행을 이어가기로 한다.

이곳 세비야는 안달루시아 자치주의 수도로 고대 페니키아 시대에 바에티스강, 즉 현재의 과달키비르강(Guadalquivir) 하류에 세운 식민도시였다고 하는데 그 당시 도시이름은 '저지대'를 의미하는 '스팔'이었다고 한다. 이러한 이름이 고대로마시대에 와서 라틴어로 히스팔리스(Hispalis)가 되었다가 이슬람제국의 정복 이후에는 아랍어로 '대협곡'이라는 의미의 이슈빌리야(Ishbiliyah)가 되었다고 한다. 그러다가 다시 스페인어로 오늘날의 세비야가 되었다고 한다. 이곳은 스페인에서 네 번째로 큰 도시인데 대서양으로 나가는 내륙 항구도시로 강변이 요새화되어 있어서 신대륙 발견이후 식민지에서 들어오는 보물들을 잘 지킬 수 있는 이점이 컸던 까닭에 유럽과 신대륙 간의 교역을 독점하면서 부유해졌다고 한다. 그 당시 이 도시의 인구가 수십만 명에 달할 정도로 세비야는 스페인 황금시대의 발원지가 됐다고 한다. 그러나 식민지 자체에서 충분한 식량을 자급생산하면서 제국과의 교역이 줄어들기 시작했고 결국 17세기에 식민지와의 교역이 위축되고 1620년대 과달키비르강에 토사가 쌓이면서 강 상류로 항해가 어려워지게 되자 무역항구로서의 기능이 약화됐다고 한다. 거기다가 1649년 페스트의 대유행과 강의 범람으로 인구가 절반으로 감소하고 경제침체까지 덮치면서 19세기 중반까지 회복되지 못했다고 한다. 이곳은 이슬람 영향을 받은 유적지가 많아서 스페인의 대표적인 관광도시 중 하나로 꼽히고 최근 인구는 대략 69여만 명 수준이라고 한다. 2,200여년에 걸쳐 발전해온 세비야는 여러 문명이 교차하면서 독특한 개성을 지닌 도시로 발전한 결과 역사적 유물들이 많고 잘 보존되어 있다. 세비야를 세운 인물로 헤라클레스(Herakles) 신화가 등장하는데 그가 지브롤터해협을 건너 대서양으로 항해했고 오늘날의 세비야와 카디즈에 무역거점을 만든 것으로 묘사되어 있다고 한다. 오늘날의 도심지인 쿠에스타 델 로사리오 거리에 인접해 있는 세비야 최초의 도심지는 BC 8세기에 형성된 것이라고 한다. 대규모 시장이 발달한 산업중심지였고 이곳을 712년에 무어족이 점령하면서 우마이야 왕조시대 여러 왕들이 왕국의 수도로 삼았다고 한다. 무어족이 도시에 미친 영향은 현재까지 이어지고 있는데 건물내부 정원에 작은 분수를 두는 양식이 대표적인 모습이라고 한다. 기독교도인 카스티야와 레온 왕국의 페르디난드 3세가 세비야를 15개월 동안 포위 공격한 끝에 1248년에 함락시키면서 이후 이 도시는 기독교 건축이 들어섰다고 한다. 그 결과 세비야성당은 기독교 치하에서 살았던 이슬람교도들의 무데하르(Mudejar) 양식과 고딕양식이 섞여있는데 무데하르 양식은 종루에 벽돌과 반짝이는 타일을 매우 세련되게 창의적으로 사용하고 있는 점이 특징이다. 그리고 이사벨 2세 여왕(Isabel II)이 직접 통치하던 1843~68년 동안 세비야의 부르주아들은 건축에 대대적으로 투자했다고 한다. 불안정한 통치 속에서도 트리아나 다리(Puente de Triana)로 알려진 '이사벨 2세 다리'가 이 시기의 대표적인 건축물이라고 한다. 이 다리는 세비야에서 가장 상징적인 다리 중 하나이자 과달키비르강에 놓인 다리 중 가장 오래된 철교라고 한다. 공학자인 구스타보 스테이나체르(Gustavo Steinacher)와 페르디난드 베네토트(Ferdinand Bennetot)가 1845년에 건설을 시작해서 7년에 걸쳐 완공했고 1976년에 역사기념물로 지정되었다고 한다. 그리고 세비야 시내도로 포장도 대부분 이사벨 2세 통치시기에 이뤄진 것이라고 한다. 이후 19세기 후반 들어서 고대 시가지를 허물고 철도가 들어서면서 도시가 크게 확대됐다고 한다.

이곳 세비야는 지중해성 기후로 5월부터 10월까지 여름인데 덥고 건조하며 겨울에는 온난하고 비가 온다. 지금이 10월 중순이니 여름의 막바지인 셈이다. 오늘은 스페인광장(Plaza de España)부터 찾기로 한다. 어제 캐리어를 끌고 다니던 메인 도로를 여유 있게 트램 길을 따라 산책을 한다. 자전거로 여행하는 일행들이 세비야 대성당으로 익숙한 산타 마리아 데 라 세데 대성당(Catedral de Santa María de la Sede) 방향

트램길 자전거 여행자들

히스팔리스 분수대 앞 플라멩고 공연

으로 일렬로 스쳐 지나간다. 도로 주변의 오랜 건물들이 깔끔하게 아이보리 색을 중심으로 아름답고 질서정연하게 도열해있다. 발길 닿는데 마다 카메라 렌즈를 들이대는데 마다 멋진 샷을 건지게 하는 도시다. 그러나 거리마다 스마트폰에서 눈을 못 떼는 좀비같은 스몸비(smombie)들이 넘실댄다. 좀 자유롭게 풍광을 즐기는 여유는 어디 갔을까? 헤레스 역(Puerta de Jerez) 근처 푸에르타 헤레스 광장에 있는 히스팔리스 분수대(Fuente de Híspalis) 옆에서는 한 명의 기타리스트와 또 한 명의 가수와 함께 집시풍의 여인이 리듬에 맞춰 플라멩고(Flamenco) 춤을 추고 있다. 한참을 서서 감상하다가 스페인광장으로 발길을 재촉한다. 세비야 춤으로도 불리는 플라멩코 춤은 트리아나(Triana) 지역서민의 애환을 표현한 것으로 전해진다. 플라멩코라는 말은 세비야에 있는 집시들을 가리키는 단어라고 한다. 이사벨 2세 다리를 건너 과달키비르강

히스팔리스 분수대 주변 풍경

의 남쪽 지역으로 건너가면 오래된 도자기 공방과 플라멩고로 유명했던 트리아나 지구가 나온다. 한때 세비야의 집시들이 모여 살던 이곳에서는 수많은 플라멩고 가수와 댄서, 투우사와 예술가들이 배출됐다고 한다. 이사벨 2세 다리를 건너면 알토자노 광장(Plaza del Altozano)에 '빗의 소녀'라는 의미의 니냐 데 로스 페이네스(La Nina de los Peines)라는 예명을 가진 유명 플라멩고 가수인 파스토라 파본(Pastora Pavón)의 동상이 서있다. 그리고 트리아나 시장과 세비야에서 가장 오래된 교구 교회인 산타 아나 교회(Iglesia de Santa Ana)와 세라미카 도자기 박물관(Centro de la Cerámica de Triana)·세라미카 상점(Cerámica Triana)·트리아나 시장(Mercado de Triana)·베티스 거리 등을 만날 수 있다. 전해 내려오는 이야기에 따르면 산타 아나 교회에서 세례를 받는 아이는 플라멩고에 뛰어난 자질을 보이게 된다고 한다. 춤꾼으로 키우려면 이

헤레즈 트램역 주변 거리

교회로 보내야할 모양이다. 트램역인 헤레즈 역 근처에는 마치 궁전 같은 5성급 호텔이 위치하고 있고 야자수들과 도로의 모습들도 이국적이고 낭만적이다.

도착한 스페인광장은 서인도를 향해 두 팔을 벌리고 있는 형태를 띠고 있다. 반원형 건축물 양 끝단에는 2개의 탑이 있는데 카스티야와 아라곤왕국을 상징한다고 한다. 그리고 중앙 건물 바로 옆 건물은 나바라와 레온왕국을 의미한다고 한다. 해자 형태의 작은 운하 위 4개의 다리는 카스티야·레온·아라곤·나바라 등 중세 가톨릭왕국을 상징한다고 한다. 이들 4개 왕국은 이슬람 무어인들과 싸웠던 왕국들이다. 이 곳 유럽풍 첨탑에도 아줄레주 양식이 접목되어 있다. 양쪽 끝에 위치한 북쪽 탑과 남쪽 탑은 세비야 대성당 옆의 히랄다 탑(Torre Giralda)을 차용해서 건축되었다고 한다. 그리고 중앙에는 건축가 아니발 곤살레스(Aníbal González) 후임인 비센테 트라베르(Vicente

헤레즈역 주변 고급호텔 전경

스페인광장과 마차

Traver)의 이름을 딴 분수대가 있다. 이들 건축물들은 1929년 이베로-아메리카 박람회(Exposicion Ibero-America de 1929) 전에 완성해서 아직 한 세기가 안 되었는데도 불구하고 중세시대 건축양식을 가져온 덕분에 무척 고풍스럽다. 광장을 둘러싼 건물 외부에는 에스파냐 시절 58개의 주요 도시들의 역사적 사건들을 도시 문장과 함께 화려한 채색 타일 모자이크로 장식된 벽감(niche)과 벤치를 조성해서 말 그대로 역사박물관이 따로 없다. 같은 이슬람문화권의 아줄레주 장식을 받아들였는데도 포르투갈은 푸른 색 중심이라면 스페인은 다채로운 색상을 사용하면서도 원색적이지 않은 은은한 색상으로 그 차이점을 보이고 있다. 그리고 58개 주요 도시를 상징하는 각 벽감 옆에는 덮개가 있는 아줄레주로 장식된 책장이 2개씩 있는데 방문객들에겐 작은 무료 도서관으로 사용된다고 한다. 각 책장에는 종종 현지인들 자신이 살고 있는 지역에 대한 정보가 담긴 책들이 꽂혀 있기도 하고 다른 사람들이 읽을 수 있도록 좋아하는 소설이나 책들을 기증하기도 한다고 한다. 그러한 벤치에 앉아서 휴식을 취하면서

스페인광장 아줄레주 벽감과 벤치

책 읽는 것도 좋은 아이디어인데 우리가 방문했을 때는 책이 비치되어 있는 것을 보진 못했다. 현재 스페인광장 건물들은 정부기관 사무실로 사용하기 위해서 개조되었다고 한다. 그리고 광장 주변건물 앞으로는 해자 형태를 띤 운하라고 하기엔 작은 연못이 있는데 연인들이 작은 곤돌라를 타고 데이트를 즐기고 있다. 참 여유로워 보인다. 이곳은 1992년에 콜럼버스의 신대륙 발견 500주년을 기념해 개최된 세비야 박람회를 계기로 건축가 곤살레스가 만들었다고 한다. 이때 도시기반시설도 크게 확장되었고 스페인 고속철도가 연결되고 공항이 신축되는가 하면 동시에 많은 도로도 건설되었다고 한다. 곤살레스가 설계한 이 광장은 마리아 루이사 공원(Parque de Maria Luisa) 가장자리에 건설된 주요 건물로 1920년대 아르데코와 스페인식 르네상스, 스페인식 바로크, 그리고 네오 무데하르 양식을 조화롭게 결합한 것이라고 한다. 그리고 공원 끝자락에는 박람회 당시 웅장한 저택들을 박물관으로 개조하였는데 그중 한 박물관에는 로마 모자이크와 인근 이탈리카(Itálica)에서 출토된 유물 등 고고학 소장품

스페인광장 운하 곤돌라 데이트

스페인광장 산책로 전경

들이 전시되어 있다고 한다. 그 당시 최대 8,000명 이상의 로마인이 거주하며 번성했던 이탈리카는 3세기 초부터 서서히 쇠퇴하기 시작했지만 5현제 중에서도 가장 존경받는 로마황제 마르쿠스 울피우스 트라야누스(Marcus Ulpius Trajanus)의 탄생지라고 한다. 이곳 스페인광장은 영화배경으로 많이 활용되었는데 그 대표적인 걸작이 토마스 로렌스(Thomas Edward Lawrence)의 자서전 『지혜의 일곱 기둥(Seven Pillars of Wisdom)』을 1962년에 영화화한 데이비드 린(David Lean) 감독의 〈아라비아의 로렌스(Lawrence of Arabia)〉 장면에도 포함되어 있다. 또한 이 건물은 스타워즈 영화 시리즈 〈스타워즈: 에피소드2-클론의 습격(Star Wars: Episode II-Attack of the Clones)〉의 촬영지로도 사용되었는데 나부 행성의 도시 시드 외부장면으로 등장하기도 하였고 코미디물 영화 〈독재자(The Dictator)〉에서도 배경으로 활용되었다.

스페인광장에서 한참을 머무른 후 광장 건너편 팔메라 대로(Avenida de la Palmera) 변에 위치한 마리아 루이사 공원에 들른다. 바로크 양식으로 지어진 산 텔모 궁전(Palacio De San Telmo)에 속한 정원이었지만 1893년 궁전 소유주인 마리아 루이사 페르난다(María Luisa Fernanda) 공주이자 공작부인이 시에 기부하면서 40만㎡ 규모, 즉 여의도 면적의 14% 정도의 시민공원으로 조성되었다고 한다. 광장 경계지점엔 이 공원과 함께 스페인광장과 아메리카광장(Plaza de América)을 설계한 작은 키의 곤살레스 동상이 서있다. 스페인에서 가장 아름다운 공원 중 하나인 이곳에는 아즈텍제국을 정복한 에르난 코르데스(Hernán Cortés)와 잉카제국을 정복한 피사로(Francisco Pizarro González)의 이름을 딴 2개의 넓은 산책로가 공원 전체를 가로 질러 있고 스페인광장을 중심으로 좌측 끝단에는 2개의 산책로와 연결된 아메리카 광장이 위치하고 있다. 나중에 안 사항이지만 이곳은 '죽기 전에 꼭 가야 할 세계휴양지 1001곳'에 선정된 곳이라고 한다. 그러나 세계박람회를 통해서 과거 에스파냐 시절의 위상을 과시하기 위해서 건설했다고 할지라도 남미대륙 정복자들과 남아메리카를 상징하는 이름을 산책로와 광장명으로 붙인 것은 식민제국시대를 여전히 그리워하는 그들의 모습을 보는 것 같아 마냥 반갑지는 않다. 이 아름다운 산책로는 시민들이 산책코스로 즐겨 이용하는 장소로 곳곳에 뛰어난 솜씨로 제작된 많은 조각상과 여

공원 입구 전경

러 모양의 분수대가 자리 잡고 있다. 강렬한 태양을 가려주는 오렌지나무 아래 앉아서 분수에서 물이 흘러내리는 소리에 귀를 귀 기울이노라면 스트레스가 풀리는 느낌이다. 그리고 공원 곳곳에는 다양한 종의 수많은 수목이 자라고 있고 그중에는 진귀한 품종도 제법 많다고 한다. 크고 작은 여러 개의 연못에는 오리·백조·공작 등 다양한 조류들이 한가롭게 노닐고 있다. 곳곳에는 세르반테스(Miguel de Cervantes) 등 스페인 유명 문인들의 기념비들이 위치하고 있다. 그리고 공원 한가운데에는 큰 호수가 있고 그 위에 떠 있는 섬에는 정자가 있어서 조용히 앉아 수면 위를 노니는 물새들과도 함께할 수 있다. 우거진 나무 사이로 가볍게 산책을 즐길 수 있고 공원 내 곳곳에 박물관과 분수, 연못 등 볼거리가 풍부해서 여유로운 시간을 보내기도 제격이다. 삼삼오오 모여서 대화하는 사람들, 벤치에 앉아서 휴식을 취하는 사람들, 참 평화롭고 쾌적하게 느껴지는 공간이다. 이곳 역시 세계박람회 당시에 공원 정원으로 파리의 불로뉴 숲(Le Bois de Boulogne)을 만든 프랑스 조경가인 장 클로드 포레스티에(Jean-Claude

마리아 루이사 공원

Nicolas Forestier)가 설계하였다고 한다. 도시 남쪽 끝 전체가 넓은 정원과 웅장한 대로로 재개발되었는데 공원중앙에는 무어 양식의 낙원으로 이 공원을 조성하였다고 한다. 800m에 달하는 원형 타일분수대·연못·벤치 그리고 반원형 건축의 움푹 들어간 반돔 벤치 형태의 엑세드라(exhedra)로 구성되어 있고 야자수·오렌지나무·지중해 소나무 등이 숲을 이루고 있다. 공원에서 북문으로 나오다보면 그의 이름을 딴 도로교차로 위에 '챔피언 시드의 영광'이란 의미의 '글로리에타 델 시드 캄페도르(Glorieta del Cid Campeador)'라고 동상 하나가 우뚝 서있는데 그 장본인은 우리가 알고 있는 바로 에스파냐의 명장인 전설의 기사 엘 시드(El Çid)다. 그는 이슬람세력과의 수많은 전장에서 공적을 쌓으면서 스페인의 국민영웅으로 추앙받고 있는 인물이다. 그리고 그의 동상을 지나면 도로 좌측 편에 흰색 건물들로 건축된 500년 전통의 유럽 명문 세비야대학교(Universidad de Sevilla)가 프라도 데 산 세바스티안 공원(Jardines del Prado de San Sebastián) 건너편에 위치하고 있다. 결국 이곳 스페인광장은 앞뒤로 적지 않은 규모의 공원을 2개나 끼고 있는 셈이다.

도보로 이곳저곳을 둘러보면서 숙소로 돌아오는 중에 알카사르(Real Alcázar de Sevilla)와 세비야 대성당은 길게 늘어선 대기 줄로 입장은 생략하고 외관과 전망을 즐기는 것으로 하고 주변을 둘러본다. 미리 국내에서 예약할까도 생각했지만 알카사르는 곧 들를 알함브라궁전(La Alhambra), 그리고 세비야 대성당은 사그라다 파밀리아(La Sagrada Familia)가 있기 때문에 과감하게 내부를 둘러보는 것은 생략했는데 현지에 와보니 조금은 아쉬운 느낌이 든다. 알카사르라는 용어는 로마 시기나 서고트왕국 때 기독교인들이 지은 여러 중세시대 성들이나 이슬람요새들에도 사용되었고 '성'을 뜻하는 스페인어 카스티요(castillo)의 동의어로도 사용된다고 한다. 이곳 알카사르 궁전은 로마제국 시기에 지은 건물을 무어족 치하에서 재건축했고 1181년부터 500여 년 동안 무데하르 양식과 르네상스 양식으로 고쳐 지었다고 한다. 즉 이 알카사르는 8세기에서 15세기 사이 이슬람 통치 시기 때 이베리아반도에 지어진 이슬람 양식의 성곽과 궁전이다. 이 건축물들은 우마이야 칼리파국, 그리고 후대에는 스페인의 국토회복운동인 레콩키스타(Reconquista) 이후 기독교도 통치자들의 거처이자 지방거점 기능을 했다고 한다. 당시 이 왕궁을 지은 사람들은 그라나다 알함브라 궁전을 건설한 장인들로 스페인에 남아있던 무어인들이었다고 한다. 그래서 건축양식에도 아랍풍이 강하게 느껴지는데 말발굽 모양의 아치와 화려한 패턴의 아줄레주 타일, 곳곳에 설치된 분수, 중정에는 많은 과실수들이 아름답게 배치되어 있는데 유럽에 레몬·오렌지·살구·복숭아 등 그 당시 새롭고 이국적인 과실수들을 도입하고 자유롭게 노니는 공작새들이 대표적인 특징이라고 할 수 있다. 그리고 알카사르를 지나 조금 더 가다보면 중세시대 고딕 양식으로 지은 성당 가운데 가장 큰 세비야 대성당을 만나게 되는데 이 성당에는 12세기말에 이슬람 사원용으로 지은 히랄다 탑이 붙어 있다. 이슬람교도 아르모아드 족에 의해 모스크의 부속 건물로 예배시간을 공지할 때 사용되는 용도의 첨탑 미나레트(minaret)로 처음 만들어졌지만 13세기에 세비야 대성당 종탑으로 개조되었다고 한다. 탑은 높이가 약 100m로 워낙 높아서 밑에서 바라보는 외관만으로 세세하게 살펴볼 수 없지만 이슬람문화의 섬세함을 다시 한번 느낄 수 있다. 첨탑 꼭대기에는 16세기에 종루가 새롭게 건설되었는데 기독교신앙의 승리를 기념하기 위해서 엘 히라딜로(El Giraldillo)라는 이름의 석상이 세워져 있다. 벽돌을 격자무늬로 쌓아 올린 무어식 구조로 설계된 외관을 비롯해서 종루에 설치된 르네상스 양식의 거대한 종 25개가 설치되어 있다. 종탑 내부에는 34개의 층을 오를 수 있는 계단이 아닌 나선형 경사로로 되어있는데 이는 그 당시 말을 타고 오르기 위해서 설계된 것이라고 한다. 꼭대기인 종루에 도달하면 세비야의 전경을 한눈에 조망할 수 있고 15분마다 울리는 종소리도 감상할 수 있다고 한다. 고딕건축의 놀라운 사례인 세비야 대성당은 바티칸의 산 피에트로 대성당(Basilica Papale di San Pietro)과 런던의 세인트 폴 대성당(Cathedral Church of St Paul the Apostle)에 이어 유럽에서 3번째로 규모가 크다고 한다. 내부는 넓은 축구장 규모로 크고 신대륙의 금으로 장식된 중앙제단이 자리하고 있다고 한다. 12세기 모스크 부지에 지어진 이 대성당은 1987년에 유네스코에 의해 세계문화유산으로 지정된 로마가톨릭대성당이자 스페인 주교성당이기도 하다. 이 성당은 세계에서 10번째로 거대한 성당이고 가장 큰 규모의 고딕 양식 성당이라고 한다. 이곳 세비야 대성당은 드라마 〈왕좌의 게임(The Game of Thrones)〉 촬영 장소였다고 한다. 대성당 앞에는 여전히 많은 관광객들로 붐비고 마리아 루이자 공원을 중심으로 이곳까지 투어하는 마차들이 줄지어 서있다. 이러한 대성당은 스페인 전체에서 가장 긴 중앙회랑을 갖고 있고 약 42m의 높이라고 한다. 그리고 그리스도의 생애를 묘사한 고딕 양식의 제단화를 뜻하는 레타블로(retablo)가 성당을 꾸미고 있는데 피에르 당카트(Pierre Dancart)라는 예술가의 작품이라고 한다. 대성당 건축가들은 옛 모스크의 일부를 남겨놓았는데 이슬람 통치기에는 신도들이 예배 전에 손과 발을 씻는 세정공간인 안뜰을 '오렌지 정원'이란 의미의 파티오 데 로스 나랑호스(Patio de los Naranjos)로 재단장하였다. 그리고 정작 볼거리는 4명의 왕들이 들고 있는 콜럼버스의 관보다 이곳 성당의 파사드 4개와 문 15개에 주목해서 바르셀로나의 사그라다 파밀리아의 파사드와 비교해보는 것도 좋을 듯싶다. 먼저 15세기 제작된 서쪽 파사드 '세례의 문(Puerta de Bautismo)'은 그리스도가 세례받는 모습을 묘사하고 있는데 영국 조각가 로렌조 메카단테(Lorenzo Mechadante)가 제작했다고 한다. 석조 창

세비야 대성당과 광장

살로 장식된 고딕 양식의 뾰족한 문 위의 아치형 장식인 아치볼트(Archivolt)가 위에 만들어져 있다. 주 출입문은 서쪽 파사드의 한 가운데에 위치하고 있는데 정교한 장식과 양호한 보존상태라고 하고 성모 마리아가 승천하는 모습이 문에 새겨져있다고 한다. 그리고 남쪽 파사드 '산 크리스토발의 문(Puerta de San Cristóbal)'은 아돌포 카사노바(Adolfo Fernández Casanova)가 제작했는데 이 문 앞에는 히랄다 첨탑에 세워져 있는 석상인 히라딜로 모형이 세워져 있다. 북쪽 파사드인 '인식의 문(Puerta de Reconocimiento)'은 오렌지 정원으로 통하는데 축제날에만 개방한다고 하고 데메트리오(Demetrio de los Ríos)가 설계하였지만 1895년에 아돌포 카사노바가 완성시켰다고 하고 기존 건물과의 조화를 위해서 고딕 양식으로 지었다고 한다. 그리고 '용서의 문(Puerta del Perdón)'은 옛 모스크 시절부터 존재했던 문으로 다른 건물로 통하는 출입구라고 하는데 16세기에는 화려한 테라코타 장식들로 꾸며져 있었다고 한다. '성소의 문(Puerta del Sagrario)'은 대성당의 성소로 통하는 곳으로 17세기말에 페드로 팔코네테(Pedro Sánchez Falconete)가 설계하였고 페르난드 3세와 세비야 성인들을 묘사한 조각들이 얹혀진 코린토스 양식의 기둥들로 장식되어있다고 한다. 또한 '도마뱀의 문(Puerta del Lagarto)'은 문 천장에 매달려 있는 박제악어에서 그 이름을 따왔다고 한다. 그리고 마지막으로 동쪽 파사드 '막대기의 문(Puerta de Palo)'은 1548년에 로프 마린(Lope Marín)이 만든 조각품들로 장식되어 있는데 막대기라는 이름이 붙여진 까닭은 문 주변부를 대성당의 다른 부분들과 구획짓는 나무난간들 때문에 유래한 것이라고 한다. '종들의 문(Puerta de Campana)'은 공사 당시에 이 곳 인부들을 불러모으기 위한 종이 설치되어 있었기 때문이라고 하는데 이곳 역시 로프 마린이 만든 조각상들이 있고 그 주제는 그리스도가 예루살렘으로 들어가는 모습을 르네상스식으로 묘사한 것이라고 한다.

대성당을 지나오는 길에 멀리 히랄다 탑이 보이는 광장 앞 노천카페에는 많은 사람들이 테이블에 앉아 와인과 상그리아 등 음료를 마시며 일광욕을 하는지 화창한 날씨를 만끽하고 있다. 눈에 띠는 것은 큰 가로수를 사각형으로 가지치기를 해서 모양을 낸 점이다. 우리나라처럼 처참하고 흉물스럽게 전지한 것보단 보기에 깔끔하고 좋지만 정작 나무에겐 어떨지... 점심식사는 돌아오는 길에 작은 레스토랑에 들러 파에야(Paella)와 상그리아(Sangría)로 해결한다. 보기에는 우리네 볶음밥과 유사한 파에야는 조리법을 보면 지은 밥을 가지고 기름에 볶는 과정은 전혀 없고 철판 밥이나 돌솥밥과 유사하게 생쌀을 넣고 볶은 재료와 육수를 넣어 끓여서 짓는 음식이다. 쌀 재배가 가능했던 발렌시아 지방에서 먹던 향토음식이었지만 일찍이 스페인 각지로 퍼져나가면서 다양한 종류가 생겼고 지금은 대표적인 스페인 요리 중 하나가 되었는데 음식점은 물론이고 동네 바 같은 곳에서도 점심식사용 메뉴인 타파스(Tapas)로 만들어 팔 정도다. 동아시아지역의 밥맛과는 좀 다르지만 밥으로 만들어서 우리에겐 잘 어울리는 메뉴다. 해외에서는 가장 많이 알려진 스페인 요리지만 정작 현지인들은 생각보다 자주 찾는 음식은 아니라고 한다. 해외에서는 비빔밥이 마치 한국요리를 대표하고 한국인들이 매일같이 즐겨 찾는 음식인 것처럼 소개되어 있지만 정작 국내에서는 다른 음식에 비해서 식재료를 준비하는데 번거로운 편이라서 즐겨먹지 않듯이 그들의 파에

광장 앞 노천카페

야 역시 같은 유형일 듯싶다. 파에야는 원래 이베리아반도가 이슬람을 믿는 무어인들의 통치를 받던 시기에 무어인들이 즐겨 먹던 이슬람식 쌀 요리인 필라프(Pilav)를 현지식으로 변형한 음식이라고 한다. 당시 사용한 조리기구를 파에야라고 부른 데서 명칭이 유래했다고 한다. 우리나라의 돌솥밥과 비슷한 경우라고 할 수 있다. 쌀이 자라는 환경으로는 발렌시아가 최적이었기 때문에 그 지역의 파에야가 원조로 대접받는다고 한다. 발렌시아의 이웃 도시인 바르셀로나 레스토랑에서도 메뉴로 많이 제공되고 있다. 태생이 아랍 또는 이란에서 생긴 음식이기 때문에 쌀에 껍질 콩과 잠두콩, 닭이나 토끼고기, 간혹 식용달팽이 정도만 넣어서 만들어 먹었다고 한다. 아랍에서 기원한 향신료인 사프란을 첨가하기 때문에 밥알이 노랗게 물들어 있는 것이 특징이다. 그러나 사프란이 워낙 비싸기 때문에 스페인 현지에서도 사프란 대신 강황 등의 대체품을 쓰는 경우가 많고 분말카레를 사용하기도 한다고 한다. 그러나 해외에 많이 알려진 파에야는 해산물을 듬뿍 사용한 '파에야 데 마리스코(Paella de Marisco)'다. 비교적 소박한 발렌시아풍 파에야가 어업 위주의 카탈루냐 같은 이웃 지방에 유입되면서 변형되었는데 고기 대신 새우나 가재·홍합·바지락·아귀·오징어 등을 사용하고 채소 종류도 녹색, 흰색 채소를 쓰는 발렌시아식과 달리 피망 또는 파프리카·양파·마늘·당근·브로콜리 등을 듬뿍 사용하기 때문에 색감이 훨씬 강렬하고 맛도 자극적인 편이라고 한다. 그래서인지 오히려 카탈루냐의 해물 파에야를 일반 파에야로 인식되고 원조격인 발렌시아식이 '파에야 발렌시아나(Paella Valenciana)'로 불린다고 한다. 발렌시아 사람들은 자기네 식이 아닌 파에야를 파에야로 부르지 않고 '아로스 데 마리스코(Arroz de Marisco)', 즉 그냥 '해산물 쌀밥'으로 치부할 정도로 자존심이 강하다고 한다. 우리도 보면 향토색이 강한 그 지방 특유의 음식을 다른 지방에서 만들면 인정 안 하는 것도 그런 이유 아닐까 싶다. 샴페인과 스파클링 와인의 구분을 생각해보면 이해가 빠르다. 사실 파에야 데 마리스코가 널리 알려진 이유는 원조 파에야에 들어가는 재료가 국가에 따라 생소하거나 거부감을 보일 수 있는 것들이 많아 그렇기도 하다고 한다. 우리나라 역시 발렌시아식 정통 파에야를 제대로 재현하기는 어렵다고 한다. 그리고 파에야와 함께 먹은 상그리아는 스페인과 포르투갈 지역 음료의 일종이다. 레드와인에 슬라이스한 과일과 감미료를 넣어 만든다고 한다. 스페인어에서 '피'를 의미하는 상그리(sangre)라는 단어에서 유래된 와인 베이스의 붉은 색의 음료이기 때문이다. 주 재료는 이름에 어울리는 레드와인이고 여기에 다양한 과일들과 탄산수·설탕 등을 넣어서 하루 정도 숙성시킨 후 얼음과 같이 넣어서 먹는 와인이다. 스페인식 상그리아는 레드와인이 정석이지만 포르투갈에서는 더 산뜻한 화이트와인이나 스파클링 와인을 사용하는 것이 보편적이다. 역시나 주문한 파에야는 조금 간이 있는 편이라 상그리아로 톤 다운시킬 필요가 있고 갈증해소에도 도움이 되는 듯하다. 숙소로 돌아오는 길에 보는 이곳 세비야의 도로풍경은 다른 지역과 사뭇 다르다. 1929년 이베로-아메리카 박람회 당시에 건축했다는 모퉁이 건물도 상당히 고풍스럽고 멋지게 늘어서 있고 트램이 다니는 길은 차도와 인도와의 높낮이 턱이 없어서 현지인이나 여행객, 심지어는 장애인이나 노인들까지 별 어려움 없이 길을 건널 수 있도록 설계되어 있다.

숙소에 돌아온 후 세타스 데 세빌 2층에 올라가서 세비야의 마지막 저녁풍경을 여

길거리 노천 레스토랑 풍경

트램길 도로 풍경

대도로 전경

유롭게 음미하고 1층에 있는 레스토랑에서 타파스 등으로 식사를 하고 하루를 마무리한다. 타파스는 스페인에서 주 요리를 먹기 전에 작은 접시에 담겨져 나오는 소량의 전채요리를 의미하는데 간식이나 몇 접시로 식사를 대신 하기도 한다고 한다. 스페인어로 타파(tapa)는 '덮개'라는 뜻이라고 한다. 스페인 남부 안달루시아 지방에서 음식에 덮개를 덮어 먼지나 곤충으로부터 보호한데서 유래한 명칭이라고 한다. 요리방법과 종류는 매우 다양한데 대표적인 것으로 오징어튀김·문어튀김·생선튀김·치즈스틱·가리비조개·치킨부리토 등이 있다. 2박3일의 일정을 마치고 세비야를 떠나는 마지막 날 아침, 산책나간 아내가 새로운 걸 발견하곤 급히 부른다. 숙소 바로 앞 세타스 데 세빌 1층 내부에 커다란 시장이 있더라. 도착 당일과 월요일에 영업하는 걸 보지 못

세타스 데 세빌 마르카토

했는데 이동해야 하는 화요일 아침에야 확인한 셈이다. 1층 전체가 시장일 정도로 규모가 제법 크다. 한바퀴 둘러보다가 여행 와서 항상 즐겨먹는 맛 좋고 신선한 망고·토마토·오이고추 등을 저렴한 가격으로 구매한다. 아직도 스페인과 포르투갈에서 자주 사먹었던 망고 맛을 잊지 못한다. 주말과 월요일에 확인했더라면 신선한 생선도 구입해서 회로 먹었을 텐데 하는 아쉬움이 남는다. 항상 타이밍이 중요하다. 택시로 알사버스터미널(ALSA)로 이동해서 이번 포르투갈과 스페인 여행 중 유일하게 이동수단이 버스였던 알사버스를 탔는데 기대했던 것과 180도 다른 버스였다. 여행정보에는 버스 안에 화장실도 있고 모니터로 내비게이션처럼 이동경로까지 표시된다고 소개되어 있는데... 웬걸, 화장실과 모니터는 커녕 3시간 주행 내내 문제의 이 버스가 우리 가슴을 졸이게 한다. 평지조차도 마치 금방 엔진이 꺼질 것 같이 골골거린다. 그러나 그라나다를 향하는 차창 밖의 평지와 산등성이는 온통 푸른 올리브 밭이다. 역시 올리브오일 생산대국답다. 전 세계 올리브오일 생산량의 40~50%를 스페인이 감당하고 있다고 한다. 그 중에서도 우리가 향하는 남부 안달루시아 지방이 스페인 올리브 생산량의 70~80%를 담당한다니 그럴 만도 하다.

졸지에 학회동료로 몰린 우리 부부,
그러거나 말거나 이슬람 문화의 정수...
그라나다 알함브라

그라나다(Granada)라는 지역명은 이 지역의 특산물인 석류(granada)의 스페인어에서 유래하였다고도 하고 아랍어의 '새로온 사람들의 도시 또는 언덕(Gharnatah)'에서 유래하였다고 하기도 한다. 이곳은 고대로마의 식민도시로 로마제국의 멸망이후 서고트족이 지배하다가 711년에 북부아프리카에서 건너온 이슬람왕국의 지배를 받았다고 한다. 이후 콜럼버스가 아메리카대륙을 발견한 해인 1492년에 스페인의 이사벨 여왕(Isabel I)은 국토회복운동을 뜻하는 레콩키스타를 통해서 약 800년간 이베리아반도를 점령한 이슬람세력의 거점인 그라나다에서 최후의 항복을 받아낸 역사적 도시다. 그라나다에 도착해서 버스터미널에서 택시로 사전에 예약해둔 호텔로 향한다. 이번 여정에서 유일하게 호텔에서 묵기로 하였는데 그라나다대학교(Universidad de Granada) 인근에 위치해 있다. 캠퍼스가 바로 주변에 있다보니 학생들이 자주 눈에 띈다. 이 대학은 공립종합대학교로 1531년 교황 클레멘스 7세에 의해서 설립되었고 세계대학학술순위 기준으로 스페인 대학교 중에서는 3번째로 높은 순위를 차지하고 있다고 한다. 호텔에 여장을 풀고 잠시 쉬면서 저녁식사를 할 마땅한 데를 찾아본다. 저녁은 아내가 찾은 이베리코 포크(cerdo ibérico) 스테이크를 먹기 위해 나선다. 우리가 익히 알고 있듯이 이베리코 흑돼지는 이베리아 반도에 있는 스페인에서 생산되는 토종 흑돼지 품종을 말한다. 이베리코 돼지는 혈통과 먹이, 사육환경에 따라 세 가지로 구분된다고 한다. 가장 아래 등급인 세보(Cebo)는 이베리코 흑돼지와 일반 품종인 듀록의 교배종으로 올리브유를 섞은 사료를 먹고 방목 없이 축사에서 10개월 사육된 일종의 잡종이다. 세보는 스페인어로 '사료' 또는 '미끼'라는 뜻이라고 한다. 중간 등급인 세보 데 캄보(Cebo de Campo)는 세보종을 다시 이베리코 흑돼지와 교배시킨 교배종으로 올리브유를 섞은 사료와 풀을 먹이고 12개월을 사육한 것을 말한다고 한다. 출하 2개월 전 오전에는 사료를 먹이고 오후에는 방목해서 키운다고 한다. 여기에서 캄포는 스페인어로 '들판'이라는 의미다. 가장 높은 등급인 베요타(Bellota)는 75% 이상 또는 100% 순종 이베리코 흑돼지다. 베요타는 스페인어로 '도토리'를 의미한다. 전체 이베리코 흑돼지 중 단 5% 내외만이 베요타 등급이라고 한다. 약 14개월 이상 사육하되 6개월 이상 방목해야 하고 데헤사(Dehesa)라고 불리는 목초지의 도토리농장 약

3,000평당 한 마리라는 엄격한 기준으로 스페인정부가 관리하는 명품 돼지다. 보통 이베리코 돼지는 전부 도토리를 먹고 자라는 것으로 알고 있는 경우가 많은데 실제는 베요타 급만이 도토리를 먹는다고 한다. 이베리코 베요타까지 국내에도 많이 유통되고 있지만 100% 순종은 극히 소량 유통되고 있고 그나마 유럽에서 많이 사용되지 않는 구이용 품목과 등갈비 등이 주로 유통되고 있다고 한다. 이베리코 베요타 100% 순종은 목살 등의 부위 마블링이 다른 등급과 확연히 차이가 있고 그 깊고 고소한 감칠맛이 타의 추종을 불허한다고 한다. 이베리코 베요타 100% 순종은 사료인 도토리가 항산화 작용이 뛰어나기 때문에 무항생제로 키워진다고 한다. 국내산 삼겹살의 경우 지방이 식으면 하얗게 굳어지는 데 반해 이베리코 베요타는 몸에 좋다고 알려진 오리고기 기름처럼 지방이 굳지 않는다고 한다. 그래서 냉동으로 유통되지만 녹여보면 육즙이 그대로 살아 있어서 냉장처럼 보인다고 한다. 오메가3와 불포화 지방산이 풍부하고 감칠맛의 지표로 삼는 올레인산도 풍부해 일반돼지와는 비교할 수 없는 감칠맛이 난다고 한다. 여행하면서 적지 않은 지식을 새롭게 습득하는 즐거움도 크다. 비가 오고 음산한 게 한기를 느낀다. 작은 레스토랑 공간 안에는 테이블은 몇 개 밖에 없고 스탠딩 식으로 서서 대화하면서 즐기고 있다. 우리는 테이블로 안내받아 스테이크와 샐러드를 주문하였다. 베요타는 아니지만 현지에서 처음 경험하는 이베리코 포크 스테이크는 맛과 향이 좋았다.

이틀날, 내일 본격적인 알함브라 투어에 앞서서 오늘은 이슬람 전통시장이었던 알카이세리아(Alcaicería) 거리와 11세기 이슬람인들의 집단거주지인 알바이신(Albayzin) 지구 내 산 니콜라스전망대(Mirador de San Nicolas)를 오르기로 한다. 오늘도 뚜벅이 여행예정이라 그동안 궂은 날씨에 속이 젖은 아내 신발부터 방수 스포츠화로 구입해서 신는다. 조금을 더 걸어가다 보니 안쪽 깊숙이 뻗어있는 길과 예상 밖 고풍스러운 건물이 나오는데 산 제로니모 수도원(Real Monasterio de San Jerónimo)이다. 웅장한 1500년대 왕립 수도원인 이곳은 르네상스 양식으로 화려하게 장식되어 있고 2층에 회랑이 있다. 1504년에 지어진 그라나다 최초의 가톨릭 수도원이고 그라나다 3대 수도원으로 꼽힌다고 한다. 가톨릭 성인 산 제로니모의 이

산 제로니모 수도원

그라나다 대성당

름을 붙였고 19세기 프랑스와의 전쟁으로 파괴된 건물을 1910년에 복원했다고 한다. 내부에는 성경 속 인물의 조각상으로 꾸민 황금빛 중앙제단과 황금안료를 사용해서 천장을 가득 채운 성화가 장식되어 있고 예배당과 이어지는 회랑, 오렌지나무가 심어진 안뜰, 작은 분수 등이 있다. 그리고 정문입구에는 파사드로 손에 돌을 든 산 제로니모와 사자가 조각된 모습이 있다. 수도원을 나와 우리는 그라나다 대성당(Catedral de Granada)으로 건너간다. 이 성당은 과거 무어인들이 8세기에 스페인 지역에 이슬람교라는 새로운 종교를 들여오면서 세운 모스크(Mosque)가 있던 자리다. 그러다가 가톨릭계 군주들이 스페인을 통치하면서 무어인들이 세운 건물은 성당으로 탈바꿈하게 되었고 그래서 현재 대성당 주변에는 좁은 골목과 시장이 즐비하다. 이는 과거 모스크가 무어인들의 시장이었던 수크(souk) 중심에 세워졌기 때문이다. 이 대성당 건물이 세워지기까지는 180년이 걸렸다고 한다. 1523년에 건축을 시작했지만 1703년이 되어서야 비로소 마무리되었는데 건축기간이 오래 걸린 이유 중 하나가 그 당시 유럽전역을 휩쓸면서 수백만의 목숨을 앗아갔던 페스트 때문이었다고 한다. 오랜 세월에 걸쳐서 지어진 까닭에 여러 대에 걸친 장인들의 손길이 닿은 곳이다. 대성당 설계에는 엔리케 데 에가스(Enrique de Egas)와 디에고 실로에(Diego Siloé) 등 수많은 스페인의 유명 건축가가 참여했다고 하고 오랜 세월에 걸쳐 건축하다보니 자연스럽게 고딕에서 르네상스에 이르는 다양한 건축양식이 섞여있다고 한다. 그라나다를 오랫동안 지배했던 이슬람교도들의 영향으로 말발굽모양의 아치와 내부 장식에는 무데하르 양식이 보인다. 그리고 대성당의 돔형 지붕과 넓은 실내공간은 르네상스 양식을 활용하고 있다. 성당 정면외벽 상단에는 4대 복음서의 저자인 마태와 마가·누가·요한의 부조가 새겨져 있고 중앙 문 위로는 대천사 가브리엘이 마리아에게 찾아와 성령으로 하나님의 아들을 잉태하게 되리라는 것을 알려주는 수태고지를 볼 수 있다. 중앙 문 좌측에는 천국의 열쇠 두 개를 손에 들고 있는 산 피에트로 조각상이 서 있고 우측에는 왼손에 책을 들고 오른손으로 하늘을 가리키는 산 파울루스 조각상이 있다. 대성당을 지나 알카이세리아 시장에 들러 이곳저곳을 둘러본다. 대성당 인근의 좁은 골목에 조금 남아 있는 알카이세리아는 과거 이슬람

알카이세리아 시장거리

이슬람풍 전통 등 가게

통치시기에 비단을 세금으로 내던 곳을 뜻하기도 하고 비단시장을 의미한단다. 현재 이 거리는 향신료와 카페트·실크·가죽공예품 등 지역 특산물과 기념품을 파는 상점가로 변해있다. 아쉽게도 옛 이슬람문화 정취는 별로 찾을 순 없고 단순 선물가게들뿐이다. 그 중에는 향신료 가게가 있어 이국적인 향이 물씬 난다. 목걸이와 생활도기, 그리고 스페인 누가인 뚜론(turron) 가게에 들러 간단하게 쇼핑을 하고 코르크로 만든 핸드백·모자 등 각종 의상소품을 취급하는 가게까지 구경한다. 이럴 줄 알았으면 차라리 어제 들르지 못한 세비야대성당이나 알카사르 내부나 둘러볼 걸 하는 아쉬움이 든다. 다시 길을 재촉해서 산 니콜라스 전망대를 향해서 골목을 돌고 돌아 산동네를 오른다. 비가 간간히 뿌려서 돌바닥길이 무척 미끄럽다. 간신히 힘들게 오른 전망대는 생각보다 협소하고 어두운 먹구름이 알함브라궁 쪽에 가득하다. 그 다음날 가

코르크 소품가게

알카이세리아 향신료 가게

스페인 누가 뚜론 가게

랍스터 스튜 레스토랑

이드한테 확인해보니 알함브라궁 투어 도중 많은 비가 퍼부어서 힘들었단다. 이 곳은 아름다운 일몰을 감상할 수 있는 전망대로 알바이신언덕 정상부에서 알함브라궁이 특히 잘 보인다. 수공예품을 파는 사람, 버스킹하는 사람들, 그리고 여행객들로 항상 붐비는 이곳에서는 매일 해질녘에는 노천에서 플라멩고 공연이 열리기도 한단다. 전망대 뒤로는 산 니콜라스 교회가 서있다. 힘들지만 나름 알차게 보낸 하루를 마치고 호텔로 돌아오는 길에 그라나다대학 주변에 눈에 띠는 레스토랑으로 들어가 하루의 고단함을 푼다. 이베리코 포크와 함께 잊지 못할 맛이다. '아로즈 칼도소 콘 보가반떼(arroz caldoso con bogavante)', 우리말로 번역하자면 '보글보글 끓인 쌀'인 셈인데 차라리 랍스터 스튜(guisado de langosta)라고 하는 것이 나을 듯싶다. 독특한 노란 색감의 향신료... 물어보니 강황이나 샤프란이 아닌 생선건조분말이라고 세프가 직접 캔을 들고 나와 설명해준다. 사진이라도 찍어둘 걸 그랬다. 단연코 엄지척이다. 기본이 2인분인데 우리는 소식을 하는 까닭에 조금 남길 수밖에 없었는데 오랫동안 그 맛의 여운이 남는다. 직접 세프가 입구까지 나와 배웅해준다. 일종의 죽 형태로 쌀과 랍스터·생선건조분말을 넣고 조리한 스튜는 좋은 선택이었고 그라나다 마지막 저녁으로 재방문하게 만들었다. 역시 조금은 남기게 될 양이다. 소금 간도 우리에겐 다소 짜게 느껴진다.

셋째 날, 이번 여정에서 가장 기대되는 곳... 알함브라, 7시간반 동안 연계투어가 진행된다. 이번 여정에서 유일하게 전문 가이드 프로그램을 사전에 예약하였다. 알함브라의 백미인 나스르궁전(Palacios Nazaríes)까지 포함된 예약이 쉽지 않았던 프로그램이다. 미팅장소인 이사벨 라 카톨리카광장(Plaza de Isabel La Catolica)으로 나선다. 그곳에서 신대륙발견의 장본인인 이사벨 1세와 콜럼버스를 만난다. 곧바로 이동해서 그라나다대성당과 바로 옆 왕실예배당(Capilla Real)을 둘러본다. 여걸 이사벨 여

이사벨 라 카톨리카 광장의 이사벨 1세와 콜럼버스 동상

왕과 부군 페르난도왕이 묻힌 공간이다. 대성당의 일부처럼 보이는 왕실예배당은 대성당보다 오래되고 역사적으로나 미술사적으로 그 가치가 높은 곳이다. 스페인을 통일한 두 사람의 군주, 즉 카스티야 왕국의 이사벨 1세와 아라곤 왕국의 페르난도 2세가 잠들어 있는 곳으로 세 들어 있는 것처럼 대성당 바로 옆에 있다. 그러나 이 왕실예배당은 1504~1521년에 르네상스 양식으로 지은 건물로 바로 옆의 대성당보다 먼저 지어진 건물이다. 스페인의 마지막 이슬람 영토였던 그라나다를 정복한 위대한 업적으로 교황 알렉산더 6세는 이사벨 1세와 페르난도 2세에게 '가톨릭 국왕부부'라는 칭호를 내렸다고 한다. 사실 왕실예배당은 원래 모든 스페인 왕들의 무덤이 있는 영묘였지만 이러한 역할은 이후 마드리드 인근의 엘 에스코리알(El Escorial)이 맡게 됐다고 한다. 예배당 내부는 지하 묘와 박물관으로 나뉘는데 화려하게 대리석으로 조각된 묘는 피렌체의 조각가 도미니크 판첼리(Dominique Pancelli)의 작품이라고 한다. 영묘 앞 제단에는 성서내용을 조각해 놓았는데 삼위일체가 표현되어 있고 그 아래 성모 마리아와 마리아 막달레나, 그 옆으로 십자가를 멘 그리스도와 죽은 그리스도를 안고 슬퍼하는 성모 마리아의 모습을 새긴 피에타 조각상이 있다. 그 아래에는 세례자 요한과 사도 요한이 자리하고 있다. 그리고 그 인근에는 노천카페와 레스토랑이 늘어서 있는 직사각형 모양의 아담한 비브 람블라 광장(Plaza de Bib-Rambla)이 있고 광장 중앙에는 분수대가 있어 운치 있는 휴식공간을 제공해준다. 약 500년 전 이슬람의 지배를 받던 시기에 상업 활동이 활발하게 이루어지던 곳이라고 한다. 길을 서둘러 어제 우천 속에 올랐던 산 니콜라스 전망대를 택시로 오른다. 어제 고생한 기억이 스멀스멀 올라온다. 오늘은 날씨도 쾌청하다. 3명의 청춘들이 기타 하나를 들고 박자를 맞추면서 버스킹을 하고 있다. 어제 먹구름이 잔뜩 했던 알함브라 쪽 하늘도 맑다. 한참을 멀리서 알함브라를 느끼고 전망대를 내려와 각자 취향대로 레스토랑을 찾는다. 우리는 점심을 '오늘의 메뉴'를 의미하는 메뉴 델 디아(Menú del Día)로 선택하였다. 기왕 스페인에 왔으니 이 곳의 음식을 골고루 맛보고 싶었고 가능하면 여행할 때마다 현지식을 먹는 것 역시 또 하나의 즐거운 경험이기 때문이다. 메뉴 델 디아는 평일 점심에 저렴한 가격에 제공되는 코스 메뉴를 의미한다. 이 메뉴의 특징은 계절에 따라 제철에 신선한

비브 람블라 광장

산 니콜라스 전망대에서 버스킹하는 청춘들

재료를 사용하기 때문에 구성이 매일 달라진다고 한다. 맛은 그런대로 괜찮았다. 각자 취향대로 식사를 마친 일행들이 다시 만난 후 본격적인 알함브라 투어를 시작한다. 알함브라 투어를 시작하려고 이동하는 중에 젊은 가이드가 우리 부부의 정체가 궁금했는지 내게 툭 던진 한마디가 가슴을 찌른다. “두 분은 학회에서 오셨나요?” 헐... 우리가 그리 보였나? 여느 부부처럼 다정하게 손을 잡지도 않고 때로는 각자 떨어져서 사진을 찍거나 하는 게 그리 가까워 보이진 않았나 보다. 그냥 웃으면서 “그리 보입니까?”라고 했지만... 사실 우리에겐 서로의 호칭이 아직도 명쾌하지 못하다. 일반적 호칭인 ‘여보’조차 닭살 돋는단다. 누구처럼 바깥에서 특별히 닭살부부마냥 손잡고 거닐지도 않으니... 그래서 여태껏 마땅한 호칭이 없다. 이제 새삼스레 부르기도 민망한 세월이 흘렀다. 나중에 SNS에 이 내용을 올렸더니 여제자들이 놀랐다는 반응 일색이다. 로맨티스트 교수로 알고 있었는데... 나 혼자 호칭을 부를 수도 없고... 아버지를 아버지라고 부르지 못하는 홍길동의 심정이랄까? 참, 한편으로 이해도 가는 것이 아내는 7남매 중 막내인데 바로 위로 5명의 오빠들 속에서 자랐으니.. 그것도 과묵한 경상도 남정네들 틈 속에서... 그래서인지 애교는 1%도 없다. 그래서 난 토끼의 탈을 쓴 곰이라고 부른다. 아내는 토끼띠다.

어느 덧 궁 입구 매표소 앞에 다다랐다. 750년에 바그다드에서 스페인 안달루시아 지방으로 피신해온 압드 알 라흐만 1세(Abd al Raḥmān I) 이후 800년 동안 스페인 남부지방은 술탄들에 의해 지배를 받았다고 한다. 1236년에 그들의 수도 코르도바(Cordoba)가 기독교도에게 함락 당하자 살아남은 마지막 이슬람 왕조인 무함마드 1세(Muhammad I)는 그라나다로 피신한다. 이베리아 반도의 마지막 거점이 된 이곳에 분수와 석류나무가 넘치는 낙원을 짓기 시작하고 약 250여 년간 통치하게 되는데 바로 그 건축물이 알람브라 궁전이다. 당시 이슬람문화는 유럽문화보다 낙후된 사막의 후진문화가 아니었다. 그 당시 수도였던 코르도바는 바그다드나 동로마의 수도 콘스탄티노플에 뒤지지 않는 유럽 최고의 도시로 유럽의 젊은이들이 동경하는 도시로 번영을 누렸던 곳이었다고 한다. 중세 거의 모든 부분에서 선진문화였던 이슬람문화는 이탈리아의 베네치아와 스페인의 코르도바를 거쳐 로마쇠퇴 이후 문화적 암흑기였던 유럽에 전해졌고 서양문화를 꽃피우는 역할을 하며 르네상스 태동의 기초가 되었다고 한다. 다시 말해서 알람브라는 유럽 변방의 건축이 아니라 중세유럽과 이슬람문화의 최고 수준의 건축으로 문화가 절정에 올랐던 마지막 시기에 지어진 건축이라고 할 수 있다.

투어순서는 헤네랄리페 여름정원(Jardines del Generalife), 나스르궁전, 카를로스5세 궁전(Palacio de Carlos V), 알카사바(Alcazaba)로 한다. '천국의 정원'이라는 의미의 헤네랄리페 정원은 14세기에 건설된 나스르 왕조의 여름궁전으로 세상에서 아름다운 정원 중 하나라고 알려져 있다. 여름정원 입구에 들어서자 푸르른 녹음 속에 아늑한 야외 콘서트 장(Teatro del Generalife)이 시야에 들어온다. 이 정원은 태양의 언덕(Colinas del Sol)에 위치하고 있고 알함브라 궁전을 외부에 알린 워싱턴

헤네랄리페 정원 입구 콘서트장

어빙(Washington Irving)의 저서 『알함브라 이야기(Tales of the Alhambra)』에 나오는 이야기 중 '아흐메드 왕자 이야기(Tales of the Prince Ahmed)'의 무대라고 한다. 궁전 이름이 알함브라로 불리는 건 아랍어로 '붉은 성'을 의미하는 '앨 컬랏 앨 햄러(al-qala'at al-hamra)'에서 따 온 것이라고 한다. 붉은 철이 함유된 흙으로 벽을 만들었기 때문에 성벽이 붉게 보인다고 해서 이름 붙여졌다고 한다. 이 알함브라가 있는 사비카 언덕(Colina de Sabica) 앞에 있는 또 다른 언덕인 태양의 언덕중턱 대지 위에 아름다운 여름궁전이 세워진 것은 1302년~1309년경이라고 한다. 이후 이사벨 여왕의 레콩키스타로 인해 나스르 왕조의 마지막 왕 무함마드 12세(Muhammad XII)인 보아브딜(Boabdil)은 알함브라 궁전을 내주고 아프리카로 떠났다고 한다. 그와 그 휘하의 이슬람교도들이 그라나다를 떠나 모로코로 돌아가는 길에 이사벨여왕 부부가 철군하는 그들을 불러 세워서 함께 살아갈 것을 권유하였다고 하는데 진심어린 승자의 관용일까? 이사벨 여왕이 알람브라의 주인이 된 이후부터 헤네랄리페 정원은 스페인 왕실의 정원사가 직접 관리하였다고 한다. 그러다가 한동안 그라나다의 한 가문에서 전담 관리하다가 스페인 국가재산으로 귀속되었다고 한다. 이곳에는 크고 작은 연못같이 생긴 '수로'라는 의미의 아세키아(Acequia)가 있는데 일자형으로 길게 조성되어 있고 양 옆으로는 작은 분수들이 설치되어 있다. 그 주변은 각종 화려한 꽃들과 사이프러스 나무, 오렌지 나무들로 아름답게 꾸며져 있는 모습이다. 콘서트 장을 지나면 아세키아를 따라 노갈레스 산책로(Paseo de los Nogales)가 나오는데 한 여름 태양아래 무더위를 씻어줄 듯 중간 중간 둥근 형태의 분수에서 시원하게 물을 뿜어내고 있다. 조금 더 헤네랄리페로 향하다보면 헤네랄리페 아델파스 산책로(Paseo de las Adelfas del Generalife)를 만나게 되는데 스페인어로 아델파스인 협죽도는 잎이 좁고 줄기는 대나무와 비슷하고 꽃은 복숭아와 같다고 해서 불리는 이름이다. 나무모양은 버드나무와 유사하지만 꽃 모양이 복사꽃처럼 핀다고 해서 유도화라고도 하는데 주로 남쪽지방의 공원수나 가로수 등의 관상용으로 식재하고 원산지는 북아프리카와 동남아시아·서남아시아 등 더운 지역인데 결국 이슬람인들이 식재한 것임을 알 수 있다. 이곳 산책로 테라스에서 멀리 나스르궁전과 함께 알함브라의 모습이 보인다. 아세키아 안뜰(Patio de la Acequia)이라고도 불리는 헤네랄리페 정원과 알함브라 궁전의 곳곳에는 사이프러스 나무가 유독 많다. 사이프러스 나무가 많은 이유는 로마시대부터 로마인들은 무덤가에 이 나무들을 심었는데 사이프러스가 뿌리를 깊이 내려 물을 찾는 까닭에 무덤에 별다른 피해를 주지 않는다는 점 때문이라고 한다. 이런 까닭에 이 정원을 만든 무슬림 건축가들도 정원을 해치지 않으면서도 늘 푸른 병풍이 되어주는 사이프러스 나무들을 가로수로 선택했다고 한다. 이슬람 통치자들의 여름궁전으로 지어진 이 곳에는 2개의 커다란 정원이 있는데 그 중 아래쪽에 있는 것이 헤네랄리페 정원으로 알함브라를 대표하는 아름다운 공간이다. 이 곳 헤네랄리페는 여름궁전이라는 이름을 가지고 있지만 실제 주거목적은 아니었다고 한다. 그래서인지 방들은 많지 않고 대부분 경치를 감상할 수 있는 테라스로 된 건물들로 이루어져 있다. 1670년경에 완공된 것으로 추정되는 헤네랄리페는 지금 복원된 모습을 보면 처음 만들어졌을 때 얼마나 화려하고 아름다운지 상상이 가지만 아쉽게도 그라나다가 이사벨 여왕에 의해 점령당한 후에 기독교도의 손에 넘어간 뒤에는 예배당으로 쓰였다고 한다. 그래서 지금은 그 원형모습을 완벽히 알 수없는 상황이라고 한다. 아쉬운 대목이다. 이전에 이슬람인들에 의해서 건축된 본래모습과 원래 그들이 붙였던 정원과 건축물의 이름이 궁금하다. 이곳 헤네랄리페의 많은 건물들과 구조물들은 그라나다가 여름철에 40도가 넘어가는 덥고 건조한 기후다보니 뜨거운 여름날씨를 염두에 두고 만들어졌다고 한다. 그 당시 건축가들은 그늘과 바람, 그리고 쉴 새 없이 흐르는 크고 작은 분수로 여름철 살인적인 태양의 열기를 피하려고 물과 바람을 이용해서 시원한 공간을 만들려고 노력하였다고 한다. 그리고 건조한 지역에서는 물이 귀하기 때문에 그 귀한 물을 마음대로 이용할 수 있는 것은 지배층만의 특권이었다고 한다. 즉 고여 있는 물이 아닌 흐르는 물과 그 수압 차이를 이용한 분수를 만들어서 그들만의 쾌적한 공간을 연출한 셈이다. 헤네랄리페 궁안에는 살라 레지아(Sala Regia)라는 술탄의 거실이 있는데 내부벽면이 마치 나무에 조각한 것처럼 정교하고 섬세한 이슬람문화의 정수를 느낄 수 있다. 이처럼 과거에는 앞선 전통문화가 있던 민족과 국가들이 오늘날에는 왜 테러국으로 전락했는지 안타까울

헤네랄리페 궁전과 정원

뿐이다. 물론 그 과정에서 제국주의 강대국의 무력과 약탈도 한 원인이 되었던 것은 분명하다. 술탄의 거실 옆에는 왕비의 중정(Patio del Cipres de la Sultana)이 위치하고 있고 이 앞 정원을 지나다보면 말라죽은 사이프러스나무 한 그루가 서있다. 전해지는 이야기에 따르면 후궁이 이 곳 왕궁 친위대 병사와 이 나무 아래서 밀회를 즐기다 왕에게 발각되면서 죽임을 당했다고 한다. 그리고 이 사이프러스나무는 두 사람의 밀회를 숨겨주고 지켜봤다는 황당한 이유로 왕의 노여움으로 인해 고사당했다는 전설이 내려오고 있다. 예전의 수많은 후궁들은 술탄이 찾아줘야만 술탄과 함께 지낼 수 있었을 것이기 때문에 젊은 나이에 궁 안으로 들어와 오매불망 술탄만 기다리다 외로움에 지쳤을 것은 당연지사였을거다. 그래서 술탄의 절대권력이 두려웠음에도 불구하고 멋지고 파릇파릇한 병사들에게 눈이 가는 것은 어찌 보면 이해가 갈 법도 하다. 동서고금을 막론하고 역사를 훑어봐도 궁궐 안에서의 행태는 유사한 듯 싶다. 이곳을 둘러보다보면 북아프리카 사막을 지배했던 이슬람 술탄들이 최후까지

술탄의 거실 살라 레지아

말라죽은 사이프러스 나무

애착을 한 이유를 알 것 같다. 그들에겐 천상의 파라다이스가 아니었을까? 멀리 6km 거리의 시에라네바다산맥에서 물줄기를 수로로 연결해서 궁전 곳곳에 식수와 연못을 만든 것이 경이롭다.

헤네랄리페를 나와서 알함브라궁전의 백미인 나스르궁전으로 향한다. 술탄의 집무실과 거주공간답게 화려하면서도 섬세하고 아름답다. 이슬람인들의 문화가 더욱 궁금해져서 여행계획을 세우면서 북부 아프리카에 있는 모로코와 유럽과 아시아 경계에 있는 튀르키예를 일정에 포함시키려고도 했지만 그러기에는 일정에 무리가 있을 것 같아 다음 기회를 기약하기로 하고 제외시켰다. 알함브라 궁은 원래 총 7개 궁으로 지어졌다고 한다. 그러나 현재는 메수아르궁(Palacio del Mexuar)과 코마레스궁(Palacio de Comares), 레오네스궁(Palacio de Leones)만 볼 수밖에 없는 것이 못내 아쉽다. 카를로스5세의 신혼여행으로 급조된 황제궁인 카를로스5세궁 건립으로 나머지 궁은 사라지고 잔존 3개 궁마저 위태롭게 서있는 게 안타깝다. 나스르궁전은 14세기 중후반 유스프 1세(Yusuf I)와 무함마드 5세(Muhammad V) 부자시대에 건설되었고 이후 수차례 증개축을 통해서 완공된 복합형 궁전으로 1948년에 유네스코 세계문화유산으로 등재되었다고 한다. 맨 먼저 등장하는 메수아르궁은 메수아르 방(Sala del Mexuar)과 기도실·황금의 안뜰(El Patio de Dorada)·황금의 방(Sala de Dorada)으로 구성되어 있다. 궁 입구 바닥에는 석류 모자이크로 장식되어 있는데 그라나다가 석류에서 명칭이 유래된 것을 보여준다. 3개의 궁으로 들어가는 입구 바로 옆에는 마주카정원(Patio de Machuca)이 자리하고 있는데 미켈란젤로의 제자인 마주카가 카를로스5세궁과 함께 건축하였다고 한다. 메수아르궁은 채색타일과 석회석 몰딩으로 온 벽을 빈틈없이 장식하였고 천정은 주로 나무목각을 짜 맞추어 장식되어 있다. 이슬람 제1성지인 사우디아라비아 메카(Mecca) 방향으로 향하고 있다는 기도실 창밖으로는 과거 이슬람 거주지이자 최후의 항전을 벌였던 알바이신과 사크로몬테 언덕(Sacromonte)이 한눈에 펼쳐진다. 이 궁에는 타일과 석회석 몰딩으로 장식된 방들이 여럿 있는데 평면이나 공간을 빈틈없이 채우는 테셀레이션(tessellation)공법을 적용하였다고 한다. 즉 타일(tile)이라는 도형으로 겹치지 않으면서 빈틈없게 공간을 채우는 것으로 유약을 바른

메수아르궁 기도실에서 본 알바이신지구

모자이크 형태의 세라믹 채색타일이다. 형상의 재현을 금기시한 이슬람의 율법에 따라 지구의 4원색을 상징하는 검정·녹색·파랑·노랑타일로 아라베스크 문양을 만들며 추상예술을 추구했다고 한다. 타일 위의 벽면조각은 석회석 가루를 이용한 몰딩기법을 사용하였다고 하는데 역사적으로 테셀레이션은 고대로마와 이슬람예술에 주로 쓰였고 이 곳 알람브라 궁전과 모로코 건축에서 가장 유명하다고 한다. 그리고 정교한 석회세공의 벽면 위에 천정을 수놓은 밤색 목각무늬 천정도 다른 방과 다르게 장식되어 있는 것이 눈에 띈다. 황금의 방은 삼나무와 금을 사용해서 천장을 장식하고 있는 까닭에 마치 금빛 나무 잎과 같다고 해서 이름 붙여진 것이라고 하고 이슬람의 기하학적이고 반복적인 고유문양과 그림 같은 아랍어가 벽면에 새겨져 있어서 보는 사람으로 하여금 신비롭게 느껴지게 한다. 황금의 안뜰은 술탄이 백성들에게 강연을 하던 공간으로 아라비안 문양의 채색타일로 장식된 벽면과 정교한 석회세공으로 만들어진 기둥장식에 눈길이 간다. 그리고 이곳 황금의 안뜰에는 2개의 문이 존재하는데 오른쪽

문은 술탄 가족이 거주하는 공간으로 연결되는 곳이고 왼쪽 문은 코마레스궁의 아라야네스 중정(Patio de los Arrayanes)으로 연결되는 곳이다. 이곳의 전면부 파사드는 알함브라에서 최고로 평가받고 있는데 기하학적이고 반복적인 문양과 코란 경전내용을 빼곡하게 새겨놓았다. 그리고 황금의 방은 이슬람법정과 술탄의 통치행위를 기록하는 간부와 비서들이 사용했던 방으로 지방 토호나 관리, 각국 사절들이 술탄을 알현하는 용도의 접견실로도 활용된 공간이라고 한다.

메수아르궁에서는 바로 옆에 위치한 아라야네스 중정과 코마레스궁으로 자연스럽게 연결된다. 나스르궁 자체가 3개의 부속된 궁이 바로 붙어 이어지고 많은 방으로 이루어져있기 때문에 보고 있는 방이 어느 궁에 속해있는 건지 현장에서 무척 헷갈릴 수밖에 없을 듯싶다. 아마도 강렬한 태양과 무더위, 그리고 비밀스러운 이동을

술탄가족 거주공간 문 파사드

위해서 별도의 건물이 아닌 바로 옆에 있는 궁으로 이동할 수 있게 디자인된 것이 아닐까 싶다. 이 코마레스궁은 아라야네스 중정이라고 불리는 코마레스 중정(Patio de Comares)과 붉게 빛나는 높이 45m의 코마레스 탑(Torre de Comares), 대사의 방(Salon de Embajadores)으로 구성되어 있다. 황금의 안뜰 북쪽 현관 뒤에는 무카르나스(muqarnas), 즉 아랍어로 모카라베(Mocárabe)로 불리는 벌집 아치형 천장 또는 종유석 아치형 천장으로 장식되어 있다. 우리에게는 생소하지만 이슬람건축의 전형적인 형태로 입체감 있는 3차원의 필수적 공간장식으로 돔과 아치형 천장, 그리고 틈새를 장식하는데 활용된다고 한다. 이 모카라베 장식의 아치 길은 메수아르궁으로 연결되어 대사의 방 앞부분의 술탄을 알현하기 위한 사신들이 대기하던 넓은 직사각형 홀인 바르카 방(Sala de la Barca)으로 자연스레 이어지고 있다. 바르카는 스페인어로 배를 의미하는데 그 모양이 배를 닮은 데서 이름 붙여진 듯하다. 천장에는 정교한 나무 조각이 빼곡하게 박혀 있고 벽면은 섬세한 아라베스크 문양으로 가득하다. 그리고 본격적으로 사신들이 술탄의 왕좌가 있는 공간에서 알현을 하던 대사의 방은 정교한 조각과 황금 톤으로 위압감을 주기에 충분했을 것으로 보인다. 사신들의 얼굴표정까지 높은 천장 빛을 통해 샅샅이 노출시킨 방 천장 상감세공은 아라베스크 문양의 극치라는데 공감된다. 이 방은 결국 레콩키스타로 마지막 술탄 무함마드 12세가 항복문서에 서명하는 장소가 된 것이 역사적 아이러니일 뿐이다. 코마레스 탑 아래 위치한 대사의 방 앞으로는 남북 35m, 동서 7m의 커다란 직사각형 연못을 품고 있는 코마레스궁의 중정인 아라야네스중정이 위치하고 있는데 후에 인도 타지마할(Taj Mahal)의 모티브가 된다. 누군가는 이 사실이라도 알고 타지마할 앞에서 독사진을 찍고 물의를 일으켰을까? 이곳 코마레스중정의 별칭이 아라야네스로 붙은 까닭은 직사각형 연못 양 옆으로 천국의 꽃이라 불리는 아라야네스가 심어져 있어서 붙은 이름이라고 한다. 이 꽃의 원산지는 중동지역으로 은은한 꽃향기가 그들에겐 향수를 불러일으키고 마음의 평온을 가져다주는 매개체 역할을 했음은 분명해 보인다. 연못 남쪽 끝에 서서 전체를 보면 그 진가를 확연하게 느끼게 된다. 우아한 석주와 섬세한 세공으로 장식된 7개의 아치, 그리고 그 위의 푸른 안달루시아의 하늘까지... 알람브라의 그 모든 것이 연못의 잔

대사의 방 벽면 아라베스크 문양장식

잔한 수면 위에 드리워진다. 연못에 비친 중정의 모습이 신비롭다. 그들에게 이 연못이 주는 의미는 신은 영원한 반면 인간은 유한한 존재임을 각성시키고 있다고 한다. 곳곳에 장식된 아라베스크 문양과 아술레호스(azulejos) 채색타일이 아름답다. 이 이슬람 문화인 아술레호스가 포르투갈로 건너가 아줄레주라 불리며 포르투갈의 전통으로 이어진 셈이다.

아라야네스 중정과 코마레스궁을 나서면 현존하는 3번째 마지막 궁인 레오네스궁이 그 모습을 드러낸다. 이 궁은 왕의 방(Sala de los Reyes)과 함께 두 자매의 방(Sala de las Hermanas), 사자의 중정(Patio de los Leones), 아벤세라헤스의 방(Sala de los Abencerrajes) 등으로 구성되어 있다. 대사의 방과 함께 가장 아름다운 천장으로 장식된 두 자매의 방은 모카라베 양식으로 되어있다. 3개 아치문으로 구성된 두 자매의 방은 가장 아름다운 방으로 왕비의 거처라고 한다. 두 자매라는 이름이 붙여진 까닭은 똑같은 모양의 대리석 두 개가 깔려 있기 때문이었다고 한다. 8각형 돔 모양 천장의

코마레스궁 탑과 아라야네스중정

별무리와 4,500여개 종유석 모양의 천장은 말 그대로 황홀하다. 종유석 모양을 본뜬 복잡한 양식인데 자세히 보면 작은 나선형 조각들이 셀 수 없이 연결되어 있다. 천장 가득한 모카라베의 기하학적 무늬는 빛과 그늘의 입체적 대조와 연결로 마치 살아있는 듯 물결치는 느낌이다. 당시 동·서양을 훨씬 앞선 이슬람의 천문학 수준은 하늘의 운행과 우주의 빛들에 대한 관심으로 연결되었고 별들과 빛에 대한 미적 탐구로 이어진 결과물이라고 볼 수 있다. 아름다움으로 변모한 우주의 빛이 서로 반사되며 또 다른 빛으로 연이어지고 투과되면 두 자매의 방은 보라색이나 황금색 등으로 변하며 빛의 분수가 천상에서 쏟아져 내려오는 듯하다. 벽과 바닥의 나무와 꽃들과 함께 무수히 율동하는 듯한 빛의 세계는 깊은 고요 속의 진정 화려함으로 건물 깊숙이 배어든다. 두 자매의 방 건너편 사자의 중정을 마주하고 있는 곳에는 모카라베 양식을 사용한 또 하나의 방인 아벤세라헤스의 방이 위치하고 있다. 이 방은 화려하지만 내려오는 이야기에 의하면 끔찍한 살육의 현장이었다고 한다. 과거 15세기 그라나다 지역에서 권세가 중 하나인 아벤세라헤스 가문의 한 남성이 왕실 여성과 사랑에 빠진 것이 발각되어 그 가문 30여 명의 남성들이 이 공간에서 술탄의 묵인 하에 경쟁세력의 가문에 의해서 처참한 죽음을 맞이한 비극적인 이야기가 전해지는 곳이다. 그 후로 알함브라 내부에 있던 아벤세라헤스 가문의 저택까지 그 흔적을 모조리 없앤 결과 현재는 집터만 남아있을 정도다. 예나 지금이나 권력을 향한 음모와 모략, 정치적 보복은 수단과 방법을 가리지 않는 모양이다. 레오네스궁 중앙에는 '사자의 중정'이라는 별칭의 유래가 된 사자의 샘(Fuente de los Leones)이 자리 잡고 있다. 12마리의 사자가 받치고 있는 커다란 원형 분수다. 아직도 풀지 못하는 신비로운 사자상은 1시간 간격으로 시간을 알리던 물시계 겸 분수대로 자리 잡고 있다. 원래는 시간마다 각 사자상에서 돌아가면서 물을 내품도록 설계되어 있는데 고장이 나서 제대로 작동되지 않고 그 작동원리

몰살당한 아벤세라헤스 가문의 저택 터

를 아직 풀지 못하고 있다고 한다. 현대과학으로도 풀지 못하고 있다니 그들의 그 당시 과학기술의 정교함에 그저 놀라울 따름이다. 그리고 왕의 방에는 왕조 초기의 10명의 술탄천장화가 있는데 공개된 지 얼마 되지 않아 귀한 장면을 담는다. 이슬람 전통상 인물과 동물은 우상숭배금지로 형상화하지 못하는데 이곳은 술탄과 후궁만 거처하는 장소라 표현 가능했다고 한다. 내부는 몇 개의 작은 방으로 나뉘며 역대 술탄들의 침실이었다고 한다. 이 중정과 중정을 에워싸는 몇 개의 방과 시설은 술탄의 사적 공간, 즉 술탄 이외의 남자들은 출입이 금지된 하렘(harīm)이다. 중정은 124개의 가느다란 대리석 기둥으로 에워싸여 있고 기둥머리를 아치로 연결한 모든 벽면에는 도저히 인간의 힘으로 만들었을 것 같지 않은 정교하고 유려한 석회세공이 빈틈없이 입혀져 있다. 말 그대로 술탄이 거처했던 곳이니 다른 곳과 비교해서 더 화려하고 잘 만들

레오네스궁 앞 사자의 샘

10인의 술탄 천장화

사자의 중정인 레오네스궁

어져있다. 한 면에 5개의 창문이 있는 사각형의 천장과 벽면의 조각들은 보석이라 표현을 해도 과하지 않을 정도로 화려해서 눈을 뗄 수 없을 정도다. 특히 천장은 가만히 올려다보면 마치 별들이 가득한 밤하늘을 바라보고 있는 듯한 착각이 들 정도다. 또한 20개의 창문을 통해 들어오는 태양빛은 다른 조명 없이도 생활이 가능할 정도로 밝았다고 한다.

레오네스궁 두 자매의 방 뒤편에는 린다하라 정원(Patio de Lindaraja)과 전망대를 만나게 된다. 이 곳 전망대에서 2개의 쌍둥이 형태를 띤 창문 프레임을 통해서 정원을 바라볼 수 있다. 이 정원은 원래부터 있었던 것은 아니고 카를로스 5세가 왕비를 위해서 르네상스 양식으로 만들었다고 한다. 창 프레임 자체는 이슬람의 세공기술을 적용한 것으로 상당히 아름답다. 왕의 방도 카를로스 5세가 만들면서 이 곳 정원은 사방이 막혀버린 정원이 되고 말았다고 한다. 나스르 궁전에서 나오면 파르탈 궁전(Palacio del Partal)과 파르탈 정원(Jarddines del Partal)이 보인다. 원래는 사자의 궁과 연결되어 있었고 13세기말 14세기초 무함마드2세와 3세에 의해서 건축된 나스르 궁전보다 오래된 궁전이라고 한다. 주변 야자수와 각종 나무, 연못, 그리고 연못에 비친 귀부인의 탑(Torre de las Damas)으로도 불리는 궁전과 하늘 모습이 무척 조화롭고 아름답다. 나스르궁전 밖에 분리된 상태로 있다보니 여행객들의 시선이 덜 가는 것이 안타까울 뿐이다. 파르탈 궁전 앞으로는 유스프 3세(Yusuf III) 궁전이 있었는데 지금은 건물은 없고 터만 남은 상태다. 이 궁전은 알함브라에서 가장 아름답고 호화로운 궁전이었는데 펠리페 5세로 인해서 소멸된 것인지 그저 아쉬울 따름이다. 계단을 오르면서 보이는 건축물이 산타마리아성당(Lglesia de Santa Maria)이다. 원래는 이슬람 사원인 모스크가 있었는데 이를 허물고 카를로스 5세 궁전과 산 프란체스코 수도원을 지을 때 함께 그 자리에 성당을 지은 것이라고 한다. 알카사바를 오르기 위해 스페인 왕이 자신의 알함브라 신혼여행으로 급조한 카를로스5세궁을 지나친다. 외관으로만 봐도 투박하고 기존 건축물들과 어울리지 않는다. 레콩키스타로 국토회복을 이룬 이사벨1세의 알함브라궁 보존 지시에도 본인의 신혼여행 거처를 마련하기 위해 나스르궁을 훼손시킨 객기는 어디서 나오는 걸까? 카를로스5세궁은

파스탈 궁전과 정원

나스르 궁전의 남쪽에서 위치하고 있다. 카를로스 5세가 이슬람 건축에 대항해서 르네상스 양식으로 지은 것으로 16세기 초중반에 걸쳐 건축되었다고 한다. 내부는 원형중정을 에워싼 회랑이 있고 1층은 도리아식 기둥, 2층은 이오니아식 기둥을 세웠다고 한다. 궁내부는 자세하게 훑어보지 않고 알함브라의 마지막 보루인 알카사바로 향한다. 이 요새에 오르기 위해서는 오메나헤탑(Torre del Homenaje)을 통해야만 하는데 이곳은 9~13세기에 지은 요새로 알람브라 궁전 내에서 가장 오래된 건물이라고 한다. 전성기 때는 24개의 망루와 군인숙소·창고·목욕탕까지 갖추었지만 현재는 그 흔적만 남아있다. 요새 중앙에 있는 벨라의 탑(Torre de la Vela)에 오르면 알람브라 궁전 내부와 알바이신 지구, 그라나다 중심부 일대의 경관을 전망할 수 있다. 멀리 알함브라의 젖줄인 설산 시에라네바다산맥이 보이고 어제 오른 산 니콜라스 전망대와 알바이신 지구가 한눈에 펼쳐진다. 한참을 망루에서 바라보며 그 당시 상황을 그려본다. 내려오는 길에 폐허가 된 그 당시 주둔 군사병영을 마주하게 된다. 면

카를로스5세 궁 회랑

알카사바 벨라 탑과 시에라네바다산맥 전경

훗날 나폴레옹이 침략 후 철군하면서 활용하지 못하도록 파괴해놓은 결과란다. 조선 왕조 기간보다 긴 700여년의 지배를 받았음에도 그 누구는 문화유산으로 보존하려고 했던 반면 또 다른 이는 아무런 역사적 또는 문화적 가치판단 없이 훼손하는 것이 타당한지 깊이 생각하게 만든다. 알카사바에서 눈 덮인 시에라네바다산맥을 바라보며 그라나다의 일정을 마름한다. 내일 아침엔 마지막 여정지인 바르셀로나로 떠난다. 다행이도 오늘 알함브라 투어에 참여한 바르셀로나를 경유한 여행자들의 얘기에 따르면 대부분의 항공기가 정상 운영중이고 카탈루냐 독립시위도 일부 지역에서 제한적으로 진행 중이라니 다소 안심이 된다. 생각 같아서는 달밤의 알함브라도 느끼고 싶지만 바르셀로나로의 이동을 위해 아쉬운 발길로 알함브라와 작별을 고한다. 알함브라궁전을 떠나 내려오는 길에 어디선가 타레가(Francisco Tárrega)의 〈알함브라

나폴레옹에 의해 폐허로 변한 군사병영

바르셀로나행 항공기 탑승

궁전의 추억(Recuerdos de la Alhambra)〉이 들려오는 것 같다. 그라나다의 마지막 날, 3박4일의 일정을 마무리 지으며 마지막 여정지인 바르셀로나로 이동하기 위해서 그라나다 공항에서 부엘링 항공기에 오른다. 비행기에 탑승하니 비즈니스 격인 앞에서 두 번째 줄에 좌석을 배정받았다.

가우디에 의한, 가우디의 도시…
바르셀로나

바르셀로나 엘프라트 공항(Barcelona-El Prat Aeroport)에 도착해서 터미널1에서 A1 공항버스를 타고 카탈루나광장(Plaça de Catalunya)에서 내린다. 드디어 마지막 여정지인 바르셀로나다. 우리는 람블라스(La Rambla) 메인거리를 캐리어를 끌고 도보로 7분 거리에 있는 예약해둔 레지던스 숙소로 향한다. 거리는 캐리어로 무장한 여행자들이 넘쳐난다. 손꼽히는 여행지답게 현지인들보다 여행자가 더 많은 듯싶다. 숙소에서 일단 여장을 풀고 오늘은 워밍업 차원에서 길 건너 까르푸 매장과 보케리아시장(Mercat de la Boqueria)을 둘러보며 장을 보기로 한다. 그러나 우리네 이마트나 전통시장보다 품목이나 가격 면에서 경쟁력이 떨어지는 듯... 여느 여행지에서와 마찬가지로 망고·토마토 등 과일과 몇 가지의 반찬거리를 구매한다. 람블라스 메인거리엔 여행객들로 가득 차 걷기조차 힘들 정도다. 우리는 항상 각 여행지마다 스케줄에 따라 예비

보케리아시장

비를 포함해서 당일 사용할 현금을 각 봉투마다 넣고 사용용도와 금액을 적어놓는 습관이 있다. 매번 봉투를 만드는 것이 귀찮을 수도 있지만 익숙하지 않은 화폐를 그때그때 꺼내서 지불하는 것도 번거롭고 모든 현금을 호주머니에 넣고 다니는 것도 안전하지 못하기 때문이다. 꼼꼼하고 계획적인 성격 탓도 있지만 업무적으로 매체광고예산을 다루다보니 익숙해진 부분도 있는 것 같다. 실제 그렇게 사용하다보면 그날 설정한 예산보다 적게 지출하는 경우가 많다. 그럴 경우엔 내일로 남은 예산을 넘겨서 추가 예비비가 생기는 셈이다. 물론 중요한 장소에 대한 입장료 등은 국내에서 사전예약을 하고 카드결제를 한 상황이라 환전을 그다지 많이 해둘 필요도 없다. 그리고 숙소는 가급적 작은 주방이 딸린 곳으로 예약하는데 필요할 때는 외식으로 해결하지만 어느 정도 여유가 있으면 재래시장이나 마트에 들려서 현지인들의 삶도 살펴보고 그들과 소통하는 것 또한 여행의 재미다. 물론 시장에서 장을 보게 되면 아무래도 외식하는 것보다 비용을 절감시키는 일석이조의 효과도 무시할 수 없다.

이튿날, 가우디투어의 첫 단추인 구엘 파크(Parc Güell)를 시작으로 내일은 사그라다 파밀리아(Basílica de la Sagrada Familia), 모레는 카사 바트요(Casa Batlló)와 카사 밀라(Casa Mila) 순으로 둘러볼 예정이다. 이번 바르셀로나는 철저하게 가우디(Antoni Gaudí i Cornet)에 대한 건축학개론이라고 불러야할 듯싶다. 바르셀로나를 방문한 목적은 미안하지만 피카소도 FC바르셀로나도 아니다. 오로지 가우디의 걸작을 직접 눈으로 확인하고 싶어서다. 숙소에서 메트로를 타고 알폰소X 역에서 구엘행 무료 셔틀버스를 탑승하고 구엘 파크로 입장한다. 입구 집들이 마치 동화 『헨젤과 그레텔(Hänsel und Grethel)』 속에 등장하는 과자 집 같은 건물이 있는데 설계당시 이 단지의 게스트하우스나 경비초소(Casa del Guarda)로 지었던 것인데 지금은 박물관으로 사용 중이다. 이 곳은 가우디 건축의 진수를 볼 수 있는 곳으로 곡선 형태의 벤치와 돌을 쌓아올려 만든 울퉁불퉁한 기둥과 다리, 화려한 타일문양 등이 어우러져 독특한 정원을 만들어냈다. 건축 전공자든 아니든 간에 가장 먼저 가보고 싶은 곳 중 하나이지 않을까? 그는 자연에는 직선이 존재하지 않는다는 괴테(Johann Wolfgang von Goethe)의 자연론과 종합예술론의 영향을 받아 대담하고 환상적이며 독창적인 건축

구엘 파크 입구전경

양식을 완성한 셈이다. 이 공원은 바르셀로나에서 비교적 높은 산등성이 지역에 위치하고 있다. 원래는 가우디의 후원자였던 구엘 백작이 아테네의 델포이(Delphi)를 재현시켜 60채의 고급주택이 들어선 전원주택단지를 만들려 했다고 한다. 백작은 그곳에 고급건축물을 세우고 일반인과는 적절히 격리된 유토피아적인 도시공동체를 세우려 했다고 한다. 가우디는 이 단지 안에 카탈루냐 지방의 전통적 건축미를 토대로 그리스의 델포이 신전과 북유럽식 정원모델, 심지어는 에덴동산과 쿠바의 이국적인 풍경까지 넣으려는 계획을 세웠지만 결국 이 주택단지를 조성하는 데 예상 밖의 비용이 발생되면서 사업은 실패하고 결국 공원으로 남게 되었다고 한다. 결국 가우디는 사업가라기보다 창의적인 예술가라고 보는 것이 타당할 듯싶다. 그러나 결과적으로 보면 공원으로 그 모습이 탈바꿈되면서 많은 이들의 사랑을 받게 되었고 오늘날 찬란한 세계문화유산으로 등재된 것은 오히려 전화위복 아닐까 싶다. 공원 중앙에는 광장이 있고 광장의 모서리를 따라 타일로 장식된 곡선의 긴 벤치가 자리 잡고 있다. 그 당시 가우디

구엘 파크 그리스극장 내부천장 타일장식

의 상상력이 놀랍기만 하다. 이 벤치는 투박한 돌에 타일을 붙여 직선 없이 곡선만으로 이루어져 있는데 마치 커다란 뱀이 살아 움직이는 듯 보인다. 이 광장 밑으로 86개의 도리아식 기둥이 있는 신전 모습의 그리스극장(Teatre Grec del Parc Güell)이 있는데 순수 도리아식 양식과는 좀 다르게 표현되었다고 한다. 그 건축물 내부천장에는 하얀 색의 타일조각으로 전체 장식된 중간에 별과 그의 별자리라는 게인지 알 수 없는 형태의 채색타일 조각으로 정교하게 마치 어렸을 때 색종이를 오려서 만든 것 같은 모자이크 장식을 볼 수 있다. 밑에는 광장 위에서 떨어지는 빗물과 도리아식 기둥 안에 설치해둔 하수관을 통해 떨어지는 물을 모아두는 물탱크가 있다. 이 모아진 물은 중앙계단에 있는 3개의 분수 중에 세라믹 재질로 된 용의 조각상의 입으로 토하듯이 뿜어 나오도록 설계되어 있다. 타일조각을 사용한거나 물을 끌어들여서 분수대를 만든 것은 어디에서 많이 본 적이 있지 않은가? 바르셀로나로 오기 전에 들렀던 알함브라 궁전에서 본 이슬람문화 아니었던가? 가우디투어를 하면서 느껴지는 것은 그 역시 이슬

구엘 파크 계단 도마뱀 조형물

람문화 산물을 응용한 것을 곳곳에서 느끼게 한다. 그리고 카탈루냐 지방의 르네상스는 굉장히 종교적이었기 때문에 이 영향으로 왕이 다니는 계단의 세 번째 분수에는 아라곤 왕의 휘장이 표시되어 있다. 또한 가우디는 입구 쪽 건축물에 있는 탑의 가장 높은 곳에 4개의 가지가 있는 십자가를 설치하였고 중세시대를 생각하여 성서에 등장하는 갈보리(Calvary), 즉 스페인어로는 칼바리오(Calvario) 산처럼 직접 돌로 산을 만들어 가장 높은 곳에 3개의 십자가를 설치했다고 한다. 가우디는 정원의 곳곳에 상징적인 것들을 표현하고 있는데 입구의 쉘터는 구엘 백작이 어릴 적 책에서 보고 매료된 인도의 코끼리를 본떠 만들었고 공원 벤치에 형상화된 게의 모양은 가우디 자신의 별자리를 상징하고 있다고 한다. 또한 입구 계단의 도마뱀 조형물 등과 일련의 조각품들은 연금술을 의미한다고 한다. 상층부에는 그리스 아폴론 신전에 있던 세계의 중심으로 여겼던 돌인 '배꼽'이라는 의미의 옴파로스(Omphanos)가 놓여 있고 다음 계단에는 연금술사의 불도마뱀이 있어 물이 흐르며 생명의 변화가 잉태하는 것을 보여주고 있다고 한다. 이처럼 구엘 파크는 자연친화적인 개념의 정원을 보여주고 있고 가우디의 자연주의와 곡선의 미학 그 자체를 보여주는 파격적인 작품이라고 할 수 있다. 그리고 파도 동굴(Pòrtic de la Bugadera)이라고 불리는 공간에는 곡선의 돌기둥이 연출해내는 터널에 가까운 동굴의 모습과 햇살, 그리고 돌기둥들이 만들어내는 그림자가 묘한 느낌을 가져다준다. 마치 지구가 아닌 다른 행성의 모습이 아닐까 하는 착각이 든다. 마침 이곳에서 기타와 바이올린으로 버스킹하는 사람들도 만나게 된다. 터널 같은 동굴과 돌기둥 때문에 묘한 울림소리가 난다. 공원을 거의 다 둘러본 다음 우리는 오스트리아 정원(Jardins d'Àustria) 벤치에서 쉬면서 견과류를 간식삼아 먹고 있는데 비둘기들이 한두 놈씩 찾아온다. 그 중에서 발가락이 절단된 한 마리 비둘기가 안스러워서 아내는 손 위에 앉혀놓고 먹을 것을 유난히 챙겨준다. 몇 년 전 산까치 한 쌍이 몰

구엘 파크 파도동굴 안에서의 버스킹

구엘 파크에서의 다리 잘린 비둘기와의 조우

래 아파트 안방 베란다 에어컨박스 사이 공간에 둥지를 짓더니 아카시아향이 그윽한 날에 7마리 새끼를 낳았다. 어미는 7마리 꼬물이들을 먹여 살리기 위해서 먹이 구하느라고 분주하다. 양육해서 어미와 함께 둥지를 떠나는 이소과정까지는 18일이 걸린다고 한다. 그 과정에서 아내는 소고기 날것을 잘게 썰어서 꼬물이들 때문에 제대로 먹지 못하는 어미 곁에 놓아준다. 그렇게 18일이 지나 이소하는 과정에서 결국 2마리는 다른 형제들에 치여서 제대로 먹지 못한 탓에 날지 못하자 어미는 5마리만 데리고 떠났다. 그 어미는 우리를 믿고 맡기고 떠난 건가? 아무튼 본의 아니게 남겨진 2마리는 아내가 보살피게 되었다. 기피하는 지렁이까지 구입해서 먹이는 등 정성을 다한 결과 이 녀석들이 제법 힘이 생겼는지 거실 곳곳을 누비고 날아다니고 심지어는 식탁과 책상 위를 점령하고 다닌다. 거의 1주일이 지난 후 이 녀석들까지 마지막 이소를 하게 되었고 그 이후 귀소본능이 있어서인지 저희들이 태어났던 베란다로 찾아와 화분 위에 한참동안 머물다가 간다. 찾아온 것이 기특하기도 하고 반가운 마음에 날 땅콩을 주기

낙오된 산까치 새끼들

시작한 것이 몇 년이 지난 지금도 수시로 찾아와서 얻어먹고 갈 정도다. 베란다에 와서는 제가 왔다고 소리를 내고 땅콩을 줄 때까지 죽치고 앉아있다. 처음에는 한두 마리가 찾아오더니 이젠 몇 마리가 오는지 알 수 없다. 그 놈이 그 놈 같아서... 이 녀석들을 식별하기 위해서 머리에다 각자 다른 색깔을 칠해둬야 할 것 같은 생각이 들 정도다. 이제는 이 녀석들에겐 당연히 맡겨놓은 것을 얻어먹을 수 있는 땅콩 맛집으로 소묻난 모양이다.

거장 가우디는 1926년 6월 여름에 전차에 치어서 74세로 생을 마감하였다고 한다. 평생 독신으로 살았던 그는 사고 당시 너무 초라한 행색 탓에 아무도 알아보지 못했고 너무 늦게 병원으로 옮겨진 탓에 사망하기에 이르렀다고 한다. 말년에 사그라다 파밀리아 성당건축 작업에만 몰두한 그의 모습을 잘 보여준다. 그는 결국 로마교황청의 배려 아닌 배려로 성자들만 묻힐 수 있다는 사그라다 파밀리아 성당의 지하에 묻혀 있다. 그는 건축의 성자이자 실내 디자인과 장식조각, 심지어 의자와 화장대에 이르기까지 거의 모든 제품을 인체공학적으로 제작한 20세기의 독창적인 예술가다. 그의 모든 작품에 드러나는 우아하고 특이한 곡선과 다양한 자연 이미지를 건축에 사용한 그의 걸작들은 피카소의 명작과 견줄 수 있는 건축 작품이기도 하다. 그의 창작에 몰두하는 불멸의 영혼과 시대를 초월한 작품은 당대보다도 세월이 지날수록 더 높은 평가를 받고 있다. 구엘 파크를 둘러본 소감을 한 마디로 요약하자면 그의 건축물 곳곳에서 이슬람문화를 오마주한 부분이 많은 점... 결국 그들의 유산인 알함브라가 그 원천인 셈이다. 구엘 파크에서 숙소로 돌아오면서 대로변에서 맛있는 냄새가 나서 확인해보니 옛날 방식의 전기구이 통닭 가게가 있다. 통닭 반 마리와 구운 감자를 사서 숙소에서 점심을 해결하면서 내 인생 최고의 통닭이 문뜩 생각난다. 그 하나는 선친께서 젊은 시절 퇴근길에 근처 충무로에서 사 오신 저린 무와 함께 누런 봉투에 담긴 전기구이 통닭을 맛있게 먹었던 기억... 또 하나는 아이들 어렸을 때 단양에 여행하러 내려가서 예약한 펜션으로 가는 길에 비가 부슬부슬 오는 와중에 길가 푸드 트럭에서 우연히 만난 참나무 장작구이, 그 맛을 아직도 잊지 못한다. 오후 일정으로 바르셀로네타해변(Playa de la Barceloneta)에 들러 지중해를 바라보며 망중한을 즐긴다. 이곳 해변은 시우타데야 공원의 남쪽에 있는 해안구역을 1992년 바르셀로나 올림픽을 위해 인공적으로 조성한 공간이라고 한다. 지중해를 따라 펼쳐진 넓은 백사장과 고급 요트가 정박해 있는 항구 등으로 멋진 장면을 연출하고 있다. 가을 한 복판인데도 여기는 바다에 들어가 몸 담그는 청춘들과 웃옷을 벗고 비치발리볼을 하는 청춘들, 야외 활동하기에 무리가 없는 날씨다. 항구까지 둘러보고 숙소로 되돌아오는 길에 눈길 닿

바르셀로네타 해변

는 대로 사진을 담는다. 마치 피카소 작품처럼 보이는 《바르셀로나의 머리(La Cara de Barcelona)》라는 조각물이 대로 한복판에 설치되어 있다. 확인해보니 우리에겐 팝아트 회화작품 《행복한 눈물(Happy Tears)》로 잘 알려진 미국 미술가인 로이 리히텐슈타인(Roy Lichtenstein)의 조형물이라고 한다. 조형물이 설치된 건널목을 건너 대도로를 따라 내려오는 길은 높은 키의 야자수와 인도 옆에 잘 다듬어진 석조건물들, 그리고 인도조차도 자전거 전용도로와 양쪽 보행자 도로가 일직선으로 뻗어 있는 모습이 보기 좋게 정렬되어 있다. 골목으로 접어드니 고색창연한 건축물이 들어오는데 바르셀로나 대성당(Catedral de Barcelona)이다. 성당 앞 광장에는 많은 사람들이 한가로운 저녁시간을 보내고 있고 한 무리의 사람들이 단체로 율동에 맞춰 에어로빅을 시연하고 있다. 고딕지구(Barrio Gotic)에 위치한 이 대성당은 사그라다 파밀리아 대성당과 함께 바르셀로나를 대표하는 성당이라고 한다. 건축 시기는 13세기라고 하는데 고대로마시대에는 기독교 예배당으로 로마네스크 양식으로 건축되었다가 후에 고딕

로이 리히텐슈타인의 조형물 《바르셀로나의 머리》

양식으로 재건축되었다고 한다. 높이 70m의 첨탑과 정교한 조각들로 장식되어 있고 어느 도시의 대성당 못지않게 아름답고 웅장하게 자리하고 있다. 각 도시를 방문하다 보면 그 도시의 이름으로 붙여진 대성당이 있게 마련이다. 포르투와 세비야, 그리고 그라나다도 그렇다. 이곳 역시 이 지역을 대표하는 대성당이었지만 같은 하늘 아래 지존이 둘이 있을 수 없듯이 사그라다 파밀리아 대성당이 들어선 이후에는 그 자리를 뺏기는 신세가 되고 만 셈이다. 그러한 이 대성당은 바르셀로나의 수호성인인 성녀 에욜랄리아(Eulalia)에게 헌정된 곳이고 그녀의 유해가 이곳에 안치되어 있다고 한다. 그녀는 기독교 탄압이 가장 극심했던 로마제국 디오클레티아누스(Diocletianus) 황제 통치시절에 13살의 어린 나이에 바르셀로나 총독에게 항변하다가 나이 수만큼의 13가지 고문을 받은 채 X형 십자가에 매달려 처형당했고 그때 마침 하늘에서 내린 눈이 그 어린 소녀의 벗겨진 몸을 덮어줬고 그녀를 애도하는 중에 그녀의 입에서 흰 비둘기가 나와 하늘 높이 날아갔다는 이야기가 전해오고 있다고 한다. 아마도 그 비둘기는 소녀의 영

바르셀로나 대성당

혼인 듯싶다. 그래서 성당 정원에는 그녀를 기리는 차원에서 13마리의 거위를 키우고 있다고 한다. 로마제국 시절 기독교 탄압을 가장 극심하게 자행했던 디오클레티아누스는 살아생전 은퇴한 최초의 로마황제로 기록되는데 은퇴 뒤에 크로아티아 스플리트(Split)에 자신의 휴양지이자 궁전을 짓고 말년을 보낸 인물이다. 그런 악행을 저질러서인지 그의 말년은 그다지 평온한 인생은 되지 못한 것 같다. 자신의 딸과 부인은 후임 황제에게 납치되어 결국 죽임을 당하는 등 그 업보를 치르게 된다. 그 짧은 한번의 인생동안 선행을 베풀지는 못할지언정 남을 헤치고 악행을 서슴없이 저지르는 인간이라면 어찌 보면 당연히 감수해야하는 인과응보 아닐까 싶다.

셋째 날, 가우디 기행의 두 번째 시리즈이자 하이라이트인 사그라다 파밀리아, 우리는 리세우(Liceu) 역에서 메트로를 타고 중간에 발 데브론(Vall d'Hebron)행으로 환승해서 사그라다 파밀리아 역에서 내린다. 이곳 바르셀로나의 메트로 플랫폼이나 열차 내부는 깔끔하고 쾌적한 편이다. 걸어서 3분 거리에 140년 넘게 건축이 진행되고 있는 말 그대로 살아있는 건축물을 눈앞에서 마주한다. 가우디는 진심어린 마음으로 이 성당을 건축했다고 한다. 그는 자신의 평생역작이 될 만한 건축물이자 종교적인 신앙의 발현행위이기도 한 이 성당을 짓기 위해 보수를 받을 수 있는 다른 일을 모두 포기했다고 한다. 그의 표현에 따르면 가난한 이들을 위한 교회가 되도록 건물을 설계하였고 건축자금은 그 당시에나 현재나 동일하게 기부를 통해서 충당하는 것이 원칙이지만 현재는 입장료로 생긴 수익금 상당부분이 포함되고 있다고 한다. 만일 천국이 존재한다면 그는 하나님 옆에 보좌역으로 있으면서 그 곳에서도 성전을 짓고 있지 않을까 싶다. 1883년에 시작된 이 성전건축은 현재 진행상황을 보면 가우디 사후 100주년인 2026년에 완성될 것으로 보인다. 이 건축물은 가우디 사후에 그의 원래 설계안대로 완성될 수 있을지 의문시되었다고 한다. 그 이유는 스페인 내전 때 가우디의 드로잉을 보관하고 있던 작업실이 불타 버렸기 때문이다. 그 때문에 일류 예술가와 건축가, 지식인들로 구성된 그룹 안에서 건축의 지속적인 진행 여부에 대한 격렬한 토론이 벌어졌다고 한다. 그들은 건축물이 가능한 한 가우디의 원래 콘셉트 그대로 남아 있기를 희망하는 반면에 점차 세속화되어 가는 사회현실 속에서 거대한 교회의 존재 필요성에 대한 회의론도 만만치 않았다고 한다. 나 역시 유럽 여러 곳을 여행하면서 느끼는 것이 성당이나 궁전들이 너무 호화롭고 사치스럽다는 느낌을 지울 수 없다. 그 당시 국왕의 절대 권력과 교황의 권세가 만들어낸 결과물이어서 더욱 씁쓰름하다. 모든 실내장식이 금도금되었을 뿐만 아니라 모든 벽과 천장들이 빈틈없이 명화들로 가득 채워져 있으니 말이다. 말 그대로 레 미제러블(Les Misérables)들을 위해서 좀 더 겸손하게, 그리고 그들이 가까이 접근할 수 있도록 낮은 자세가 필요하지 않을까 싶다. 너무 속물스럽고 세속적이다. 그래서 특별한 경우를 제외하고는 가급적 왕궁과 대성당 내부는 깊이 있게 둘러보지 않는 편이다. 어쨌거나 가우디 덕에 스페인, 특히 바르셀로나는 세계 각지에서 몰려드는 여행객들로 붐비고 그들이 뿌리고 간 돈 덕분에 살고 있다는 사실이다. 결국 바르셀로나는 가우디에 의한, 가우디의 도시라고 해도 과언은 아닐 듯싶다.

사그라다 파밀리아는 크게 3개의 파사드(passade)로 구성되어 있다. 각 파사드는

사그라다 파밀리아

그리스도의 탄생과 수난, 그리고 영광을 상징하고 있다. 그리고 각 파사드마다 4개의 탑을 세워 높이 100m 정도의 총 12개의 옥수수 또는 벌집모양 종탑을 세웠는데 각 탑은 12명의 제자를 상징한다고 한다. 이외에 중앙에 세워지는 170m의 가장 큰 탑은 그리스도를, 그 뒤의 탑은 성모 마리아를 상징한다. 그리고 별도의 4개 탑은 4명의 복음사가인 루가·요한·마르코·마태오를 나타낸다고 한다. 상징물로 장식된 이 탑들은 각각 루가는 황소, 요한은 독수리, 마르코는 사자, 마태오는 천사로 형상화되어 있고 이 상징물은 성당내부의 4개 기둥의 메인램프에도 장식되어있다. 즉 그리스도와 성모 마리아에게 바치는 중앙 탑 2개를 더해 총 18개의 첨탑이 세워지게 된다. 이 성당의 첨탑 최대 높이를 172.5m로 설계한 이유는 하나님이 창조한 자연인 바르셀로나 몬주익 언덕(Montjuïc)이 173m이기 때문에 인간인 그가 인공적으로 만든 건축물이 이를 넘봐서는 안 된다는 가우디의 겸손한 생각과 신념이 영향을 미쳤다고 한다. 가우디는 직선은 인간이 만든 선이고 곡선이 조물주 하나님이 만든 선이라는 신념에 따라서 이 성당을 구성하는 외벽 선은 거의 모두 곡선형태로 디자인했는데 이 같은 설계는 그 당시 서양건축사에서 보기 드문 개념이었다고 할 정도다. 그의 그러한 신념은 앞서 살펴본 구엘 파크에도 고스란히 적용되어 있었다. 그러나 그렇다고 그가 미적인 감수성에만 의존하여 성당의 형태를 곡선으로 설계한 것은 아니라고 한다. 고딕 양식 특유의 버팀벽을 부정적으로 인식하고 부벽을 덧붙이는 대신 건축물의 안전성을 높이기 위해서 곡선 형태에 적합한 구조역학까지 감안해서 건축설계를 한 높은 창의력의 소유자였다고 한다. 관객들이 입장하는 가장 정면이 그리스도의 탄생의 이야기를 담은 탄생의 문이고 반대쪽인 출구방향이 그리스도의 수난을 담은 수난의 문이다. 지리상 남쪽이자 옆면인 영광의 파사드는 사실상 성당에서 가장 중요한 정면 역할을 하게 될 곳이다. 영광의 파사드 5개문은 성당 내부의 5개 회랑으로 연결되고 성당 밖으로는 마요르카(Mallorca) 거리와 넓게 이어지도록 설계되어 있다. 완공되면 건물크기는 가로 150m, 세로 60m, 높이 170m가 될 것으로 보인다. 탄생의 파사드(Façana del Naixement) 정면에는 그리스도의 탄생을 담고 있다. 먼저 3개의 문은 왼쪽에서부터 소망·사랑·믿음을 상징한다. 소망의 문(Puerta de la Esperanza)에는 마리아와 요셉의 결혼·영아학살과 이집트로 피신하는 마리아와 요셉이 표현되어 있고 사랑의 문(Puerta del Amor)에는 성모대관식·수태고지·그리스도 탄생·동방박사와 목자들의 경배모습 등이 조각되어 있다. 그리고 믿음의 문(Puerta de Fe)에는 설교 중인 그리스도 모습들이 형상화되어 있다. 중앙에 높이 솟아있는 사이프러스 나무는 그리스도의 영원한 사랑을 의미한다고 한다. 뒤에는 2개의 종탑을 연결하는 야곱의 다리가 있다. 이곳 파사드 모든 조각들은 가우디 생전에 조각했는데 여기에 등장하는 인물조각상들은 모두 그가 살던 동네사람들을 일일이 석고로 본을 뜬 후 그걸 보고 크게 돌로 조각했다고 할 정도로 사실주의에 충실했다고 한다. 수난의 파사드(Façana de la Passió)에는 최후의 만찬·유다의 키스·모든 방향의 숫자 합이 그리스도의 임종나이 33을 의미한다는 마방진·채찍질 당하는 그리스도·십자가 그리스도·피에 더럽혀진 그리스도의 얼굴 형상이 묻어 난 베일을 펼쳐 보이는 베로니카 수건·고민하는 베드로와 닭·빌라도의 고민·십자가를 대신 진 시몬·골고다언덕을 오르는 그리스도·말을 타고 그리스도 죽음을 확인하

탄생의 파사드

는 로마병사 롱기누스·그리스도 옷을 차지하기 위한 로마병사들의 제비뽑기 장면·십자가에서의 죽음·사후 십자가에서 내려짐과 부활모습 등이 묘사되어 있다. 특히 이 수난의 파사드 조각가인 수비라치(Josep Subirachs)는 가우디가 사망하기 2년 전에 찍은 그의 희귀사진인데 이를 복음서 저자의 얼굴모델로 담았다고 한다. 어찌 보면 이 수난의 파사드는 가우디에게 바치는 수비라치의 일종의 오마주인 셈이다. 그의 파사드 조각들을 보면 사실적인 묘사를 추구한 가우디에 반해서 매우 추상적인 묘사를 하고 있는데 특히 얼굴부분을 음각처리해서 어떤 방향에서 보더라도 관람자를 쳐다보는 착시현상을 일으킨다는 것이 그 특징이다. 그리고 마지막 파사드 격인 영광의 파사드(Façana de la Glòria)는 건축가 조르디 보네트(Jordi Bonet)에 의해서 진행되어 왔다고 한다. 그는 첨탑과 조각상 등의 완성에 중요한 역할을 한 인물이자 가우디의 건축철학을 충실하게 이행하기 때문에 아마도 파격적인 선택을 하지 않을 것으로 판단된다. 현재도 이 건축물의 공사를 이어가는 건축가들은 카탈루냐 지방 사람으로만 구성

수난의 파사드

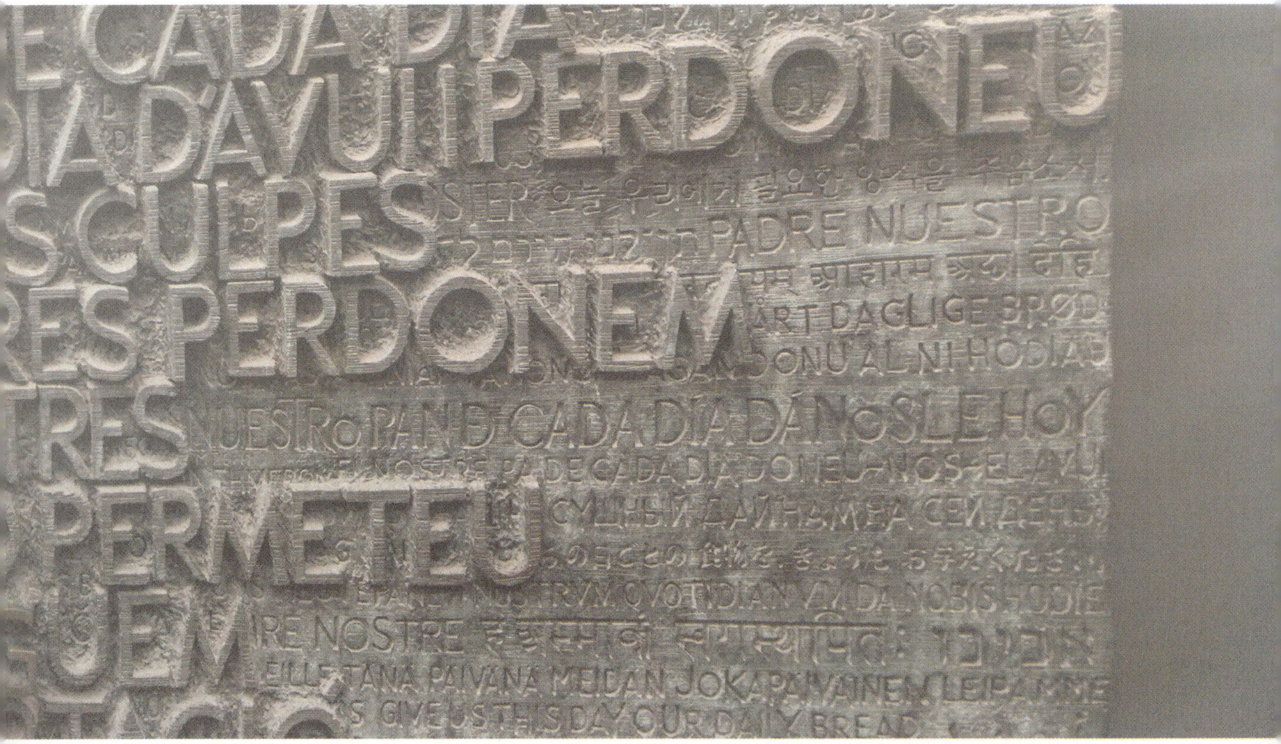

영광의 파사드 주기도문

해가는 철칙이 계속 유지된다고 한다. 마지막 영광의 파사드 주 출입문은 이미 완성되어 있는데 이곳에는 50개의 언어로 표현된 주기도문이 새겨져있다. 그 속에는 한글로 써진 기도문도 찾아볼 수 있다. 마지막 작업 중인 이 파사드는 향후 사그라다 파밀리아 성당의 메인 출입구가 될 것이라고 한다. 따라서 그 앞 남쪽 면에 접해 있는 건물들은 모두 철거하고 공원으로 조성될 예정이라고 한다. 가우디 생전에 성당의 남동쪽 방면은 공터였고 여기를 주 출입구로 삼고 설계했다고 한다. 즉 그의 원래 설계에 따르면 성당 앞 마요르카 도로 위로 지나가는 공중계단을 건설해서 차량은 그 아래로 운행하게 하고 사람은 맞은편 공터에서부터 계단으로 출입하는 것으로 설계했다고 한다. 그런데 문제는 100년이 넘은 현시점에서 공중계단을 설치할 공간인 맞은편 공터에 이미 건물들이 빼곡하게 들어찬 것이다. 가우디가 기획한 설계초안대로 구현하려면 그 건물들을 전부 구매해서 철거해야 하는데 예산문제보다도 철거대상 건물주들의 반발이 심한 것이 가장 큰 문제라고 한다. 협상은 현재진행형이지만 만일 2026년에 예정대로 완공이 안 된다면 이 문제가 가장 커다란 장애요인이 될 것 같다. 그러나 저러나 이 파사드와 함께 완공된 모습을 다시 보려면 치열한 예약전쟁을 치러야할 듯싶다.

성당내부를 보면 가우디는 햇빛에 반사되어 내부로 들어오는 스테인드글라스 빛으로 경건함을 한층 배가시키는 장치로 활용하고 있다. 동쪽의 푸른 스테인드글라스는 희망과 탄생을 의미하고 서쪽의 붉은 스테인드글라스는 죽음과 순교, 즉 수난을 의미하는 것으로 제작하였다. 특히 성당내부는 가우디가 숲 속을 걷는 듯한 느낌을 주도록 설계한 점이 상당히 이색적이고 그래서 그런지 나무와 꽃을 닮은 기둥과 천장의 형태가 인상적이다. 내부 4개의 붉은 색 주 기둥은 4대 복음서를 집필한 사도를 의미한다고 한다. 따라서 스테인드글라스를 제대로 감상하기 위해서는 한낮에 방문하는 것이 좋고 빛도 건축재료 중의 일부라고 언급했던 가우디의 말을 현장에서 직접 체험하게 된다. 일정한 간격으로 제작되어 있는 원형 모양의 스테인드글라스에는 세계 각지의 성인과 성지들의 이름이 나열되어 있는데 이 중에는 김대건 안드레아 신부(Sanctus Andreas Kim Taegŏn)도 있다. 직접 찾아보는 것도 흥미로울 듯싶다. 중앙 제단 앞쪽에는 마치 파라솔 아래 공중에 매달려있는 십자가 그리스도의 모습이 눈에

내부 서쪽 수난의 상징 스테인드글라스

성당내부 제단 앞 십자가 그리스도

두드러지게 들어온다. 일반적인 성당은 제단 뒤에 십자가와 그리스도가 위치하고 있는데 이곳에는 제단 앞 공중에 설치되어 있는 것이 이색적이다. 사그라다 파밀리아 성당의 건축구조는 대체로 고딕양식을 따르지만 고딕성당에서 흔히 사용하는 버팀벽은 실제 하중 지지에 도움이 되지 않는다고 판단해서 과감하게 제거하고 곡선의 구조체가 스스로를 지탱할 수 있도록 하는 데 많은 시간을 쏟아 부었다고 하는데 지하 박물관에는 그가 설계도면 대신 왜 모형 만들기에 집중했는지를 성당의 1/10 축소모형으로 제작한 것을 보면 어느 정도 이해할 수 있을 듯싶다. 이는 가우디의 건축을 도면으로 표현하거나 도면이 있더라도 보면서 설계하기가 무척 어려웠기 때문이라고 한다. 그는 줄과 추를 매달아 얻는 실험을 통해 포물면과 쌍곡면의 형상을 만들었는데 현재 지하에는 그의 연구실과 제작 과정, 추를 매단 이 성당의 형상 등 다양한 작업물들을 살펴볼 수 있도록 전시되어 있다. 이는 김대건 안드레아 신부의 스테인드글라스와 영광의 문 주 출입문에 장식된 50개 언어 속에서 한글 주기도문, 그리고 덩굴 나뭇잎 조각속의 도마뱀과 곤충 등 마치 이곳에서 곳곳에 숨겨져 있는 '가우디 코드(Gaudí Code)'를 찾는 것도 관찰력과 함께 집중력을 높일 수 있을 것 같다. 장식물들을 보면서 드는 궁금증은 가우디에게 도마뱀은 어떤 의미고 상징일까 하는 점이다. 구엘 파크에서도 계단 한가운데 채색타일로 만든 도마뱀 분수대가 있고 이곳에서도 도마뱀은 등장하고 있다. 아마도 탄생의 의미를 갖는 파사드로 숲 속의 자연 느낌을 주려고한 것이 아닌가 싶다.

성당 관람을 마치고 나오면서 드는 궁금증은 가우디의 사후에 제작된 수비라치의 수난의 파사트에 대해서 가우디는 어떤 평가를 할까? 내가 보기엔 가우디의 탄생의 파사드 부조 제작 스타일을 그대로 활용했더라면 하는 아쉬움이 남는다. 가우디 역시 수난의 파사드를 그리스도의 고난과 죽음을 표현해서 관람객들로 하여금 경외심과 고통·공포감을 느끼길 원했고 그래서 단단하고 벌거벗겨진 상태의 마치 뼈로 만든 것처럼 제작해야 한다는 말을 남겼을 정도라고 한다. 그리고 수난의 파사드는 남서쪽 방향이기 때문에 해질녘의 잠깐을 제외하고 항상 그늘지기 때문에 더욱 어둡고 무거운 느낌을 주는데 이는 가우디가 철저하게 빛의 변화까지 그의 작품에 의도했을 정도로 치

나뭇잎 조각 속의 곤충들

밀한 사전기획을 한 것이라고 한다. 그러한 사전에 치밀한 설계에 따라서 그가 직접 제작한 탄생의 파사드는 인물들도 사실적으로 부드럽게 묘사된 반면 수난의 파사드는 인물들이 추상적이고 각진 딱딱한 느낌이다. 그리고 탄생의 파사드는 빈 공간 없이 덩굴 잎사귀 조각들이 빼곡하게 채워져 있어서 자연적인 숲 속 같은 느낌이 들지만 수난의 파사드는 부조로만 차있어서 황량하고 쓸쓸한 느낌이 들고 그것마저도 뼈 모양 기둥들이 감싸고 있어서 그러한 느낌은 더욱 강하게 다가온다. 마치 가우디 사후 수비라치가 제작한 수난의 파사드를 보면 모차르트(Wolfgang Amadeus Mozart)의 사례가 떠오른다. 모차르트도 말년에 작곡을 의뢰받은 레퀴엠(Requiem)을 완성하지 못한 채 눈을 감았는데 한동안 미완성 상태로 놓여 있다가 빚을 갚기 위해서 그의 제자 쥐스마이어(Franz Xaver Süssmayr)가 마무리했다고 하는데 모차르트가 추구하는 작법과 다르게 다소 가볍게 작곡을 했다고 해서 의견이 엇갈렸다고 한다. 영화 〈아마데우스(Amadeus)〉에서는 제자 쥐스마이어가 마무리한 레퀴엠을 살리에리(Antonio Salieri)

가 한 것으로 전개되고 그가 마치 모차르트에 대한 질투의 화신인 것으로 묘사되고 있다. 그러나 살리에리는 역사적으로 볼 때 모차르트와 심각한 갈등 관계는 아니었다고 한다. 그는 인품 면에서도 베토벤·슈베르트·리스트·체르니 등의 뛰어난 스승이었고 특히 그들의 무명시절에 전액 무상으로 가르침까지 주었다고 한다. 뿐만 아니라 실직한 음악가나 사망한 음악가 유족들을 위한 상조회를 조직하고 자선 콘서트도 진행하는 등 물질적·정신적으로 많은 호의를 베푼 인격자였다고 한다. 따라서 영화적 흥미를 위한 것도 좋지만 역사적 사실을 왜곡까지 하는 것은 역사적 실체를 알지 못하는 일반관객들에게는 잘못된 역사관을 심어 줄까봐 걱정스럽다. 물론 그렇다고 다큐멘터리를 만들라는 것은 아니다. 역사적으로 검증된 팩트를 지나치게 비트는 방식은 지양해야할 듯싶다. 아무튼 가장 궁금한 것은 2026년 완공예정인 영광의 파사드는 가우디의 부조

사그라다 파밀리아 후문 앞 전경

카탈루냐 분리독립 시위

플라멩고 공연

작품 표현방식에 준할까? 아니면 또 한번의 파격이 작용될까? “이 성당은 천천히 자라나지만 오랫동안 살아남을 운명을 지닌 모든 것은 그래 왔다”라는 가우디의 말이 귓가에 맴돈다. 후문 앞 도로변에는 머리카락이 희끗희끗한 화가인지 모를 사람들이 줄지어 파라솔 아래 그림을 놓고 팔고 있다.

오전 일정인 사그라다 파밀리아 성당 관람을 마치고 이곳저곳을 구경하면서 도보로 숙소로 향하던 중 이번 여행스케줄에서 우리를 노심초사하게 만들었던 카탈루냐 분리 독립시위대와 마주쳤다. 스페인에서 바르셀로나가 경제적으로 차지하는 위치나 정서적으로 다른 지역에 파급효과 때문에라도 정부에서 허용할 것 같지 않은데도 그들은 부단히 분리 독립을 요구한다. 안타깝다. 그나마 시위는 과격하거나 폭력적이지 않아서 다행이다. 사진 한 컷을 남긴 후 숙소 마주 편 길거리 즉석 웍 조리 누들점에서 테이크 아웃해서 숙소에서 점심을 해결한다. 넙적한 국수에 주문자가 원하는 각종 야채를 함께 볶는 일종의 동남아식 국수라고 해야 할 듯싶다. 휴식을 잠시 취한 후에 숙소에서 가까운 공연장에서 강렬한 플라멩코 공연을 감상하면서 스페인의 정서를 체험한다. 안달루시아 플라멩코 공연을 보면서 남도창을 느끼게 된다. 한이란 정서상 공통점이 있는 듯 하고 연주자와 춤꾼, 도구구성도 흡사한 듯하다. 우리네 살풀이춤과도 협연을 하면 잘 어울릴 듯싶다. 그리고 나머지 오후시간에는 레이알광장(Plaza Reial)과 콜론기념탑(Monument a Colom) 주변, 람블라스 거리를 여유롭게 산책한다. 19세기에 만든 레이알광장은 람블라스 거리에서 매우 가깝지만 대도로 변에서 약간 골목 안쪽으로 들어가 있어서 휴식을 취하기에 적당한 장소다. 다양한 레스토랑과 바가 광장을 에워싸고 있다. 이 광장에는 가우디가 설계한 독특한 모양의 가로등이 설치되어 있는데 원래는 바르셀로나 시 전체에 설치할 계획이었지만 비용문제로 인해 설치하지 못했다고 한다. 이곳 바르셀로나에는 곳곳에 가우디의 손길이 닿지 않은 곳이 없는 듯하다. 멋진 조각상의 둥근 분수대 주변에는 야자수들이 늘어서 있고 연인들이 분수대에 앉아서 데이트를 즐기는 모습이 참 낭만적으로 다가온다. 레이알 광장을 나와서 한 7~8분을 걷다보면 지중해 해역인 발레아레스 해(Mar de Baleares)와 벨 항(Rambla del Mar) 근처 산 세바스티아 해변(Platja de Sant Sebastià)을 만나게 되는데 이곳은

레이알 광장

1,100m로 바르셀로나에서 가장 긴 해변이라고 한다. 이곳 시우타트 벨라 지구의 바르셀로네타 지역 근처에는 높은 기둥 위 기념탑에 서있는 콜론이 지중해를 향해서 손가락을 가리키고 우뚝 서있다. 콜론은 콜럼버스의 스페인식 이름이다. 기념비는 40m 높이의 코린트식 기둥 위에 7.2m 높이의 청동상으로 제작되어 있다. 라파엘 아체(Rafael Atché)가 조각했다는 이 동상은 콜럼버스가 오른손으로 신대륙을 가리키고 왼손에는 두루마리를 든 모습으로 묘사되어 있다. 동상이 현재처럼 배치된 것은 콜럼버스가 바다를 가리키며 해상탐험에서의 그의 업적을 강조하기 위한 것이라고 봐야 한다. 동상은 땅(Tierra)이라는 단어가 새겨진 주춧돌 위에 있고 닻이 달린 기둥은 팔각형 받침대 위에 세워져 있다. 그리고 그 위에는 날개 달린 청동 승리의 여신상인 페메스(Phemes) 4개가 사자 몸통에 독수리 머리와 날개, 앞발을 가진 전설의 동물인 그리핀(griffin) 한 쌍 위로 4개의 세계방향을 향해 날아오르는 것을 표현하고 있다. 사망할 때까지 본인이 탐험한 지역인 아메리카대륙을 아시아대륙으로 인식한 인물이고 신

콜론 동상

대륙 원주민들에 대한 무자비한 고문과 학살 등 그의 항해가 오로지 황금과 향신료를 획득하기 위한 목적이었기 때문에 그를 영웅으로 평가하는 것은 스페인만의 관점이지 않을까 싶다. 이탈리아 출신으로 무자비한 정복자인 그는 세비야와 그라나다, 그리고 이곳 바르셀로나 등 스페인 전역에서 그의 흔적을 쉽게 마주할 수 있다. 숙소로 돌아오는 람블라스 거리엔 거리화가가 자신의 작품을 전시하고 있고 아이를 안고 천사의 날개를 단 여인이 옷과 피부에 금박을 한 채 퍼포먼스를 펼치고 있다.

바르셀로나에서의 넷째 날, 우리는 가우디투어의 마지막 코스인 카사 바트요와 카사 밀라를 살펴보기로 한다. 바트요는 바다를, 밀라는 산을 모티브로 설계한 것이라고 한다. 꼼꼼히 살펴볼수록 가우디는 단순 건축가가 아닌 시대를 앞서가는 창의적이고 혁신적인 크리에이터임을 느끼게 한다. 카사 바트요는 2005년에 유네스코 세계문화유산에 등록되었다고 한다. 에이샴플라(Eixample) 지구를 가로지르는 대로인 그라시아(Gratia) 거리에 위치해 있는 이 구역은 다른 모더니즘 건축가들의 작품들이 함께 모

람블라스 거리화가

카사 바트요 메인 파사드

여 있어서 건축예술 경연장이 따로 없다. 이 카사 바트요는 가우디의 완벽한 예술성을 반영하고 있다. 20세기 초반의 자연주의에 속했던 그는 건축물 각각에 필요한 건축방식을 고안해내기 위해서 건축 부지를 철저하게 분석하였다고 한다. 스페인 카탈루냐 지방의 예술가였던 그는 그의 독창적이고 자유로운 창작방식으로 상상력 넘치는 장식적인 작품들을 만들어냈다. 바로크 형식에서 시작한 그의 작품들은 구조적으로도 완전함을 가졌고 규모와 형태에서의 제약, 합리주의의 경직성에서 벗어나 그 이전에 존재하던 그 어떤 형태에서도 찾아볼 수없는 독특한 그만의 건축물을 세상에 선보인 셈이다. 생명이 없는 무기체가 아니라 생명이 살아 숨쉬는 유기체 같아서 '인체의 집'이라는 의미로 '카사 델스 오소스(Casa dels Ossos)'라고도 불린다. 벽면에는 흰색의 원형도판을 붙이고 초록색·황색·청색 등의 유리 모자이크를 가미해서 화려한 색채를 보여주고 아침 해가 비추면 마치 지중해의 파도 속에 떠다니는 해초와 작은 동물들처럼 보인다. 이 카사 바트요는 용의 등 비늘 모양의 지붕과 십자가 모양을 한 기사의 검은 카탈루냐 수호성인인 산 조르디(Sant Jordi)의 전설에서 영감을 받았다고 한다. 전설에 따르면 산 조르디는 포악한 용에게서 공주와 백성들을 구하기 위해서 창검으로 용을 죽이고 용의 피가 흐른 자리에서 핀 장미꽃을 제물이 되었다 살아난 공주에게 바쳤다고 한다. 그래서 매년 4월 23일을 산 조르디의 날로 지정하고 바르셀로나 거리는 축제에 휩싸인다고 한다. 카탈루냐어로 조르디로 불리는 그는 라틴어로 게오르기우스(Georgius), 현대 그리스어로 예오르요스(Γεώργιος), 영어로 조지(George), 프랑스어로 조르주(Georges) 등으로 각국의 표기에 따라 달리 불리는 등 유럽 등 서양권에서는 용맹한 기사로 추앙받고 있는 인물이다. 이 모두가 동일 인물이고 크로아티아 수도 자그레브(Zagreb) 구시가지 트칼치체바 거리에서는 그가 용을 제압하는 모습의 게오르기우스 기사상을 만날 수 있다. 그래서 매년 4월말쯤에 카사 바트요를 방문하면 모든 발코니마다 온통 장미로 장식된 아름다운 모습을 볼 수 있다고 한다. 가우디는 이 전설을 바탕으로 지붕의 디자인은 용의 등에 박혀있는 검을 상징하고 뼈 형태의 기둥은 용에 희생된 사람들을 의미하고 있다. 실제 기록에 따르면 카사 바트요는 '뼈의 집' 또는 '용의 집'으로 불리기도 한다고 한다. 또한 타일광택과 깨어진 유리파편의 화려

카사 바트요 옥상 용의 등 비늘과 수호성인 산 조르디 십자가

한 도색이 자아내는 이 건축물의 모습은 모네(Claude Monet)의 유화 작품들인《수련(Water Lilies)》에 영향을 주었다고 전한다. 카사 바트요의 파사드는 몬주익의 사암으로 만들어졌고 직선이 아닌 곡선으로 규칙적 표면 위에 구불거리는 형태로 조각되어 있다. 뼈의 모양을 한 기둥들은 식물을 상징한다고 하지만 식물보다는 뼈를 연상시킨다. 내부 인테리어 중 목재로 된 부분 또한 곡선모양을 하고 있고 창문들은 둥그런 채색유리로 이루어져 있다. 가우디는 기존 건물의 사각 발코니 형태를 유지하고 있지만 여기에 복면모양의 철제난간을 덧붙여서 파사드 나머지 부분에는 상승하는 듯한 물결모양을 만들어내고 있다. 그리고 유리공장에서 구한 다양한 색상의 유리조각 세라믹으로 파사드를 덮었다. 지중해의 파도 또는 몬세라트(Montserrat)의 굽이치는 형상을 떠올리게 하는 디자인을 위해서 가우디는 석고로 원하는 형태가 나올 때까지 직접 여러 번 모형을 만들었다고 한다. 그의 열정과 집념을 느낄 수 있는 대목이다. 이곳에는 총 9개의 발코니가 있고 그 위에 4개의 테라스가 있다. 다락의 발코니는 튤립 또는 식물 구

모네에게 영감을 준 유리창 디자인

근 모양을 하고 있는데 이를 제외한 모든 발코니 모양은 복면 또는 연극 가면, 심지어는 해골처럼 보인다. 아마도 용에 희생된 사람들의 뼈와 해골이 뇌리에 깊숙이 박혀있기 때문이 아닐까 싶다. 가우디는 건물내부로 향하는 1층 입구를 구분하였는데 거주자들을 위한 철제대문, 상점으로 통하는 유리대문 그리고 차고로 통하는 목재대문으로 나누어 설계하였다. 1층은 전체면적의 60%는 상점과 차고가 차지하고 있고 나머지 공간은 2개의 로비로 나눠서 하나는 세입자, 다른 하나는 건물주를 위한 것이었다. 현관에는 창고와 중정이 있고 엘리베이터와 계단이 별도로 설치되어 있으며 현관은 직사각형 모양이지만 천장은 곡선형태를 띠고 있다. 그리고 바닥은 대리석으로 되어있고 벽면하단은 파란색 타일, 상단은 벽토로 장식되어 있다. 건물 내부 중앙부분에는 자연광이 들어오는 중정인 파티오(Patio), 즉 '빛의 정원'이 있고 채광과 환기를 위해 가우디는 이곳을 확장시켰다고 한다. 중정은 T자 형태의 철재구조로 지지된 유리 채광창으로 덮여 있고 이는 아치형 천장을 받치고 있다. 또한 타일배치는 상부는 청색으로 시작

카사 바트요 내부중정 '빛의 정원'

카사 바트요 내부에서 본 그라시아 거리

하여 하부는 백색으로 이어지는 독창적인 그라데이션을 사용해서 자연광을 효과적으로 활용하면서 마치 수중동굴에 있는 듯한 느낌을 연출시키고 있다. 인테리어는 가구와 주택의 장식적 요소를 모두 직접 인체공학적인 디자인을 하였다고 한다. 그는 천성적으로 기존의 방식을 그대로 답습하는데 알레르기가 심했던 인물인 듯하다. 가장 중요한 공간인 메인 홀은 나선형 모양의 천장과 파세오 데 그라시아(Paseo de Gracia)거리가 내려다보이는 원형 스테인드글라스 창문으로 장식하였다. 건물 뒤편 안뜰이 내려다보이는 식당에는 큰 창문과 함께 알함브라 궁전에 있는 사자의 중정 기둥에서 영감을 얻은 2중 기둥이 있다. 기둥은 다양한 색상의 트렌카디스(trencadís)로 덮여 있는데 이 기법은 잘게 조각낸 유리나 도자기, 채색타일을 이어붙여서 다채로운 색상을 만들어 하나의 작품을 완성하는 건축기법으로 가우디의 독창적인 기법이라고 한다. 그리

카사 바트요 트렌카디스 기법 정원

카사 바트요 옥상지붕 굴뚝

고 물방울 형상이 두드러진 식당 천장과 안뜰은 모두 파사드와 같이 그가 직접 디자인하였다고 한다. 트렌카디스로 덮힌 삼각형 화분받침대 또한 그의 독창성이 드러나는 디자인이다. 옥상으로 올라가보면 연기배출과 환기를 위한 기능적인 공간으로 고안하였지만 그곳을 구성하는 요소들은 정교한 장인의 방식으로 제작되어 풍부한 조형성을 지닌 심미적인 공간이다. 옥상굴뚝은 총 27개인데 4개의 그룹으로 배열되어 있고 높이 6.1m의 나선형 모양으로 원뿔형 모자를 쓰고 있는데 중앙부는 투명유리로, 윗면은 채색타일로 덮여 있다. 그리고 각각 다른 색의 모래로 채워진 투명 유리공들로 마무리 되어있다.

카사 바트요에서 도보로 500m 거리에 위치한 카사 밀라는 전통적인 건축양식과 원칙에서 벗어난 파격적인 모습에 그 당시 시민들로부터 채석장이란 의미의 '라 페드레라(La Pedrera)'라고 불리기도 하고 심지어는 비행선 차고지라는 조롱까지 받았다고 한다. 이 건축물은 1895년에 바르셀로나 신도시계획 당시에 세워진 빌라로 가우디

카사 밀라 옥상굴뚝

가 건축한 마지막 주택 건축물이라고 한다. 물결치듯 구불구불한 곡선형을 추구하는 외관은 가우디 건축물의 특징 중 하나지만 동굴 같은 출입구와 독특한 모습의 환기탑과 굴뚝을 보고 있으면 이런 외관의 집에서 사람이 거주하고 싶어 할까 염려스러울 정도다. 특히 루프탑에 설치된 초현실적인 독특한 굴뚝과 환기탑 등의 구조물들은 영화 〈스타워즈(Star Wars)〉에 등장하는 제국군의 헬맷과 고대로마군대 병정의 투구 또는 가면을 연상시키기에 충분하다. 옥상에는 6개의 채광창과 계단출구 중 4개는 깨진 도자기로 제작되어 있고 일부는 가우디 특유의 이중 십자가 모양으로 디자인되어 있다. 여러 그룹으로 나뉜 28개의 굴뚝과 건물 내 공기를 순환시키는 반쯤 숨겨진 2개의 통풍구, 그리고 정면으로 배출되는 4개의 돔이 있다. 또한 계단에는 물탱크도 있는데 그 중 일부는 달팽이 모양을 하고 있는 등 감히 일반 건축가로서는 적용할 것 같지 않은 그의 상상력을 반영시키고 있다. 마치 투구나 헬맷 모습의 굴뚝이 채광창을 보호하는 듯한 모습에 시인 페레 짐페레르(Pere Gimferrer Torrens)는 '전사의 정원(Jardín de

카사 밀라 지하주차장 진입구

los Guerreros)'이라고 불렀다고 한다. 시인답게 상당히 재치 있는 표현인 듯싶다. 가우디 설계 작품인 이곳은 내부에는 엘리베이터도 있고 냉난방시스템이 있는 등 그 당시로 보면 파격적이고 혁신적인 설비를 모두 갖추고 있다. 19세기 초에 건축된 디자인이라고 하기에 너무 현대적이고 혁신적인 그의 아이디어에 놀라울 따름이다. 승용차나 마차가 지하주차장으로 바로 진입하게 한 것이나 가구 하나에도 인체구조에 최적의 디자인을 접목한 걸 보면 건축가를 넘어 다빈치 같은 종합적으로 다방면의 발명가가 어울릴 듯싶다. 이 카사 밀라는 1984년에 유네스코 세계문화유산으로 지정되었고 물결치는 듯한 백색의 파사드와 해초를 닮은 철제 발코니 난간들이 특징이다. 이 카사 밀라는 가우디예술의 절정기를 반영하는 건축물인데 그가 설계한 모더니즘 양식의 작품으로 20세기 초반 그 자신의 자연주의(Naturalista) 시기에 속한다고 한다. 이 시기에 그는 자연에서 영감을 얻은 유기적 형태를 건축에 접목하고 기하학적 분석을 기반으로 한 새로운 구조적 해결책을 고안했다고 한다. 그의 건축은 고전적인 합리주의적

카사 밀라 해초 베란다 외관

원칙에서 벗어나 자유로운 창조성과 상상력 넘치는 장식기법을 만들어냈다. 즉 그의 작품은 바로크적 요소를 바탕으로 하면서도 구조적으로 풍부한 형태와 볼륨감을 갖추고 있고 고전주의적 경직성에서 완전히 탈피한 것이 특징이라고 평가받는다. 그의 창의적이고 실험적인 건축디자인과 장식기법에 대해서 정작 건물주들은 너무 파격적인 모습이어서 설계자인 가우디와 법적 분쟁까지 해야 하는 지경에 이르기까지 했다고 한다. 이러한 과정을 살펴보면 가우디는 단순 용역형태의 건축시행자로서는 어울리지 않는 성향인 셈이다. 그 일례로 본래 가우디는 거대한 성모 마리아 조각상을 건물 가장 높은 곳에 위치시키고 싶어 했지만 이 아이디어는 건물주인 밀라 가족들의 반대와 주민들, 심지어는 바르셀로나 시청도 허용하지 않으면서 무산되었다고 한다. 그러나 이 카사 밀라의 테라스와 루프탑에서 사그라다 파밀리아 성당을 멀리 바라볼 수 있는데 아마도 그는 이곳에서 마음대로 펼치지 못한 그의 창작열을 사그라다 파밀리아에서 구현할 것을 다짐하지 않았을까 싶다. 그는 카사 밀라 건물 옥상에 거대한 성

카사 밀라 내부 모습

모 마리아 조각상을 위치시키고 싶었던 것은 사그라다 파밀리아를 바라보는 성모 마리아의 모습을 구현하려고 한 것이 아닌가 싶다. 그는 구엘 파크 등에서 보인 재활용의 선구자답게 폐기물 유리와 도자기를 장식 재료로 활용해서 굴뚝과 환풍구를 장식했을 뿐만 아니라 제작부문에서도 적극 활용했다. 그리고 그는 그라시아 거리에 세워진 건물들 중 최초로 그 당시 마차와 자동차를 보관하기 위한 지하주차장을 만든 유일한 주택이었고 건물 전체가 내력벽 하나 없이 모두 기둥과 열린 공간으로 지어졌다는 사실이다. 홀과 안뜰은 건물의 로비가 너무 폐쇄적이고 어두운 것을 해소하기 위해서 탁 트이고 통풍이 잘되는 안뜰을 만들어서 충분한 이동공간을 확보하도록 설계되어 있다. 그리고 건물에 접근하는 사람들을 볼 수 있도록 그라시아와 프로방스 거리 쪽에 2개의 실내와 실외를 혼합한 형태의 중정이 설치되어 있다. 내부 홀은 모두 다양한 색상으로 칠해져 있고 석고표면에는 유화가 그려져 있는데 신화와 꽃 등 다양하고 아름답게 표현되어 있다. 그리고 세탁실이 있던 다락방은 카탈루냐식 아치형 지붕

카사 밀라 계단장식과 벽화

카사 밀라 가우디 설계가구

밑에 약 80cm 간격으로 서로 다른 높이의 포물선형 아치 270개가 받치고 있는 공간이다. 지붕은 마치 고래 배 속에 들어온 것 같이 거대한 동물의 갈비뼈와 야자수를 닮았는데 이로 인해서 옥상 데크는 언덕과 계곡이 어우러진 풍경처럼 매우 독특한 형태를 띠고 있다. 안뜰의 모양과 위치에 따라서 지붕공간이 좁아지면 아치가 높아지고 공간이 넓어지면 아치가 낮아지는 형태를 띠고 있다. 그리고 고래 배 속 같은 넓은 다락방에는 그가 인체공학적으로 만든 가구가 진열되어 있는데 현대에서나 볼 법한 디자인을 그 당시 구현했다는 점에 놀라울 따름이다. 이제 카사 밀라를 마지막으로 가우디를 중심으로 한 바르셀로나 여행을 마친다. 오전 투어를 마치고 숙소로 돌아오면서 바리고딕(Barrio Gòtic)지구를 둘러보고 여전히 각국에서 몰려든 여행객들로 붐비는 보케리아시장에 들러 이베리코 포크와 감자 등을 구입해서 숙소에서 스테이크로 식사를

보케리아 시장 음식점 모습

한다. 이제 내일 귀국을 위해 짐정리 해야 할 시간이다.

이곳 바르셀로나는 세계적인 관광지답게 많은 영화 속에서 그 배경으로 등장한다. 먼저 독일 소설가인 파트리크 쥐스킨트(Patrick Süskind)의 원작소설 『향수: 어느 살인자의 이야기(Das Parfum)』를 영화화한 작품으로 〈향수(Perfume: The Story of a Murderer)〉의 배경이 된 곳으로 바르셀로나 대성당에서 도보 2분 거리에 위치한 고딕지구의 조용하고 아름다운 광장인 산 필립 네리 광장(Placa de Sant Felip Neri)이 있다. 이 광장은 1938년 1월 스페인내전 당시 독재자 프랑코가 민간인 42명을 학살한 곳이기도 하다. 이 광장 앞 성당 벽에는 스페인내전 당시의 총탄과 포탄흔적이 아직도 남아있다. 가우디는 이 산 필립 네리 성당에서 매일 저녁미사를 드렸는데 미사를 드리기 위해 사그라다 파밀리아 성당에서 이곳으로 오는 도중에 교통사고로 사망하였다고 한다. 그리고 〈비포 선셋(Before Sunset)〉은 바르셀로나의 골목길과 아름다운 공원, 활기찬 거리를 배경으로 9년 만에 재회한 제시와 셀린의 설렘과 애틋한 감정을 섬세하게 그려내고 있다. 이 외에도 스콧 피츠제럴드(Scott Fitzgerald)의 원작을 영화화한 〈위대한 개츠비(The Great Gatsby)〉는 바르셀로나의 화려함과 슬픔을 동시에 보여주는 영화로 바르셀로나의 웅장한 건축물과 화려한 파티장면을 통해서 1920년대 미국사회의 부와 퇴폐적 분위기를 연출하고 있다. 주인공 개츠비가 거주했던 저택으로 바르셀로나의 한 호텔에서 촬영된 것이 눈길을 끈다. 유명 도시를 배경으로 시리즈 영화를 제작하는 우디 앨런(Woody Allen) 감독 작품으로 그 첫 작품 격인 〈내 남자의 아내도 좋아(Vicky Cristina Barcelona)〉는 영어 원제에도 나타나있듯이 바르셀로나를 배경으로 제작한 영화다. 그러나 한글 제목을 엉뚱하게 갖다 붙여서 구설수에 올랐고 스칼렛 요한슨과 페넬로페 크루즈, 하비에르 바르뎀 등을 주연으로 내세웠지만 영화내용도 다자연예를 의미하는 폴리아모리(Polyamory)와 동성애 등을 로맨스라는 이름으로 가볍게 다루는 등 사회적 통념에서 벗어나 결국 흥행 면에서도 실패한 작품이 되고 말았다. 또한 크리스토퍼 놀란(Christopher Nolan) 감독 작품의 〈인셉션(Inception)〉에서는 바로셀로나를 꿈과 현실의 경계를 넘나드는 공간으로 활용하는 과정에서 사그라다 파밀리아 성당이 꿈속에서 뒤틀리고 변형된 모습으로 그려지고 있다. 이와 함께 스페인 영화 〈바르셀로나(Barcelona)〉는 1992년 바르셀로나 올림픽을 앞두고 도시의 변화와 혼란을 그린 작품으로 도시역사와 현실, 예술과 혁명 등이 충돌하는 모습에 깊은 울림을 주는데 이때 람블라스거리와 고딕지구 등이 배경으로 등장하고 있다. 그리고 마지막으로 〈퍼블릭 에너미(Public Enemies)〉는 미국의 악명 높은 은행강도 존 딜린저를 주인공으로 1930년대 바르셀로나의 역사적인 건축물과 거리를 배경으로 도주 장면 등을 촬영했고 사그라다 파밀리아 성당까지 동원되기도 하였다. 바르셀로나 일정 4박5일을 포함해서 전체 11박12일, 4개 도시를 꼼꼼하게 둘러보기에는 짧은 시간이었지만 나름 알차게 보낸 여행이었다. 이젠 여행보다 장시간 비행기 타는 것이 가장 힘들다. 이전까진 장시간 비행하는 동안 기내에서 영화 보는 게 낙이었지만 이번 여행에선 단 한편의 영화 관람도 시도되지 않는다. 그만큼 체력이 이전 같지는 않다는 것이 씁쓰름하지만 이젠 일상으로 돌아간다.

한 겨울 같은 봄만이 존재하는 곳...
코르티나 담페초

밀라노 리나테공항으로 도착해서 4시간여에 걸친 차량이동을 한 후에 비로소 첫 여정지인 코르티나 담페초(Cortina d'Ampezzo)로 들어온다. 사진에서 본 돌로미티(Dolomites)의 아름다운 모습에 매료되어 이 곳부터 시작해서 남부까지 쉽진 않겠지만 일주를 하기로 하였다. 그런데 이곳에 도착하자마자 느낀 것이 예상치 못한 날씨다. 이미 4월 중순으로 접어드는 시기인데도 불구하고 봄 느낌이 전혀 없다. 아뿔싸, 여기는 알프스산맥 줄기에 위치해 있어서 봄을 느끼기에는 아직 이르다는 걸 눈으로 확인해서야 알았다니... 기왕 어렵게 왔으니 최대한 둘러보기로 한다. 먼저 식사부터

코르티나 담페초 전경

해결하려고 레스토랑을 찾는데 대부분이 영업을 하지 않는다. 여름과 겨울시즌이 성수기라서 봄 시즌엔 문을 거의 닫는단다. 도로에 다니는 사람들은 대부분 주변 유럽인들로 스키를 즐기러 온 사람들뿐이다. 겨우 피자를 파는 레스토랑에 들어가 피자를 주문했는데 이탈리아 피자치곤 형편없다. 16년 전에 아이들과 로마여행에서 경험한 피자 생각이 간절하다. 우리나라 피자처럼 요란한 토핑도 없이 만들었지만 얇고 작은 1인용 피자는 정말 맛있었고 담백했었는데... 할 수 없이 굶을 수 없어서 먹어둔다. 걸으면서 주변을 둘러본다. 이 곳 돌로미티는 봄 시즌은 비수기인지라 날씨 못잖게 분위기도 썰렁하지만 알프스 준령답게 산등성이 모습은 장엄하다. 스위스·프랑스·오스트리아와 함께 4개 국가에 펼쳐있는 알프스 산맥의 일부인 북부 이탈리아의 돌로미티 산맥은 높이가 3,000m 이상인 봉우리가 18개나 있고 총 면적은 14.2만ha에 달한다고 한다. 우리나라 한라산이 해발 1,500~1,700m이니까 2배 정도의 높이인 셈이다. 가파른 수직절벽과 폭이 좁고 깊은 계곡이 길게 형성된 돌로미티 산맥은 세계에서 가장 아름다운 산악경관을 연출한다고 한다. 9개 지역이 연속된 이 유산은 뾰족한 꼭대기와 산봉우리, 암벽이 두드러지는 장엄한 경관의 다양성을 보여주고 빙하기 지형과 카르스트 지형도 포함하고 있어 지형학적으로도 세계적으로 그 중요성을 지닌다고 한다. 이곳은 화석기록과 함께 중생대 탄산염 대지가 잘 보존되어 있는 높은 가치를 지닌 지역으로 평가받고 있다고 한다. 세계유산인 돌로미티는 예외적인 자연미를 지닌 매우 뚜렷한 산악경관을 보여주고 있다. 조각한 듯한 수직으로 솟은 인상적인 옅은 살구 색 봉우리들은 세계적으로도 특별하다고 한다. 매우 다양한 석회암지형이 집중되어 있어서 국제적으로 중요한 지구과학적인 가치를 지니고 있다. 멋지게 노출되어 있는 지질은 지구상 생명체의 역사에 기록된 대멸종사건인 중생대의 3기 중 첫 번째 시기인 트라이아스기(Triassic Period)의 해양생물을 복원하는 데 지질학적인 중요한 단서를 제공하는 중요한 지표라고 한다. 이러한 돌로미티 산맥의 숭고하고 장엄하면서도 미적 유입력으로 인해서 여행객들의 많은 발길이 이어지고 있을 뿐만 아니라 지구과학사에서 중요한 스팟이 되고 있다고 한다. 수직으로 솟은 여러 종류의 뾰족한 봉우리와 절벽에서 튀어나온 바위와 수평면을 보유한 고원지대가 절묘한 대조를 이루고 있다. 그 밑으로는 낭떠러지 아래로 부스러져 떨어진 돌 더미가 넓게 퍼져 있고 주위의 작은 언덕들이 산맥을 더욱 돋보이게 한다. 암석 표면의 옅은 색과 그 아래로 보이는 녹색 목초지의 색감 대비가 무척 인상적인데 완전한 녹색 초원을 보려면 여름시즌까지 기다려야할 듯싶다. 사이사이 골짜기를 끼고 있는 봉우리는 홀로 우뚝 솟아 있거나 여러 개가 연속적으로 파노라마처럼 형성되어 있다. 기암절벽 중에는 그 자체만의 높이가 1,500m에 이르는 것도 있어서 석회암 절벽으로는 세계 최고의 높이라고 한다. 돌로미티 산맥의 독특한 모습은 백운석, 즉 돌로마이트(dolomite) 경관의 전형이라고 한다.

이곳 코르티나 담페초는 이탈리아 북부에 있는 베네토주에 있는 휴양도시다. 이곳의 인구는 6,000명 남짓으로 암페초 지방의 중심지로 베네치아에서는 약 160km 떨어져있는 반면에 오스트리아국경에서 45km 떨어져있어서 오히려 오스트리아가 더 가깝다. 그리고 이곳은 돌로미티 산맥의 산봉우리들로 둘러싸인 세계적인 겨울스포츠의 중심지이기도 하다. 수많은 대형 호텔과 별장들이 운집해 있고 리프트와 케이블카를 타고 돌로미티 산맥 봉우리 근처까지 올라갈 수 있다. 1956년 제7회 동계올림픽이 개최되었고 그 후 70년 만인 2026년에 또 다시 동계올림픽이 개최될 예정이다. 그리고 여기에서 실베스터 스탤론 주연 영화 〈클리프행어(Cliffhanger)〉가 촬영되었던 곳이기도 하다. 우리는 기왕 왔으니 케이블카를 중간에 갈아타면서 코르티나 담페초와 돌로미티에서 가장 유명한 봉우리 중 하나인 몬테 데 팔로리아(Monte de Faloria)에 위치한 팔로리아 산장으로 향한다. 이 산장은 해발 2,120m에 위치해 있다. 경사도가 거의 수직에 가깝다. 밑을 내려다보면 말 그대로 아찔하다. 달리 클리프행어가 따로 없다. 수직 공중에 아슬아슬하게 케이블카에 의존해서 매달려있을 뿐... 아래는 나름 군데군데 푸른 기운이 감돌지만 여기는 칼바람이 쌩쌩 부는 말 그대로 겨울 한복판이다. 마치 영화 〈쿨 러닝(Cool Running)〉에서 겨울이란 계절이 아예 존재하지 않는 아프리카 자메이카 봅슬레이 팀이 캐나다 캘거리 동계올림픽에 참가하기 위해서 공항 대합실에서 문을 열고 나오는 순간의 느낌이랄까? 몇 개월 전까지 국내에서 나름 매서운 겨울을 지낸 상황이지만 여기 알프스 산

팔로리아 산장에서 바라본 돌로미티

꼭대기 칼바람은 적응하기가 쉽지 않다. 케이블카 안에는 주로 스키를 즐기러온 주변 유럽인들 뿐이다. 아내는 그나마 패딩으로 무장했지만 난 평상복에 목도리만 두른 상태다. 이 곳은 11월말부터 5월초까지 겨울시즌 개장과 6월부터 9월까지 여름시즌에만 제한적으로 운영한다고 한다. 결국 이곳은 겨울 스키시즌과 여름 하이킹시즌만 존재하는 셈이다. 여름시즌에는 테라스에서 휴식을 취하고 일광욕을 즐기면서 비교할 수 없을 만큼 아름다운 전망을 감상하기에 이상적이라고 한다. 돌로미티에서만 즐길 수 있는 진귀한 자연현상인 '엔로사디라(Enrosadira)'의 멋진 광경을 감상할 수 있기 때문이다. 이 현상은 일몰과 일출 때 태양광에 의해서 돌로마이트

산장 뒤 스키코스

바위가 황금색과 핑크색, 심지어는 레드, 보라색으로 물들여진다고 한다. 다시 여름에 이 곳에 와서 엔로사디라와 작렬하는 태양아래서 푸르른 초원의 아름다움과 함께 만끽할 수 있을라나? 그러나 지금 현실은 무척 춥다. 멀리 건너편 능선에서는 코스도 없는 곳에서 스키어들의 활강 모습이 보인다. 정말 이들에겐 이 정도쯤이야 하는 모양이다. 강심장들이다. 가파른 골짜기 사이로 고난이도 스키코스가 보이고 해발 2~3천고지 위에 스키장이 위치하고 있다. 산장 뒤에 위치한 스키코스는 여러 개로 나뉘어 있어서인지 그다지 붐비지는 않는다. 사진을 몇 장 담고 주변을 한 바퀴 돌아본 후 산장 내부로 몸을 피한다.

카르타고(Carthago)의 명장 한니발(Hannibal)이 4만여 명의 보병과 기병, 그리고 코끼리부대까지 동원해서 BC 219년부터 1년간 이 험악한 산맥을 넘어 고대로마제국을 침공했다고 한다. 한 마디로 막강한 로마제국의 뒤통수를 제대로 후려친 셈이다. 그는 이전 전쟁까지의 상징적인 전술인 육군 중심의 로마, 해군 중심의 카르타고라는 고정관념을 뒤집어 바다에서도 육지에서처럼 싸우는 전술을 개발해서 발상의 전환으로 로마가 승리를 거뒀듯이 이번에는 바다가 아닌 육로로 로마를 침공해서 육전에서 로마를 공략하겠다는 전략을 과감하게 구사했다고 한다. 로마는 카르타고 함대가 서지중해로 공격해올 것으로 예상하고 집중하고 있는 동안 한니발은 4만여 병력으로 피레네산맥을 넘고 갈리아를 통과해서 다시 알프스산맥을 넘은 후 이탈리아 북부 이곳으로 침입한 것이다. 허를 찔린 로마군들은 말 그대로 완전 혼비백산이 되었다고 한다. 이러한 전략은 그 후 1,440년 이후에 몽골 칭기즈칸(Genghis Khan)에게 영감을 주지 않았을까 싶다. 그는 투르키스탄 북쪽의 천산산맥을 넘어갔다. 영하 50도를 내려가는 천산산맥 추위는 무척 매섭다 못해 인간이 적응할 수 없을 정도라고 한다. '제2의 알렉산더'이자 '지상의 알라'로 불리던, 몽골 침공이전까지 이슬람 최후의 튀르크-페르시아계 왕조였던 호라즘제국(Khwārazmshāhiyān)의 무함마드 2세, 즉 제6대 샤(Shah)인 알라 웃 딘 무함마드는 상대가 겨울에 그 산맥과 사막을 넘으리라고는 생각지도 못했다고 한다. 장장 5개월 동안의 전투가 벌어졌고 결국 이들은 몽골군에 항복하였다. 그리고 곧바로 칭기즈칸은 키질쿰(Qizilqum) 사막을 넘어 계속 부하라(Buhara) 지역으로 진군했다고 한다. 키질쿰 사막은 무함마드 2세가 믿고 있었던 최후의 자연방벽이었던 셈이다. 오래 전 로마 역시 돌로미티산맥을 천연방벽으로 믿었던 것과 같다. 역사적으로도 사실상 칭기즈칸 이전에는 키질쿰뿐만 아니라 대체로 큰 규모의 사막을 횡단해서 정복전쟁에 성공한 군대는 존재하지 않았다고 한다. 그러나 칭기즈칸은 모든 이들의 예상을 뒤엎고 죽음의 키질쿰 사막을 횡단하는 데 성공하였다. 이 놀라운 횡단은 역사가들에 의해 한니발이 알프스산맥을 넘은 것과 같은 충격적인 전략으로 기록되고 있다고 할 정도다. 그래도 총 75만의 막강한 병력을 보유한 로마군은 원정과정에서 군 전력의 절반가량 손실을 입은 한니발 군대를 간단히 무찌를 수 있을 것으로 보았다고 한다. BC 216년에 있었던 칸나에 전투(Belllum Canae)에서는 카르타고 군대가 로마군 8만 명 중 5만 명을 사살했다고 하는데 이때의 한니발의 전술전략이 현대전에도 포위섬멸전의 교본으로 각국 사관학교에서 중요하게 다뤄지고 있을 정도라고 한다. 이 전투 사망자수는 1916년 1차 세계대전 솜 전투(La bataille de la Somme) 이전까지 서양에서 하루에 가장 많은 인원이 몰살된 전투로 역사에 기록되고 있다고 한다. 제1차 솜 전투는 5개월간에 걸쳐 프랑스 솜강 유역에서 벌인 영국군의 대공세였다고 한다. 서부전선에서 펼쳐진 대규모 전투 중 하나로 철조망과 기관총 앞에서 100만 명에 달하는 사상자가 발생한 제1차 세계대전 중 최대·최악의 살육이 벌어진 전투로 기록되고 있다. 이처럼 한니발은 '전략의 아버지'로 불릴 만큼 전투의 여러 요소를 적절히 배합하여 통상적인 전투력보다 몇 배나 되는 힘을 끌어내는 천재였다고 한다. 또한 리더십도 뛰어나서 이역만리 적지에서 17년간이나 머무르면서도 대부분 용병인 한니발군은 전선에서 이탈하거나 난동을 부리는 일이 없었다고 한다. 그는 항상 병사들과 함께 숙식하고 사익은 추구하지 않고 오직 적을 격퇴할 전략에만 골몰해 있던 인물이었기에 가능했으리라는 역사적 추론이다. 그러나 그의 그러한 뛰어난 군사전략에도 불구하고 국내 정치가들의 배신으로 마지막에는 스스로 독배를 마셨다고 전한다. '한니발을 본받아 한니발에게 이기자'는 목표를 세운 젊은 로마 장군 스키피오(Publius Cornelius Scipio)는 한니발의 길을 거꾸로 밟아 그의 본거지인 이베리아를 정복한다. 그리고 북아프리카로 건너가 카르타고 본거지를 공략한다. 한니발 사후 37년 후, 로마는 몰락 일보 직전인 카르타고에게 최후의 전쟁을 벌였고 결국 BC 146년에 카르타고는 멸망하게 된다. 로마군은 도성 안의 모든 남자들을 학살하고 모든 여자와 아이를 노예로 잡아갔다고 한다. 심지어 나무와 풀까지 불사르고 다시는 풀 한 포기 자라지 못할 죽음의 땅으로 만들기 위해서 소금까지 뿌렸다고 전한다. 한 마디로 잔인함의 극치다. 결국 한니발은 로마의 끈기 있는 저항, 본국 카르타고의 지원 부족, 그리고 물자부족과 후방압박에 의해서 패배할 수밖에 없었다. 그러나 그의 뛰어난 전략과 용맹함은 로마의 공고한 군사적 지배구조를 흔들었고 후대 전쟁사에 깊은 영향을 미쳤다고 할 수 있다. 가정법이지만 한니발이 칭기즈칸 부대와 같이 기동력의 기마병 부대로만 군 병력을 편성했더라면, 로마에 젊고 용맹한 스키피오 장군만 없었더라면 이 전쟁은 어떤 방향으로 흘렀고 그 이후 세계판도는 어떻게 변했을까 하는 생각이 든다. 한니발의 과감하고 파격적인 전략을 구사한 돌로미티 산맥을 뒤로 하고 다시 케이블카로 내려와서 혹시나 해서 그 아름답다는 미주리나 호수(Lake Misurina)에 도착했지만 역시나 어디가 호수인지 모를 정도로 온통 눈 세상이다. 나름 1,000m 정도는 내려온 듯한데... 사진 몇 장을 찍었지만 봄이 아니라 겨울시즌에 방문했다고 해도 믿을 법하다. 여름시즌엔 에머럴드 빛깔을 띠는 호수고 땡볕 속에 물에 들어가도 알프스에서 눈이 녹아 흘러내린 까닭에 소름이 끼칠 정도로 차갑다는데... 그저 아쉬움만이 남는다. 이곳을 제대로 보려면 여름시즌에 다시 방문해야 될 모양이다. 이제 차로 다음 행선지인 베네치아(Venezia)로 향한다.

미주리나 호수와 돌로미티

LORENZO
QUINN
SUPPORT
VE 8955

재방문이지만 느낌이 다른... 베네치아

차로 약 3시간에 걸쳐 16년 만에 다시 들른 도시... 일단 근처 숙소에 여장을 풀고 내일 본격적인 투어를 하기 위해서 휴식을 취한다. 다음 날 아침 일찍 여행객들이 몰리기 전에 산 마르코 광장(Piazza San Marco)에 들어선다. 이른 아침이라 여행객들이 별로 없이 한적하다. 광장에 늘어서 있는 카페들조차 아직 영업을 시작하기 전이다. 16년보다 덜 지저분하고 정감이 가는 느낌은 아마도 그 당시엔 스위스 루체른(Lucerne)을 거쳐 왔기 때문에 주변 환경 면에서 은연중에 비교된 듯 하다. 이번엔 돌로미티 산악에서 내려와서 그런지 같은 북부지방이지만 점퍼를 가볍게 입어도 되는 날씨다. 간혹 빗방울이 떨어진다. 이 곳 베네치아는 이탈리아 베네토주의 주도로 앞서 들렀던 코르티나 담페초와 같은 주에 속해 있다. 본래 베네치아라는 이름은 이탈리아 동북부에 거주하던 베네티족의 이름에서 유래했다고 하는데 '친절한 사람들'이란 의미를 갖고 있다고 한다. 베네티족의 준마는 그 당시 품종이 뛰어났기 때문에 그리스

산 마르코 광장

본토나 식민도시에서도 말을 구하기 위해 베네티족에게 찾아왔다는 기록이 있다고 한다. 그러나 BC 3세기경부터 고대로마에게 흡수되었고 현재 남아있는 자세한 기록은 거의 없다고 한다. 이들이 거주하던 지역이 로마 시대에는 베네티아 에트 히스트리아(Venetia et Histria)라는 이름으로 불렸다고 하고 현재에도 이 지역에는 베네토와 프리울리베네치아줄리아가 있는데 이들은 모두 과거 베네티아 에트 히스트리아에 속했던 지역이라고 한다. 그러나 서로마제국이 몰락하던 시점에는 베네티아가 게르만족의 지배를 받지 않는 해안가를 일컫는 말이 되면서 도시 베네치아라는 이름이 붙었다고 전해온다. 어쨌든 고대부터 베네티아 해안가의 석호지대에는 어부들이 살았다는 기록이 남아 있다고 한다. 섬 전체가 습지대였기 때문에 주거환경이 열악하였고 지반이 물러서 제대로 된 건물을 지을 수 없었다고 한다. 그러나 고트족은 서로마가 멸망되면서 아예 이탈리아에 정착했기 때문에 돌아갈 수 없는 상황이 되었다고 한다. 그래서 로마의 피난민들은 어쩔 수 없이 머물만한 영구 정착지를 늪지대 위에 건설해야만 했다고 한다. 그들이 떠올린 방법은 물컹한 바닥 토층 아래 단단한 층까지 닿는 기다란 말뚝을 수직으로 섬 전체에 빼곡히 박는 것이었다고 한다. 이들은 이 어마어마한 육체노동으로 말뚝을 박고 그 위에 석판을 깔아서 비로소 건물을 지어 올릴 지대를 마련할 수 있었다고 한다. 참, 의지의 인간승리라고나 할까? 흔히 베네치아의 건설을 간척이라고 표현하는데 이러한 관점에서 일반적인 간척과는 다르다고 한다. 베네치아인들은 석호의 개펄에 통나무를 촘촘히 깊이 박아 넣고 나무로 된 기단을 그 위에 얹은 후에 다시 돌을 얹어 건물을 지었다. 이때 쓰인 나무가 늪이나 습한 곳에서 잘 자라는 오리나무였다고 한다. 습기에 매우 강하고 공기 중에 노출되어 있을 때보다 물 속에서 더 단단해지는 특성이 있다고 한다. 나름 지혜로운 면이 엿보이는 대목이다. 여행을 하면서도 일반적인 통나무가 바닷물 속에 얼마나 버틸까 염려했는데 그건 기우인 셈이다. 이곳은 아드리아해 북부의 호수 같은 석호에 위치한 물의 도시다. 이 도시는 400개 이상의 다리로 연결된 118개의 작은 섬으로 이뤄져 있다. 도로가 없기 때문에 자동차도 없다. 대신에 건물 사이 운하로 곤돌라와 수상택시, 수상버스가 그 역할을 대신하는 곳이다. 도심입구 쪽의 로마광장에는 시외버스와 차들이 돌아다니지만 안쪽으로 조금

베네치아 경찰서와 곤돌라

만 들어가면 단 한 대의 차량도 볼 수 없다. 보행자도로도 좁은 다리나 계단으로 이루어진 경우가 많아서 오토바이조차 한 대도 볼 수 없는 곳이다. 그래서 새벽에도 차량 소음 등은 전혀 없는 곳이기도 하다. 더구나 자전거를 타고 다녀도 벌금을 물어야하는 곳이다. 따라서 현재에도 구도심 내 이동수단은 튼튼한 두 다리와 수상택시, 수상버스 바포레토(Vaporetto) 뿐이다. 결국 이곳도 노인이나 장애인이 살아가기엔 어려운 도시다. 심지어 수상교통수단들도 운행 시 발생하는 파도로 인한 도시균열을 막기 위해 좁은 운하에서는 7km/h, 넓은 곳에서는 11km/h 정도로 속도 제한을 두고 있다. 몇 군데 경찰서가 보이는데 그 앞에는 경찰차 대신 모터보트가 서있고 싸이렌을 울리며 과

속을 단속한다고 한다. 재미있고 별난 세상이다. 곤돌라(Gondola)는 베네치아의 대표적인 교통수단이었지만 이제는 수상버스 바포레토나 수상택시가 주로 그 역할을 대신하고 있고 곤돌라는 그저 일정구간을 유람하는 관광 상품일 뿐이다. 그러나 곤돌라가 그저 전통유물만은 아니다. 곤돌라 뱃사공은 베네치아에서 최고의 인기직업 중 하나라고 한다. 겉보기에는 단순히 힘만 있으면 될 듯싶지만 관련학교를 수료하고 적어도 4개 언어를 구사할 줄 알아야 한다고 한다. 베네치아에서 태어나서 베네치아에 현주소를 둔 사람만이 가능한, 조건에 굉장히 까다로운 선발과정을 거쳐야 할 수 있다고 한다. 그만큼 상당한 고소득 직종에 속하는데 실제로 몇 년 만 일하면 교육비와 명품 승용차 가격수준의 곤돌라 비용까지 수월하게 벌 수 있어서 시 외곽에 고급별장을 살 정도라고 한다. 때문에 곤돌라 뱃사공이 되기 위한 경쟁은 매우 치열하고 대를 이어서 계승할 정도의 인기직업이라고 한다.

이곳 광장의 중심부에 위치한 산 마르코 대성당(Basilica di San Marco)은 비잔티움 양식으로 건설된 성당이다. 829년에 베네치아의 수호성인 산 마르코의 시신을 안치하기 위해서 건립했다고 한다. 이슬람교도의 감시를 피해서 이집트 알렉산드리아에서 빼돌린 마르코의 유골이 안장되어 있다. 그는 알렉산드리아에 기독교를 전파한 인물이자 최초의 복음서, 즉 그리스도의 삶과 행적 등을 기록한 책이라고 알려진 마가복음의 저자다. 이 성당은 오늘날의 이스탄불인 동로마제국의 콘스탄티노폴리스(Constantinopolis)에 있는 성 사도 성당(Church of the Holy Apostles)을 모방해서 지었다고 한다. 내부구조는 십자형이고 십자가의 4개 끝부분과 중앙 부분에는 총 5개의 큰 원형 천정이 자리하고 있다. 유럽의 성당 대부분이 그렇지만 여기 산 마르코 대성당 건물에도 모자이크 형식으로 여러 모양의 조각품들이 많이 보인다. 화재 이후 대성당 재건과정에서 내부를 원래보다 더 화려하게 장식했다고 한다. 벽과 천장을 황금으로 만든 모자이크로 촘촘히 깔아 환상적인 분위기를 만들어내고 있다. 이 대성당의 서쪽 파사드는 거대한 아치들과 대리석 장식들로 만들어져 있는데 로마네스크 양식의 조각품들이 중앙 정문을 감싸고 있다. 이 아치의 위쪽에는 베네치아의 자부심과 힘을 상징하는 청동으로 된 4마리의 말, 콰드리가(La Quadriga)가 광장 쪽을 향해 서

있다. 콰드리가는 고대로마시대에 전차경주 때 사용된 4두 2륜 전차를 의미한다고 한다. 산 마르코 대성당의 콰드리가는 원래 테오도시우스 2세 황제 때 그리스의 히오스 섬에서 콘스탄티노폴리스로 가져온 것으로 수도 로마의 대전차경기장 히포드로무스(Hippodromus)를 장식하고 있었던 것을 1204년 제4차 십자군원정 때 약탈해서 베네치아로 옮겨졌고 1254년부터는 산 마르코 대성당 정면 아치 위에 놓여 산 마르코의 말(Cavalli di San Marco)로 둔갑되었다고 한다. 베네치아와 함께 지중해무역을 지배하며 경쟁관계를 형성했던 제노바는 이 말들에 재갈이 물리지 않는다면 두 도시 간의 평화는 없다는 말을 남겼을 만큼 기 싸움이 치열했다고 한다. 그로부터 약 4백년 뒤에 베네치아를 정복한 나폴레옹은 이곳 산 마르코 광장을 유럽에서 가장 아름다운 응접실이라고 불렀다고 하는데 대성당 아치 위에 있는 말들을 끌어내려 파리로 가져가기도 했다고 한다. 나폴레옹은 스페인 알함브라에 이어서 여전히 여기에서도 등장한다. 그 당시 점령지역에서 약탈한 그의 수많은 전리품들은 현재에도 루브르박물관(Louvre Museum)에 버젓이 전시되고 있다. 약탈과 재약탈, 악순환의 역사다. 그 옆에 위치해있는 높이 100m의 산 마르코 종탑은 12세기 말에 등대로 쓰기 위해 세운 탑이라고 하는데 그 이후 중세시대에는 감옥으로도 사용되기도 했다고 한다. 전체 외관은 평범한 편이다. 하단부는 평범한 적벽돌 구조로 되어 있고 상단 종탑의 모습은 사각기둥 위에 사각뿔 형태의 지붕으로 되어 있고 상부에 아치형 종 걸이와 5개의 종이 있다. 첨탑 꼭대기의 황금동상은 대천사 가브리엘을 본뜬 것이라고 하는데 종탑은 산 마르코 광장의 빽빽한 하얀 기둥들과 함께 묘한 조화를 이룬다. 1609년에 갈릴레오(Galileo Galilei)는 베네치아에서 가장 높은 곳인 이 종탑에 배율이 9배인 망원경을 만들어 설치했는데 당시 공화국 원로들이 줄을 서서 망원경으로 세상을 바라보았다고 한다. 지금은 종탑에 엘리베이터가 있어 전망대에 올라가서 베네치아의 빨간 지붕들과 파란 바다를 한눈에 볼 수가 있고 산 마르코 광장 바닥의 하얀 벽돌장식까지 뚜렷하게 볼 수 있다. 그리고 대성당 앞 산 마르코 광장은 1987년에 유네스코 세계문화유산으로 등재되어 있다. 산 마르코 광장입구에는 2개의 동상이 세워져 있는데 하나는 베네치아의 수호신인 날개 달린 사자상이고 또 하나는 산 마르코 이전의 베네치아 수

산 마르코종탑과 두칼레 궁전 전경

호성인 산 테오도르(San Teodoro) 상이 위치하고 있다. 산 마르코 대성당 옆에 위치한 두칼레 궁전(Palazzo Ducale)은 유럽 어디에서도 이러한 건축물을 볼 수 없는 독특한 형태다. 베네치아 공국군주인 도제의 공식적인 주거지로 9세기에 건설되었고 그 당시 정치적 심장부 역할을 한 곳이라고 한다. 현재 건물은 대부분 1309년부터 1424년까지 오랜 기간에 걸쳐 지어진 것이라고 한다. 베네치안 고딕의 진수라 불리는 핑크색의 이 우아한 건물은 밖에서 보면 단순한 큐빅 형태다. 그 바탕 위에 레이스와 같은 화려한 꼭대기 장식들과 그 아래 아치형 창, 장식과 기둥들이 조화를 이뤄서 뛰어난 하나의 작품이 되었다. 고딕양식 건물로 조형미는 베네치아에서 가장 뛰어나다고 평가

날개달린 사자상과 수호성인 산 테오도르 상

받고 있다고 할 정도다. 산 마르코 대성당을 향한 방향으로는 문서의 문(Porta della Carta)이 있는데 그 당시 여기에 정부의 포고문이나 법령 등을 붙였다고 한다. 두칼레 궁전의 10인 평의회 방에는 베네치아의 주요 역사를 묘사한 그림과 군주 76인의 초상화 등이 있다. 이 궁전에서 산 마르코 광장과 베네치아 석호를 동시에 바라보며 독특한 전망을 즐길 수도 있다. 그리고 카날 그란데(Canal Grande)와 베네치아 석호 중 하나인 산 마르코만(Barcino di San Marco) 사이에 누워있는 좁은 손가락 모양의 땅 위에 세워져 있는 산타 마리아 델라 살루테 성당(Basilica di Santa Maria della Salute)은 크고 둥근 두오모 형태의 바로크 양식으로 건축되었다. 대운하 입구의 가장 돋보

산타 마리아 델라 살루테 대성당

이는 위치에 자리 잡고 있어서 베네치아의 멋스러움을 더해주고 있다. 베네치아에 창궐했던 페스트가 사라진 것을 수호성인 성모 마리아 봉헌물로 17세기에 건립된 성당인데 감사의 의미를 담아 '건강'이란 의미를 덧붙여 살루테(Salute)라고 이름 붙였다고 한다. 성모 마리아에게 헌정하는 것인 만큼 성당은 규모가 꽤 크고 성당을 짓기 위한 기초공사로 갯벌부지에 115만 개 이상의 나무말뚝을 박아 넣었다고 한다. 말뚝은 4미터 길이였고 그 당시 베네치아공화국의 식민지였던 슬로베니아·크로아티아·몬테네그로 등 아드리아해 연안도시들에서 나무를 공급해 왔다고 한다. 이 거대한 성당건축을 위한 나무말뚝 기초공사에만 무려 2년 2개월이 걸렸다고 한다. 아무튼 카날 그란데 옆에 줄지어 서 있는 건물들과 운하가 만들어 낸 풍경이 이색적이면서도 잘 어울린다. 아울러 리알토 다리(Ponte di Rialto)는 카날 그란데를 연결하는 다리 4개중 가장 오래된 다리이자 가장 큰 규모의 다리로 과거 공화국시대에는 경제의 중심지였다고 한다. 산 마르코 지구와 산 폴로 지구를 연결하는 이 다리는 12세기에 부교로 처음 지어진 이래로 여러 차례 재건되었다고 하고 오늘날 베네치아의 주요 관광지 중 하나다. 또한 잘 알려진 탄식의 다리(Ponte dei Sospiri)는 흰색 대리석으로 만들어졌는데 창문에는 돌로 된 창살이 있고 위에는 덮개가 있으며 두칼레 궁전과 감옥을 연결하고 있고 1600년에 지어졌다고 한다. 두칼레 궁전에서 형을 선고받은 죄인들이 다리를 건너 감옥에 가면서 다시는 베네치아를 보지 못할 신세 때문에 탄식했다고 해서 붙여진 이름이라고 한다. 그 유명한 카사노바 역시 이 다리를 통해 투옥됐는데 그는 이 감옥을 탈출한 유일한 인물이란다. 어쨌거나 이 다리 밑으로 곤돌라가 지나가는 모습 또한 놓칠 수 없는 풍경이다. 이 다리 이름을 '탄식의 다리'로 처음 명명한 것은 19세기 영국의 대시인인 조지 바이런(George Gordon Byron)이었다고 한다. 실제로는 궁전 옆에 있는 감옥에는 주로 형량이 짧은 경범죄자들이 수감되었고 워낙 창문에 돌창살들이 빽빽히 박혀있어 안에서 밖이 잘 안 보인다고 한다. 산 자카리아(San Zaccaria) 수상버스 바포레토 선착장 근처에서 산 마르코 광장 쪽으로 나있는 산책로인 리바 델리 스키아보니(Riva Degli Schiavoni)를 걷다보면 상당히 잘 만들어진 기마상이 보이는데 가까이 가보니 비토리오 에마누엘레 2세 기념비(Monumento a Vittorio Emanuele II)다. 통일 이탈리아의 위업을 달성한 이탈리아 왕국의 초대 왕인 그의 서거 10주기를 기념하기 위해 세워졌다고 한다. 이 기념비는 1887년에 조각가 에토레 페라리(Ettore Ferrari)가 제작한 것이라고 하는데 아래 조각된 사자의 모습이나 여신들의 모습이 다른 조각상들보다 살아있는 듯 무척 생동감이 있다. 이곳에 최종 설치되기 전까지 조각상의 복제품이 레온치니 광장, 산 마르코 광장, 그리고 두칼레 궁전 근처 등 여러 곳에 몇 달간 시험적으로 전시되었다고 한다. 그러나 기념비의 여러 임시 위치가 맥락에서 벗어난 까닭에 산 자카리아 선착장 근처인 이곳의 한 고급 호텔 앞에 설치하는 것으로 최종 결정된 것이라고 한다. 알레산드로 넬리가 주조한 기마상은 분홍색 바베

탄식의 다리

노 화강암과 이스트리아의 석재로 된 받침대 위에 놓여 있고 비토리오 에마누엘레 2세가 말을 타고 검을 뽑은 채 전투를 지휘하는 모습을 하고 있다. 기념비 뒷면에는 산 마르코 공화국이 패배한 후 상처를 입고 포로가 된 '복속된 베네치아'란 이름의 여신상이 부러진 검을 들고 있고 발 아래에는 오스트리아에 의해서 치욕적으로 채워진 사슬을 물고 있는 마르키우스(Marcius) 사자가 묘사되어 있다. 그리고 앞면에는 자유를 되찾은 '승리한 베네치아' 여신상이 왼팔을 앞으로 뻗고 오른손에는 칼을 들고 있고 그 양옆에는 1815년의 빈 조약을 찢으면서 왼쪽 앞발을 1866년의 베네토 국민투표 결과가 적힌 명판에 올려놓고 포효하는 마르키우스 사자가 묘사되어 있다. 그리고 분홍색 화강암 받침대 양쪽 중 한 면에는 '부흥'을 뜻하는 리소르지멘토(Risorgimento), 즉 분열된 이탈리아를 하나의 국가로 통합하려는 민족주의·자유주의 운동장면을 그린 부조가 장식되어 있다. 또 다른 한 면에는 1859년 5월에 벌어진 유명한 팔레스트

비토리오 에마누엘레 2세 기마상

로(Palestro) 전투로 이탈리아 독립 전쟁 중 프랑스-피에몬테 연합군이 오스트리아군을 처음으로 물리친 장면이 묘사되어 있고 계단 아래에는 사보이 가문의 십자군 방패가 놓여 있다. 그리고 반대편에는 1866년의 베네토 국민투표 이후 오스트리아 지배에서 완전히 해방된 비토리오 에마누엘레 2세의 승리장면이 장식되어 있다. 아울러 아래 계단에는 로마제국의 상징인 카피톨리아 암늑대와 '로마 원로원과 시민'이라는 의미의 SPQR 이니셜이 새겨진 방패가 묘사되어 있다. 그리고 산 마르코광장 건너편에는 19세기 이전의 이탈리아 미술작품들이 전시되어 있는 아카데미아 미술관(Gallerie dell'Accademia)이 있는데 이 지역출신 화가인 조반니 피아체타(Giovanni Battista

Piazzetta)에 의해서 창립된 미술학교가 기원이라고 한다. 현재는 14세기부터 18세기까지의 베네치아파 회화를 중심으로 수집·전시하고 있는데 특히 베네치아파의 1세대를 대표하는 조반니 벨리니(Giovanni Bellini)와 티치아노(Tiziano Vecellio) 등의 대표작이 전시되어 있다. 그리고 베네치아 해군역사박물관(Museo Storico Navale)이 산 마르코 광장에서 도보로 10분 거리에 위치하고 있는데 옛 베네치아공화국 해군조선소였던 아르세날레(Arsenale) 자리에 있다. 규모는 작지만 한때 동지중해를 지배했던 베네치아공화국 해군의 역사와 그 후 이탈리아왕국이 치른 이탈리아 독립전쟁과 1차,2차 세계대전에 대한 자료들도 함께 전시되어 있다. 옛 베네치아공화국 시절당시 갈릴레오는 국영조선소였던 아르세날레의 기술고문 역을 1593년부터 맡았다고 하고 목선의 대형화로 인해 발생하고 있던 문제를 발견하고 아리스토텔레스(Aristotle)에 의해 밝혀진 지레의 원리(Principle of Lever)를 적용해서 해결하였다고도 한다. 박물관 정문에는 제1차 세계대전 당시 적이었던 오스트리아-헝가리제국 해군 전함들의 거대한 닻이 전리품으로 전시되어 있고 현대 이탈리아 해군의 퇴역 잠수함도 함께 볼수 있다. 그러나 수많은 해외식민지들을 가지고 화려한 전성기를 누렸던 베네치아지만 콜럼버스의 대항해시대 시작으로 지중해무역의 중요성이 떨어지면서 경제력이 쇠퇴하기 시작하였고 급기야는 1805년에 나폴레옹에게 정복당하면서 도시국가 베네치아공화국의 천년 역사는 그 종말을 고하게 된다.

아이러니한 것은 전 세계적으로 물의 도시로 상징되는 베네치아에서 가장 큰 문제는 식수라는 점이다. 온통 주변은 마시면 안 되는 바닷물뿐인 데다 땅은 진흙이어서 지하수가 나오지도 않는다고 한다. 그래서 이들은 빗물을 모아 우물을 만들어 그 물로 식수로 활용하는 대안을 찾았다고 한다. 관심 있게 주변을 둘러보다보면 광장 곳곳에는 하얀 돌로 빗물공이 있는 곳이 표시되어 있고 빗물은 이곳에서 경사진 바닥을 따라 모여 바닥으로 흘러 들어가도록 설계되어 있다고 한다. 광장 지하에는 거꾸로 된 돔 모양으로 돌을 깔고 그 속을 자갈과 굵은 모래로 채워 빗물이 여과되어 지하에 물이 모이도록 설계되어 있다고 한다. 그러나 최근에 와서는 산성비 우려로 정수탱크를 이용하거나 외부에서 생수를 반입하고 있다고 한다. 식수문제 외에도 운하에 접하고 있는 건물들은 오랜 세월이 지나면서 갈수록 약해질 수밖에 없다는 점이다. 조수간만의 차에 따라 바닷물이 들고 나면서 운하에 접한 벽돌이 점점 침식되어 떨어져 나가게 되고 벽돌로 쌓은 벽 안의 진흙도 바닷물로 인해서 함께 쓸려 나가기도 한다고 한다. 요즘에는 관광객 폭증과 그들을 실어 나르는 모터보트의 강한 물살로 침식이 더욱 가속화되고 있다고 한다. 이로 인해서 가뜩이나 약해지고 있는 건물의 기초가 점점 영향을 받아서 위험한 순간이 예상보다 더 빨리 닥칠 수도 있다고 한다. 그러다보니 유속이 느린 건물사이 작은 운하에는 진흙이 계속 퇴적되면서 이들의 유일한 이동수단인 배가 다닐 수 없게 되기도 한단다. 실제 다리에서 멀리 작은 수로 사이에 마치 피사의 사탑처럼 불안하게 기울어져있는 건물이 보인다. 이처럼 엎친 데 덮친 격으로 오버투어리즘(overtourism)으로 인해 관광객 등쌀과 높은 물가, 거주불편 때문에 베네치아 구시가지를 떠나는 시민들이 계속 증가하고 있다고 한다. 시내로의 화물운송이 쉽지 않

기울어진 건물 모습

기 때문에 물가는 계속 오르고 육로로 수레를 끌고 과일과 야채 등을 운반하게 되는데 다리계단을 계속해서 오르내려야 하기 때문에 여기저기 상처 나기 일쑤라고 한다. 드론으로 배달한다면 해결할 수 있을라나? 그런데 문제는 유네스코 문화유산지역이라 비행규제도 만만치 않을 듯싶다. 게다가 바다 위의 도시라서 습도가 높기 때문에 빨래가 잘 마르지 않고 늘 소금기 가득한 공기 때문에 건물과 각종 전자제품 등의 부식속도도 빠른 편이라고 한다. 그리고 구시가지 전체가 유네스코 문화유산으로 등록되어 있는 까닭에 작은 편의나 불편해소를 위해서 인테리어 수리가 필요한 경우에도 당국의 허락을 받아야 하는데 이탈리아 특유의 느긋한 문화 때문에 최소 6개월은 걸려야 허가가 떨어질 정도라고 한다. 이처럼 여러 요인 때문에 구시가지의 인구는 계속 감소하고 있는데 2000년대 접어들면서 25만 명 수준으로 1980년에 비해 절반에도 못 미친다고 한다. 이 수치는 우리가 흔히 알고 있는 석호 위에 있는 구시가지의 인구다. 전출된 인구 대부분은 메스트레(Mestre)와 같은 베네치아시에 포함되어 있는 신시가지로 이동하고 있기 때문에 도시 자체의 인구는 큰 감소 폭은 아니라고 한다. 그러나 베네치아 시는 급속도로 진행되는 구시가지의 인구감소 방지정책으로 석호 위에 호텔을 추가로 건설하는 것을 금지하고 있다고 한다.

16년 전 아이들과 함께 배낭여행 왔을 때는 숙소는 바로 운하 옆에 잡아서 묵는 대신 비용절감 차원에서 선착장이나 해안가에서 그저 석호를 감상하는 데 그쳤다. 그러나 이번엔 석호에서 베네치아를 요모조모 좀 더 자세하게 둘러보고 싶은 마음에 수상택시를 타러 나선다. 두칼레 궁전·산타 마리아 성당·산타 루치아 역 등 육지에서 보는 것과 느낌이 다르게 다가온다. 마치 영화 속 주인공이 된 느낌이다. 이곳 베네치아 운하는 많은 영화나 드라마 촬영의 단골장소다. 아마도 베네치아를 배경으로 만든 영화의 원조 격은 캐서린 헵번 주연의 1955년에 개봉된 〈서머타임(Summertime)〉일 거다. 마치 로마 전체를 영화배경으로 삼은 〈로마의 휴일(Roman Holiday)〉처럼 모든 장면을 이곳 베네치아를 담은 올드 무비다. 그리고 그 이후 〈007 카지노 로얄(Casino Royale)〉을 비롯해서 〈베니스의 상인(The Merchant of Venice)〉, 〈인디아나 존스와 최후의 성전(Indiana Jones & The Last Crusade)〉, 〈툼 레이더 II: 판도라의 상자

수상택시 승선 선착장

(Tomb Raider II: Tomb Raider-The Cradle of Life)〉, 〈리플리(The Talented Mr. Ripley)〉등의 영화에서 주요 배경으로 등장되었다. 〈리플리〉에서는 주인공 톰 리플리의 정체가 흔들리고 긴장감이 고조되는 영화 후반부에서 중요한 장면들이 이곳 베네치아에서 촬영되었다. 특히 톰의 내적 불안을 비추는 듯한 미스터리하고 서늘한 분위기를 이곳에서 연출하였다. 수상택시를 타고 이동하는 중에 이따금씩 조그만 정원을 갖춘 주택들이 보이는데 갯벌 좁은 공간에 인공적으로 만든 섬이기 때문에 주택시세가 혀를 내두를 정도로 높은 수준이란다. 이 곳 베네치아는 지구 온난화로 인해 남태평양 섬나라와 함께 직격탄을 맞고 있는 대표적인 지역이다. 해수면 상승과 도시의

노후화 문제로 매년 몇 cm씩 도시가 침수되고 있어서 영화 〈007 카지노 로얄〉에 나온 장면처럼 가라앉지 말라고 1층에 커다란 부표를 달아놓은 집들도 있다. 홍수피해도 심각해서 폭우라도 퍼붓는 날에는 해수면이 급상승해서 산 마르코 대성당 등 모든 건물이 침수되기 일쑤라고 한다. 철없는 여행객들 중에는 만조시기가 되면 해수면이 베네치아 바닥을 뚫고 올라와서 침수되는 아쿠아 알타(Acqua Alta) 시기에 물에

정원 딸린 고가주택

잠긴 광장에서 수영하는 경우도 있는데 여기는 단순한 바다가 아니라 석호고 각 건물에서 배출되는 생활하수들로 오염도가 높다고 한다. 특히 건물사이에 있는 작은 수로들은 물의 순환이 잘 안되기 때문에 거의 오염수라고 봐야 할 정도다. 이곳 베네치아는 1993년부터 9년간 50여 차례나 침수를 겪었다고 한다. 그래서 이를 방지하기 위해서 이탈리아 정부에서는 이른바 '모세 프로젝트(Progetto Mose)'를 진행하고 있다고

거인 손 조형물

한다. 만약 베네치아가 아틀란티스처럼 침몰된다면 관광업으로 먹고사는 이탈리아에게는 큰 타격이 올 수밖에 없기 때문이다. 그래서 베네치아 정부는 침몰 가능성에 대비해서 베네치아와 아드리아 해 사이에 있는 석호에 플랩 게이트(Flap Gate)라 불리는 방벽을 세우는 프로젝트를 진행하였다. 길이 20m, 높이 30m, 무게 300톤의 대형 금속제 방벽 78개를 연결하여 베네치아와 연결된 3개의 석호 바닥에 설치해서 바닷물의

석호 주변 산책로

유리공예품 점포

범람을 막는다는 계획이라고 한다. 평소에는 바다 밑바닥에 가라앉아 있던 방벽이 침수 위기 때 압축공기를 주입해서 부력으로 일으켜 세우는 방식으로 운영된다고 한다. 혹시 발생할지도 모를 해일과 쓰나미 등에 대비하는 것이다. 2003년에 공사를 시작해서 2011년에 완공할 예정이었는데 바다를 막는다는 환경파괴논란 때문에 2017년 완공으로 미루어졌다가 그 이후에도 홍수피해가 나는 걸 보면 아직 미완공 상태일 듯싶다. 수상택시 투어 도중에 어느 건물에는 마치 물 속에 사는 거인의 손이 나와서 창 안의 미녀를 찾는지 금방이라도 창틀을 뜯어낼 듯한 조형물이 설치되어 있어서 눈길이 간다. 개인이 설치한건지 아니면 베네치아 시정부에서 세운건지 궁금하고 현재 베네치아가 처한 상황과도 잘 어울린다.

거주인구의 지속적인 감소와 환경오염, 자연재해 등 여러 문제들이 노출되고 있지만 그럼에도 불구하고 기성세대들은 베네치아공화국 시절의 영화와 오스만제국의 동지중해 지배에 맞서 기독교의 방패 역할을 했던 과거영광을 회상하며 이 지역에서의 삶을 고수하고 있다고 한다. 또 한 그룹은 관광관련업을 직업으로 삼고 있는 이들이다. 그러나 그렇지 않은 젊은 세대들은 불편함 때문에 베네치아를 벗어나고 있다고 한다. 전 세계적으로 나타나는 공통된 현상일 듯싶다. 우리는 다음 여정지인 친퀘 테레(Cinque Terre)로 가기 위해서 이동을 해야만 한다. 지난번에도 못 들른 유리공예로 유명한 무나노(Murano) 섬과 무지개 색 집들로 포토 맛집인 부라노(Brano) 섬은 이번 여행에서도 들르지 못하고 그냥 지나친다. 유리공예품은 이 곳 베네치아 본 섬에서 완성품을 보는 것으로 만족해야할 듯싶다. 베네치아의 유리공예품이나 사육제 카니발 가면, 그리고 포르투갈 아줄레주 타일 등을 사오고 싶지만 가격도 만만치 않고 무게 또한 부담이 되어 아쉬움만 남기면서 뒤돌아선다.

모습은 이색적이지만
그들 삶의 애환이 깃든... 친퀘 테레

친퀘 테레는 이탈리아 북서쪽의 리구리아주에 있는 절벽과 바위로 이루어진 해안가 지역으로 '다섯 개의 마을'을 의미한다. 친퀘 테레를 이루는 다섯 개 마을은 몬테로소 알 마레(Monterosso al Mare)·베르나차(Vernazza)·코르닐리아(Corniglia)·마나롤라(Manarola)·리오 마지오레(Rio Maggiore)로 이루어져 있다. 다섯 마을과 주변 언덕, 해변은 전부 친퀘 테레 국립공원의 일부이자 유네스코 세계문화유산으로 등록되어 있다.

라 스페치아 기차역

마을은 절벽 위의 좁은 길로 연결되어 있기 때문에 자동차 여행은 쉽지 않다. 마을 사이로 해변 절벽을 따라 유일하게 열차가 오간다. 우리는 볼로냐를 경유한 후 라 스페치아역(La Spezia Centrale)으로 향하는 덜컹거리는 열차까지 갈아타고 총 4시간 반 만에 5개 마을 중 리오 마지오레에 도착한다. 다섯 군데 마을을 다 둘러볼 수 없어서 가장 인지도가 높은 리오 마지오레를 둘러보기로 한다. 이 마을들은 사실 몇 년 전만 해도 이

리오 마지오레 마을 모습

리오 마지오레 마을 전경

름조차 낯선 외딴 곳이었다고 한다. 이곳 친퀘 테레는 오랜 동안 낙후되고 고립된 지역으로 있다가 14세기에 라 스페치아 군사 무기고 구축과 제노바와 이곳 사이의 철도건설 덕분에 상황이 호전되었다고 한다. 대부분의 집들은 이전까지의 생계수단은 어업일 수밖에 없었고 그들이 연안 바다에서 작업을 하고 돌아오면서 그들의 집을 쉽게 볼 수 있도록 집 외부를 단장한 것이 오늘날 다양한 파스텔 톤의 이색적인 모습이 되었다고 한다. 세계적인 여행지로 변모하면서 이젠 그런 그들의 생업이 어업에서 관광업으로 바뀐 셈이다. 이 곳은 가파른 경사지라서 무거운 백팩을 매고 여행하는 여행자에겐 그리 반갑지만은 않을 듯싶다. 우리 역시 매일 필요한 물품을 넣고 다니는데 숙소나 이동수단에서 멀어질수록 짐의 무게는 더해진다. 날씨까지 우중충하면 우산이 그 무게를 더한다. 특히 유럽을 여행하면서는 식수를 아무데서나 마실 수도, 구하기도 쉽지 않아서 눈에 보일 때마다 생수를 사다보니 그 무게가 버거울 때가 많다. 그래서 우리의 모토는 해외여행은 조금이라도 나이 덜 들었을 때 열심히 하자는 생각이다. 하지만 그것도 경제적인 여유가 있어야 가능하겠지만...

이들 마을 중에서 여행자들에게 가장 사랑을 많이 받는 곳은 리오 마지오레와 마나롤라라고 한다. 리오 마지오레에서 시작되어 마나롤라를 잇는 코스는 '비아 델 아모르(Via dell' Amore)'라는 연인의 길로 유명하다. 터널 같은 공간의 길목에는 연인들의 사랑을 담은 낙서와 그림이 가득하다. 절벽을 따라 걷다보면 해변가 마을이 불쑥 모습을 보이면서 그 존재감을 드러낸다. 이곳 리오 마지오레는 다섯 군데 마을의 첫인상을 담당하는 중요한 역할을 하는 일종의 얼굴마담인 셈이다. 거칠게 요동치는 옥색의 바다를 방파제 삼아 막아선 채 늘어서있는 해안절벽, 그리고 절벽 위에 층층이 포개져 있는 파스텔 톤 집들, 똑같은 색이 하나도 없는 수백 채의 집은 리오 마지오레의 색깔이자 친퀘 테레의 심볼이다. 절벽위에 색깔이 바래고 군데군데 페인트칠이 벗어진 파스텔 톤의 집들이 다닥다닥 붙은 이색적인 장면은 이곳 리오 마지오레와 마나롤라가 가장 선명하다고 한다. 그리고 마나롤라는 무엇보다 야경이 아름다워서 친퀘 테레에서 하루를 묵어갈 경우 가장 적합하다고 한다. 밤이면 절벽에 매달린 집들의 불빛과 하늘에 걸려있는 달빛이 동시에 마을에 내려앉기 때문이라고 한다. 이곳의 해안가를 따라 친퀘 테레의 다섯 개 마을을 연결하는 '푸른 길'이라는 의미의 하이킹 코스인 센티에로 아주로(Sentiero Azzurro)가 있는데 아름다운 지중해 해안을 따라 이어지는 코스라고 한다. 각 구간별로 난이도와 풍경이 다르다고 하고 코르닐리아에서 베르나차로 이어지는 구간이 가장 유명하다고 한다. 이 섬들은 오랫동안 해적의 본거지로 활용되기도 했다고 한다. 그도 그럴 것이 앞에 딱 트인 바다를 위에서 다 내려볼 수 있어서 방어하기에도 적합한 요새역할을 할 수 있는 지형이다. 길 아래는 바다와 파도가 있고 길 위 산비탈에는 포도와 올리브 밭이 어우러져 있어 나름 멋진 풍경을 연출한다.

그리고 코르닐리아는 다섯 개 마을 중 유일하게 산 속에 위치한 마을이라고 한다. 높고 가파른 곳에 있다보니 기차역에서 마을에 가기 위해선 적벽돌로 만든 라르다리나 계

리오 마지오레 마을과 해변가

단(Scalinata Lardarina)을 돌아서 한참을 올라야 한다. 그래도 이 마을은 다른 네 개 지역보다 산에 위치해서 그런지 일단 산에 오르면 마을이 비교적 평단한 편이다. 여행하기에 불편한 이곳을 유명하게 만들고 많은 사람들이 찾는 이유는 좋은 품질의 와인 때문이라고 한다. 코르닐리아의 와인은 1,900여 년 전 화산폭발로 폐허가 된 폼페이에서도 이곳 와인 병이 발견되었을 정도로 오랜 역사를 자랑한다고 한다. 코르닐리아라는 마을이름도 로마시대로 거슬러 올라가는데 이 땅을 소유했던 로마가문인 젠스 코르넬리아에서 유래했다고 한다. 작은 교회 앞 광장에는 이 마을이름의 주인공 동상이 포도덩굴로 보이는 덩굴로 아래를 가린 모습으로 서있는데 마을주민들이 세웠다고 한다. 다양한 색감의 집들 아래로 와인마을답게 너른 포도밭이 펼쳐져 있고 마을 어디서나 쉽게 와인을 맛볼 수 있는데 1잔 단위로도 파는 곳이 많기 때문에 여행 중에도 부담 없이 질 좋은 와인을 음미할 수 있는 곳이기도 하단다. 이곳 코르닐리아의 유적으로는 바다로 솟아오른 절벽 위에 세워진 제노바 요새(Fortezza di Genova)가 있고 산 피에트로(San Pietro) 성당이 있는데 성당내부에는 바로크 양식의 3개의 본당이 있다. 이 지역 화가인 프로스페로 룩사르디(Prospero Luxardi)의 작품이라는데 대형 캔버스 유화는 묵주기도와 심판의 신비를 묘사한 것으로 제단 옆에 설치되어 있다고 한다. 그리고 장미창은 하얀 대리석으로 장식되어 있고 안뜰은 여러 색의 자갈로 포장되어 있다. 특히 이곳 코르닐리아는 산 위에 있고 바위에 테라스가 있어서 친퀘 테레의 다른 네 개 마을을 모두 볼 수 있는데 북쪽에 몬테로소 알 마레와 베르나차, 남쪽에는 마나롤라와 리오 마지오레 마을이 위치하고 있다. 이곳 코르닐리아는 조반니 보카치오(Giovanni Boccaccio)의 유명한 중편소설 『데카메론(Decameron)』과 퓰리처상 수상작가 제니퍼 이건(Jennifer Egan)의 첫 장편소설 『보이지 않는 서커스(An Invisible Circus)』에서 등장하는 곳이기도 하다. 보카치오의 『데카메론』은 페스트가 창궐하던 이탈리아 피렌체에서 지체 높은 젊은 부인 7명과 귀족 청년 3명이 죽음의 공포를 피해 피에솔레(Fiesole) 시골의 한 별장으로 2주 동안 피신해서 무료한 저녁시간을 보내기 위해 매일 밤 이야기를 하나씩 들려주는 형식으로 진행되는 소설이다. 마치 여성을 불신하는 페르시아 왕에게 현명한 여인 셰헤라자데(Shekherazada)가 1001일 밤 동안 여러 이야기를 들려주는 형식으로 구성된 구전설화 『천일야화(One Thousand & One Nights)』와 비슷한 구조다. 작가가 내레이션 하듯이 쓴 중층적 대화 구조로 소설은 이루어져있다. 이 『데카메론』은 셰익스피어(William Shakespeare) 등 세기의 문호들에게 영감을 준 이탈리아 대표문학작품인 단테(Dante Alighieri)의 『신곡(La Divina Commedia)』에 대비되어 '인곡'으로 불릴 만큼 단테의 영향이 두드러지는 작품이다. 『신곡』이 죽음의 재앙에 관한 이야기라면 『데카메론』은 이에 맞서 욕망과 쾌락, 현재적 삶을 긍정하는 유쾌한 100편의 이야기로 이루어지는데 『신곡』이 100곡으로 이루어진 것과 무관하지 않다는 분석이다. 『데카메론』에 담긴 이야기들은 페스트와 같은 재앙을 경험한 후에 쓴 것이라고 보기 어려울 만큼 유쾌하고 낙천적이다. 그리고 성적 태도나

말과 글을 표현하는 데도 거침이 없다. 죽음의 공포와 혼란 속에 신 중심의 중세적 가치들과 엄숙주의가 무너지는 현실이 오히려 그들로 하여금 무기력한 이상이나 종교에서 눈을 돌려 생동하는 인간의 삶과 욕망을 직시하게 했다고 봐야할 듯하다. 유쾌하고 재미있는 이야기 중에서는 성적으로 야한 이야기도 있지만 민망하거나 불쾌한 느낌은 전혀 들지 않는다. 오히려 고상한 척 억누르고 있는 인간 본연의 자유로운 욕망을 유쾌한 웃음으로 유도한다. 등장인물 10명은 하루에 한 명씩 돌아가면서 왕 역할을 맡아 그날의 주제를 정한 뒤 각자가 한 편씩 주제에 맞는 이야기를 들려주는 방식으로 전개된다. 결국 보카치오 자신이 알고 있는 이야기를 10명의 등장인물의 입을 통해 이야기를 전달하는 구조다. 10명의 젊은 남녀는 수난일을 제외하고 2주에 걸쳐 10일간 100편의 이야기를 주고받는다. 고난 끝에 행복을 찾는 이야기·역경을 이겨 낸 연인의 이야기·재치로 위기를 모면한 이야기·기발하게 상대를 조롱하는 이야기 등 다양한 주제 아래 이야기를 나눈 후에는 춤과 노래로 하루를 마무리하고 보름째 되는 날 그들은 각자가 떠나온 곳으로 돌아간다는 내용이다. 이야기 내용 중에는 그 당시 신 중심의 무기력한 이상이나 종교를 중시하는 이탈리아사회를 비판하고 조롱하는 내용 등이 주를 이뤘기 때문에 출간된 이후 한동안 교황청에서 금서로 규정했을 정도라고 한다. 『데카메론』은 후대 문학가들에게 많은 영향을 끼쳤는데 특히 영국작가 제프리 초서(Geoffrey Chaucer)의 설화집 『캔터베리 이야기(Tales of Caunterbury)』와 셰익스피어를 비롯한 후대 작가들에게 많은 영감을 주었다고 한다. 작품 속에서 작가가 독자들에게 말을 걸 때 보통 작가의 존재는 숨어 있게 마련이지만 보카치오는 작품 곳곳에 직접 등장한다. 고대그리스신화와 아서왕전설 속 여성들을 묘사한 것으로 유명한 영국화가 존 워터하우스(John William Waterhouse)는 《데카메론 이야기(Story of Decameron)》로 이런 내용을 묘사하고 있다. 그리고 제니퍼 이건의 소설 『보이지 않는 서커스』는 오래전에 자살한 언니의 진실을 알아내겠다는 열망으로 가득 찬 18살 주인공 피비의 내면과 그 진실을 찾기 위한 유럽여정을 그리는 내용이다. 살아 있지만 삶의 이유를 느끼지 못하고 죽음에 사로잡힌 주인공과 죽었지만 모두의 삶과 기억 속에 여전히 살아 있는 언니... 작가는 그들 자매의 위태롭고도 복잡 미묘한 관계, 주인공 피비가 마침내 언니를 이해하고 자기 삶을 직시하게 되는 순간을 더없이 사려 깊고 섬세하게 포착해내고 있다. 작품 전반에 짙게 드리운 지난 세대에 대한 회한 어린 향수와 앞으로 도래할 세대에 대한 어렴풋한 기대와 희망의 긴 여운을 안기는 작품인데 이 여행과정에서 이곳 코르닐리아가 등장한다.

다섯 군데 마을 중에서 가장 깊은 휴식으로 다가서는 곳은 베르나차라고 한다. 교회와 망루가 있고 포구에는 모래해변이 있는 평화로운 풍경을 간직한 마을이다. 도보여행에 나선 여행자들 역시 대부분 베르나차에서 오랜 시간 숨을 고른다고 한다. 그리고 이곳 마을 순례의 종착점인 몬테로소 알 마레는 제법 넓은 모래해변과 상가들이 들어선 곳이다. 이곳 산책로에서 마주하는 일몰 역시 멍 때리면서 모든 걸 내려놓기에 적합하다고 한다. 이들 친퀘 테레의 마을과 마을을 잇는 길은 10여km가 넘는다고 한다. 이 구간들만 운행하는 열차를 타고 오가다 원하는 길을 호젓하게 걸을 수도 있다. 호사스런 밀라노의 부호들은 주말이면 조용한 사치와 휴식을 추구하기 위해서 이곳 친퀘 테레를 찾는다고 한다. 바다를 바라보고 있는 펜션 일부는 성수기에 밀라노의 호텔만큼이나 가격이 높게 치솟을 정도라고 한다. 특히 많은 문인들은 이곳 친퀘 테레 와인에 반해서 '달의 와인'이라는 찬사를 남겼다고 한다. 나름 품격 높은 고립과 조용한 휴식처로 치장된 친퀘 테레이기 때문에 번잡한 대도시를 떠나 즐겨 찾는 그들만의 도피처였겠지만 이제 많은 여행자들이 찾는 곳으로 변해서 고립된 평온을 기대하기는 더 이상 어려울 듯싶다. 마을 앞으로 구바노해변(Spiaggia di Guvano Vernazza)이 펼쳐지기 때문에 해수욕을 즐길 수 있는 곳이기도 하다. 그러나 해변의 길이는 몇 십m도 되지 않는 아담한 규모고 작은 도리아 성(Castello Doria)에 오르면 예쁜 파노라마 뷰를 즐길 수 있는 마을이다. 바다로 접근이 쉬운 만큼 예전엔 오가는 배를 약탈하는 해적들이 출몰했다고 하지만 현재는 예쁜 경치를 즐길 만한 곳이라고 한다. 성 꼭대기의 성곽을 따라 한 바퀴를 돌다 보면 처음엔 바다가 눈에 들어오고 그 다음엔 항구와 고딕 양식으로 지어진 높이 40m의 팔각형 종탑과 고풍스러운 분위기의 산타 마르게리타 안티오키아 성당(La chiesa di Santa Margherita Antiochia)이, 마지막엔 마을과 해변의 모습이 차례로 펼쳐진다. 베르나차항구는 친퀘 테레 유일의 자연항구로 우아한 주택들이 많다고 한다. 그리고 베르나차라는 이름은 라틴어의 '토착민'을 의미하는 베르나(verna)에서 유래했다고 한다. 이곳 베르나차는 이탈리아에서 가장 아름다운 마을들 중 하나라고 한다. 1997년에 친퀘 테레는 유네스코 세계문화유산으로 지정되었고 1999년에는 친퀘 테레 국립공원으로 지정되었다. 현재 베르나차의 주요 수입원은 관광이지만 수 세기 동안 이어져 온 어업·와인·올리브오일 생산은 여전히 유지되고 있다고 한다. 마을 중심에는 마르코니 광장(Piazza Marconi)이 있고 15세기에 해적으로부터 마을을 보호하기 위해 세워진 망루인 도리아 성이 위치하고 있다. 그리고 베르나차에서 약 한 시간 정도 가파른 길을 걸어 올라가면 레지오 성모 마리아 성소(Santuario di Nostra Signora di Reggio)가 나오는데 성소 주변에는 넓고 그늘진 공터가 있어 언덕에 자리한 포도밭과 해안의 탁 트인 전망을 감상할 수 있다고 한다. 수평선 너머로 지는 노을을 감상하는 건 베르나차에서 할 수 있는 가장 멋진 경험이기 때문에 일몰 전까지 도리아 성에 오르는 것이 좋다고 한다.

마지막 마을인 몬테로소 알 마레는 다섯 마을 중 가장 큰 편이란다. 보통 몬테로소라고 줄여 부르는데 마을이라는 표현보다는 도시라는 표현이 더 어울릴 정도의 규모다. 다른 마을에선 보기 힘든 대형호텔과 별장들이 눈에 띄고 고급스러운 레스토랑과 와인바가 해안을 따라 이어진다. 아무래도 해안 소도시의 느낌이 덜 하고 항상 사람들로 붐비는 곳이라 실망하는 여행자들도 있지만 반대로 레스토랑에 들러 풍성한 해산물 요리를 맛볼 수 있고 호텔에선 여유롭게 스파를 즐길 수 있어서 다섯 개나 되는 마을을 돌며 쌓인 누적된 여행의 피로를 풀기엔 가장 이상적인 마을이라고 한다. 기념품점도 많아 친퀘 테레를 추억할 수 있는 다양한 기념품을 구입하기도 좋다고 한다. 마을이 제법 크다 보니 미로처럼 이어진 골목길을 걷는 것도 즐거움이다. 노천카페에 앉아 몬테로소의 명물 레몬주스를 마시며 이곳 다섯 개 마을들의 추억을 친퀘 테레의 마지막 여정에서 차분하게 정리하는 것도 좋은 방법일 듯싶다. 이곳의 몬테로소 페지나 해변(Spiaggia di Pegina)은 해안선을 따라 넓은 모래사장이 뻗어 있어서 여름 시즌이면 많은 여행객과 지역주민들로 북적이는 마을이라고 한다. 이 지역은 몬테로소 곳곳에서 볼 수 있는 수많은 레몬나무와 화이트 와인·포도·올리브로도 유명하다. 역사적으로 지중해 연안의 많은 마을들이 그렇듯이 해적들의 약탈과 바다로부터 보호를 위해서 성벽으로 둘러싸여 있다. 해변 근처에는 마블코믹스(Marvel Comics)에서 제작한 애니메이션 〈판타스틱4(The

Fantastic 4)〉의 돌덩어리 캐릭터 씽(Thing)을 연상시키는 이탈리아 조각가 아리고 미네르비(Arrigo Minerbi)와 건축가 프란체스코 레바셰르(Francesco Rebacher)가 만든 넵투누스(Nettuno) 동상이 몬테로소 자이언트(Gigante di Monterosso)라는 이름으로 서있다. 14m 높이 조각상은 1900년대 초에 지어진 호화로운 빌라 파스티네(Villa Pastine)의 장식 일부로 곶 위에 서 있었는데 삼지창 외에도 머리에는 거대한 조개껍데기를 얹고 있는데 빌라의 테라스 역할을 했다고 한다. 제2차 세계대전 중 몬테로소는 연합군의 폭격을 받았고 빌라와 함께 이 동상도 심각한 피해를 당했을 뿐만 아니라 1966년에는 거센 파도로 인해 큰 피해를 입었다고 한다. 유네스코는 이 다섯 개 아름다운 마을들과 절벽 길들을 세계문화유산으로 지정하였는데 이 지역은 지중해에 위치한 까닭에 해산물 요리가 많다. 특히 몬테로소 알 마레에서 잡은 멸치는 EU에서 원산지표시보호제로 지정된 지역의 명물이기도 하단다. 이 지역 음식으로는 제노바 지역처럼 바질잎·마늘·소금·올리브오일·잣과 페코리노치즈로 만든 소스인 페스토(Pasto)와 밀가루와 올리브오일·소금·이스트·로즈메리·올리브로 만드는 포카치아(Focaccia)라는 빵이 있다. 그 밖에 와인 외에도 이 지역에서 유명한 음료로는 포도주 양조과정에서 나오는 부산물로 만드는 브랜디 일종인 그라파(Grappa)와 레몬 리큐르 술인 리몬첼로(Limoncello) 등이 있다. 이 곳 역시 건물은 화려하진 않지만 그 색감만은 참 조화롭다는 생각이 든다. 로마나 베네치아도 그렇고 그 주변 섬마을 부라노도 예외는 아니다. 그래서 이탈리아가 패션의 나라가 된 걸까? 과하지도 않고 그렇다고 천편일률적으로 동일한 색상을 사용하지 않으면서 파스텔 톤으로 상당히 조화롭다. 그래서 많은 여행자들이 몰리고 특히 젊은 층들이 선호하는 여행지가 된 것은 아닐까? 결과적으로 컬러 마케팅이 중요한 요소로 작용한 셈이다. 그 동안 여행을 여러 군데 하면서 가장 아름다운 인상을 받은 곳 중에 하나가 크로아티아(Croatia) 두브로부니크(Dubrovnik)다. 아드리아 해의 반짝이는 바닷물결과 주홍색 기와지붕들... 내전으로 손상되어 새로 기와를 올린 집들은 진한 적황색, 오래 동안 손보지 않고 유지된 집들의 색 바랜 주홍색 지붕들이 묘하게 잘 어울리고 푸른 하늘과 바다와 지붕들이 참 아름답고 조화롭다.

다소 인위적인 부분이 있지만 우리나라 전남 신안군 퍼플 섬도 한번 눈여겨봐야할 컬러 마케팅의 성공사례가 아닐까 싶다. 마을 집 지붕부터 도로·다리·휴지통·식당그릇·관광용 전동 카드까지 보라색 일색이다. 어디선가 불쑥 보라돌이가 나타나도 어색하지 않을 것 같다. 퍼플 섬은 이름도 생소한 안좌도 부속 섬인 반월도와 박지도를 통틀어 부르는 명칭이다. 신안군은 유인도와 무인도 합쳐서 1,000개가 넘는 말 그대로 섬의 천국이다. 흑산도나 홍도는 익히 잘 알려진 곳이지만 이름조차 처음 듣는 섬이 퍼플 섬으로 단장한 뒤 세계적인 관광지로 주목받고 있다. 2021년엔 유엔세계관광기구(UNWTO)가 엄선한 '세계 최우수 관광마을'이 되었고 한국관광공사가 선정하는 '한국관광의 별' 본상을 받았다고 한다. 따스한 가을 햇살 아래 반짝이는 물결을 바라보며 바다 위를 걷는 경험은 상당히 낭만적이다. 만조에 맞춰 가면 푸르른 하늘과 바다, 보라색 가을국화꽃 아스타(Aster)가 만개한 보라색 일색의 섬 풍경에 저절로 사진에 담게 된다고 한다. 섬에는 아기자기한 포토 존이 여러 곳이 있다. 반월도에서 박지도로 건너가는 퍼플교 앞 조형물이 특히 인기인데 예쁜 반달 위에 어린 왕자와 사막여우가 나란히 앉아 박지도를 바라보는 모습이 사랑스럽다. 그리고 암태도 기동삼거리 벽화도 인기 있는 포토 존이라고 한다. 집주인 노부부의 머리카락을 동백나무로 표현한 벽화가 담장 안에 자라는 동백나무와 맞물려서 볼수록 재미있고 그 아이디어가 신선해서 좋다. 이러한 퍼플교는 평생 동안 박지도에서만 살고 있던 한 할머니의 걸어서 섬을 건너고 싶은 소망에서 비롯됐다고 한다. 안좌도에서 배를 타고 드나들던 섬에 다리가 생겼고 그 뒤 반월도와 박지도에 많이 나는 도라지와 꿀풀 꽃, 콜라비가 보라색이라는 점에 착안해 두 섬을 퍼플섬으로 만들었다고 한다. 나름 스토리텔링도 재미있는 컬러 마케팅 성공사례라는 것은 부인할 수 없다. 지자체에서도 엉뚱한 데 전시행정용으로 혈세를 탕진하지 말고 특정지역에 적합한 마케팅전략을 깊이 있게 고민해야할 것 같다. 이제 우리는 다시 라 스페치아 역에서 기차를 타고 피렌체(Firenze)로 향한다.

메디치에 의한 어벤저스급 거장
예술가들의 도시... 피렌체

3시간여에 걸쳐 중부 토스카나주의 주도인 피렌체에 도착한다. 피렌체 인구는 38만 명 정도고 근교 인구까지 합쳐도 150만 명 정도 규모란다. 인구수가 38만 명 정도면 우리나라 세종시 정도의 규모인 셈이다. 비록 작은 규모의 도시지만 아르노 강변(Fiume Arno)에 위치한 피렌체는 역사적으로 중세와 르네상스 시대에 걸쳐 건축과 예술의 중심지 역할을 하였다. 중세에는 유럽무역과 금융의 중심지였고 이탈리아 르네상스의 본고장이었던 곳이다. 그리고 오랜 세월동안 메디치(Medici) 가문이 다스렸고 1865년에서 1870년까지는 이탈리아왕국의 수도이기도 하였다. 매년 수백만이 넘는 여행객들이 몰려들고 있고 1982년에는 유네스코 세계유산으로 등록된 곳이다. 또한 14세기 이 곳에서 사용하던 언어가 이탈리아어의 표준어가 되었는데 이탈리아 문학 황금기의 대부분 작가들과 시인들은 다른 지역의 방언들을 제치고 피렌체 방언을 문학 언어로 채택하는 것을 이끌어냄으로써 현재 이탈리아어의 체계는 피렌체와 관련되어 있다고 한다. 이곳 피렌체는 이탈리아 귀족 역사상 가장 중요한 가문인 메디치 가문의 고향이기도 하다. 로렌조 데 메디치(Lorenzo de' Medici)는 15세기 후반 이탈리아 정치·문화의 핵심인물이다. 이러한 메디치 가문은 2명의 교황을 배출했는데 16세기 초의 교황 레오 10세와 교황 클레멘스 7세가 그들이다. 또한 카테리나 데 메디치는 프랑스 국왕 앙리 2세와 혼인하였다가 국왕사망 이후 섭정으로 군림했다고 한다. 결국 메디치 가문은 1569년 코시모 1세 데 메디치(Cosimo I de' Medici)를 시작으로 토스카나 대공으로 군림해서 1737년 잔 가스토네 데 메디치의 사망으로 막을 내렸지만 총 168년에 걸쳐 이탈리아를 지배한 셈이다. 특히 코시모의 손자인 로렌조는 미켈란젤로(Michelangelo Buonarroti), 레오나르도 다 빈치(Leonardo da Vinci), 보티첼리(Sandro Botticelli) 등에게 작품을 의뢰하는 등 예술 후원에 적극적이었다고 한다. 그래서 피렌체인들은 그를 '위대한 로렌조'라는 의미의 '로렌조 일 마니피코(Lorenzo il Magnifico)'로 불렀다고 한다. 피렌체는 1500년경에서 30여년에 걸쳐 지속된 전성기 르네상스예술의 탄생지다. 이전의 중세미술이 정형적이고 상징적이었던 반면에 르네상스미술은 자연주의와 인간감정에 많은 중점을 두었다. 현존하는 중세 미술품들의 대부분이 종교와 관련한 것들이고 작품주제는 성직자들이 선택한 것들이었다. 그러나 르네상스미술은 한층 이성적이고 수학적이었다. 그리고 작품주제도 개인에 대한 것들로 이루어졌고 작품에 개인서명을 집어넣기까지 한 라파엘로를 비롯해서 도나텔로, 미켈란젤로 등 유명 예술가들이 주도하였다. 종교는 여전히 중요했지만 새로운 시대에 접어들면서 마사초(Masaccio)의 프레스코화 《에덴동산에서의 추방(Cacciata dei progenitori dall'Eden)》 처럼 미술에서 종교적 인물들의 인간화가 이루어졌던 시기였다. 즉 이 시대 사람들은 자기 자신들을 인간으로 이해하기 시작하였고 이를 적극적으로 예술작품에 반영시켰다. 예술가들은 그리스·로마시대의 거장들을 연구하면서 르네상스는 미술과 사회적 측면에서 고전적 가치의 재탄생이 이루어졌다. 따라서 미술은 이상주의에 대척점에 서있는 현실주의에 중점을 두게 되었다고 한다.

우리는 가장 먼저 이곳의 심장부라고 할 수 있는 피렌체 대성당(Duomo di Firenze)을 둘러보기로 한다. 정식 명칭은 '꽃의 성모 마리아'라는 의미의 '산타 마리아 델 피오레 대성당(Cattedrale di Santa Maria del Fiore)'이다. 필리포 브루넬레스키(Filippo Brunelleschi)가 설계한 돔으로 실외는 다른 성당의 외관과 다르게 하얀색으로 윤곽선을 두른 초록색과 분홍색의 대리석 판으로 마감되어 있다. 완공된 지 600여 년이 지난 피렌체 대성당 돔은 여전히 벽돌과 모르타르로 지어진 돔 중에서는 세계적으로 규모에서 가장 큰 조적(masonry) 돔이라고 한다. 따라서 그가 설계한 돔이 얹어져 있는 이 성당은 피렌체의 스카이라인의 결정판인 셈이다. 원래 피렌체인들은 13세기 말에 돔 없이 건축물을 짓기로 결정했었다고 한다. 그러나 14세기에 그가 제시한 설계안은 당시 기준으로 가장 큰 돔 설계도였고 로마의 판테온(Pantheon)과 콘스탄티노폴리스의 아야 소피아(Ayasofya) 등 고대로마시대의 두 거대한 돔 건물 이래로 유럽에 지어진 첫 대형 돔이었다고 한다. 그 주인공인 설계자 브루넬레스키는 건축가인 아르놀포 디 캄비오(Arnolfo di Cambio)와 함께 성당 건너편에 돔을 올려다보는 모습의 조각상으로 재현되어 있다. 그리고 이 성당 앞에는 중세 세례당이 위치해 있다. 두 건축물은 그 자체가 지니고 있는 장식성으로 중세에서 르네상스로 전환시켜냈다는 평가받는다고 한다. 근래에 와서는 대성당 주변의 조토의 종탑(Campanile di Giotto)을 포함해서 두 건축물 안에 있는 예술품들 중에 뛰어난 작품들은 다른 곳으로 옮겨

브루넬레스키와 캄비오 동상

지면서 모작들로 대체되고 있다고 한다. 그림 원본들은 현재 대성당의 바로 동쪽에 있는 두오모 오페라 박물관(Museo dell'Opera del Duomo)에서 소장 중이라고 한다. 성당을 둘러보는 사이에 보슬비가 내리기 시작한다. 얼른 서둘러서 대기 줄이 만만치 않은 쿠폴라(Cupola) 전망대에 오른다. 한참을 앞 사람들 보조에 맞춰 오르면서 다양한 천장화에 자연스레 눈이 가다보니 전망대에 다다랐다. 빙 둘러서 피렌체 곳곳을 둘러본다. 주홍색 지붕과 함께 옆에 있는 조토의 종탑도 한눈에 들어온다. 1334년에 조토에 의해서 설계와 함께 제작을 시작한 이 종탑은 그가 사망한 후 제자 안드레아 피사노(Andrea Pisano)와 프란체스코 탈렌티(Francesco Talenti)가 1359년까지 15년에 걸쳐 완성했고 종탑의 높이는 약 85m라고 한다. 조토의 설계안은 캄비오가 대성당에 적용한 다채색을 의미하는 폴리크롬(polychrome) 기법을 그대로 적용해서 마치 종탑이 채색된 것처럼 보이게 만들었다. 그리고 설계할 때 직선만으로 드로잉하지 않고 명암법을 이용해서 여러 각도에서 본 모습으로 디자인하였다고 한다. 기존 고딕 건축물 골조가 아닌 기하학 무늬로 된 색조대리석을 겉에 두르도록 했고 기하학 무늬로 배열된 대리석은 색깔별로 각각 다른 지역에서 공급받았다고 한다. 하층부의 3면은 얕은 돋을새김으로 된 육각판들이 한 면당 7개씩 장식되어 있는데 석판의 개수 일곱은 성서에서 인간의 완전성을 상징한다고 한다. 계단 414개를 걸어 오르면 만나게 되는 종탑 꼭대기에서는 피렌체의 멋진 전경과 그를 둘러싼 언덕들을 감상할 수 있다. 이곳 피렌체가 많은 영화와 드라마의 배경으로 등장했지만 가장 인기 있고 그 덕분에 많은 여행자들이 우선적으로 두오모 성당을 찾는 계기가 된 것이 영화 〈냉정과 열정 사이(Between calmness & passion)〉임은 분명하다. 복원사로 일하는 남자 주인공 준세이가 헤어진 애인 아오이와 만난 곳이 바로 두오모 꼭대기이기 때문이다. 그러나 나에

조토의 종탑

겐 그 이전 개봉된 영국 아카데미 5개 부문과 미국 아카데미 3개 부문에서 수상한 영화 〈전망 좋은 방(A room with a view)〉이 먼저 떠오른다. 물론 〈냉정과 열정 사이〉처럼 무대를 모두 피렌체를 배경으로 한 것은 아니지만 영화제목처럼 아르노강과 두오모 성당이 창밖으로 그림처럼 펼쳐지는 장면은 무척 인상적으로 각인되어 있다. 그리고 댄 브라운(Daniel Brown) 소설을 영화화한 3부작 중 마지막 작품인 〈인페르노(Inferno)〉가 단테의 『신곡』에서 지옥을 9단계로 형상화한 보티첼리의 '지옥도'를 바탕으로 이곳 피렌체와 베네치아를 무대의 한 장소로 등장시키고 있다.

전망대를 내려와서 단테의 집이자 박물관(Museo Casa di Dante)을 둘러보러 이동한다. 가는 도중에 성당 바로 옆에 있는 '천국의 문(La Porta del Paradiso)'이라는 곳이 자연스레 눈에 들어온다. 이 문의 주인공은 두오모 광장 옆에 있는 이 도시에서 가장 오래된 종교시설 중 하나인 산 조반니 세례당(Battistero di San Giovanni)이다. 피렌체에서 태어난 모든 아기들은 이곳에서 세례를 받고 기록을 남겼다고 한다. 이 세례당은 내부도 아름답지만 동쪽과 북쪽에 있는 청동문 때문에 더 유명하다. 이 문을 만든 이는 로렌조 기베르티(Lorenzo Ghiberti)라고 한다. 현재 세례당에 있는 청동문은 복제품이고 진품은 두오모 오페라 박물관에 전시되어 있다. 3개의 화려한 금동문이 있는데 동문은 21년, 북문은 27년에 걸쳐 제작했다고 한다. 두 작품 제작기간이 아무리 오버랩되었을 것이라는 점을 감안할지라도 30여년이 넘었을 것으로 추정되기 때문에 거의 그의 반평생을 금동문 제작에 받친 역작이라고 할 수 있다. 구약성서의 이야기를 재현한 10개의 돋음새김판으로 구성되어 있는데 후에 거장 미켈란젤로가 천국의 문으로 칭송한 작품이라고 한다. 현재는 북문과 동문의 위치가 서로 바뀌어 있다고 한다. 원래 북문으로 사용될 예정이었던 두 번째 청동문이 너무 아름다워 두오모 성당과 마주보는 동쪽에 설치하는 것으로 바뀌었기 때문이다. 따라서 현재는 동문이 미켈란젤로가 얘기한 천국의 문인 셈이다. 참 섬세하고 디테일하게 만들었다. 장식 중 일부에는 기베르티의 대머리 얼굴모습도 보인다. 작품에 본인의 이름을 새겨 넣은 미켈란젤로를 뛰어 넘어 그는 작품 속에 자신의 모습을 여러군데 남겨놓았지만 반평생을 받쳐 만든 걸작답다. 사람으로 태어나서 후대에 길이 남을 수 있는 역작을 평생에 걸쳐서라

산 조반니 세례당 천국의 문

도 만든다는 것은 그만한 가치가 있다고 본다.

피렌체에서 태어난 단테는 가장 중요한 중세시인 중 한 명으로 그의 작품은 이탈리아 문학과 문화에 커다란 한 획을 그었다. 단테의 대표작인 장편 서사시 『신곡』은 인간의 구원과 신에 대한 탐구를 다룬 서사시로 지옥·연옥·천국의 세 부분으로 구성되어 있다. 단순한 문학적 성취를 뛰어넘어 인간존재의 의미와 도덕적 선택에 대한 깊은 생각을 하게 만든다. 특히 피렌체 시민들에게 단테는 피렌체에서 사용하는 언어가 곧 이탈리아 표준어라는 자부심을 갖도록 하였다고 한다. 이탈리아에서는 현재까지도 각 지방 사투리가 거의 다른 언어처럼 제각각으로 구사되고 있는데 이탈리아 사람들

단테 박물관

은 피렌체에서 사용하는 이탈리아어가 가장 현대적이고 이탈리아어의 표준으로 인식하고 있을 정도라고 한다. 단테는 피렌체에서 정치적 혼란기에 살았기 때문에 그의 작품에는 정치와 사회에 대한 비판이 담겨 있다. 그는 피렌체에서 강제로 추방되다시피 떠나야 했던 경험을 통해 고향에 대한 애정과 그리움을 표현하고 있다. 그의 작품은 종교적 주제를 깊이 탐구하면서 인간의 영적 여정을 보여준다. 이는 피렌체 시민들뿐만 아니라 전 세계인들에게 신앙과 도덕적 삶의 중요성을 불러일으키고 있다. 그러한 단테의 집은 박물관으로도 활용되고 있는데 1층은 단테가 활동하던 당시 피렌체의 정치와 경제를 보여주는 조각과 유물, 자료 등이 전시되어 있다. 그리고 2층은 단테의 유배지를 다룬 각종 자료와 희극을 보여주는 영상들과 당시 귀족가정의 침실이 전시되어 있고 3층에는 그의 작품 『신곡』의 원본과 각국 언어로 번역된 서적과 관련 유물들이 전시되어 있다.

단테의 집을 나와서 우리는 이 도시의 중심 격인 시뇨리아 광장(Piazza della Signoria)으로 향한다. 피렌체는 이곳이 지닌 기념물·성당시설·건축물 등으로 르네상스의 요람(La Culla del Rinascimento)이라고 불리고 있다. 1982년에는 피렌체 역사지구(Centro Storico di Firenze)가 유네스코 세계문화유산으로 등재되었다. 이 역사지구는 도시를 보호하기 위해 14세기에 지어진 중세시대 성벽 안에 포함되어 있다. 이 광장에는 바르톨로메오 암만나티(Bartolommeo Ammanati)의 넵투누스 분수(Fontana del Nettuno)가 있는데 피렌체가 해전에서 승리한 것을 기념하면서 베키오궁전(Palazzo Vecchio), 즉 시뇨리아궁전(Palazzo della Signoria) 좌측에 설치되어 있다. 넵투누스는 로마신화에서의 바다의 신이고 그리스신화에서 포세이돈과 같은 인격의 신을 의미한다. 현재까지 작동되는 이 분수는 로마시대의 용수로로써 대리석 조각의 걸작으로 평가되고 있다. 이곳은 현재 피렌체 시청사지만 과거에는 베키오궁전으로 불린 중세 요새형 궁전이기도 하다. 궁전 정문 좌측에는 미켈란젤로의 《다비드(David)》의 복제품 조각이 우뚝 서있다. 이 다비드상은 독재 권력을 몰아낸 뒤 공화국을 되찾은 기념으로 시청사로 옮겨왔다고 하는데 골리앗을 물리친 다윗이 시민저항의 상징이었기 때문이라고 한다. 이 다비드상은 도나텔로(Donatello)의 영향을 받았고 목 줄기근육은 긴장감을 주기위해 다소 과장되어 있고 머리 크기 역시 5m가 넘는 거대석상을 아래에서 올려다보는 높이를 감안해서 다소 정상적인 인체구조보다 크게 표현하였다고 한다. 설계 때부터 올려다 봐야하는 관찰자 시점까지 치밀하게 고려해서 제작했다는 것에 그저 놀라울 따름이다. 그리고 다비드의 시선은 로마를 향하고 있다고 하는데 결국 다비드가 피렌체라면 그 당시 로마는 골리앗이었을 수도 있겠다. 이런 다비드상은 제작당시 원래 설치위치는 피렌체 대성당 동쪽 끝의 지붕 선을 따라 배치될 예언자 동상 중 하나로 의뢰했었지만 규모 등의 문제로 현 장소에 설치하는 것으로 변경되었다고 한다. 입구 반대편으로는 바초 반디넬리(Baccio Bandinelli)의 《헤

시뇨리아광장 메디치 사자상과 다비드상

라클레스와 카쿠스(Heracles e Cacous)》가 마치 출입을 감시하는 모습으로 서있다. 이 궁전은 피렌체의 역사와 건축적 웅장함을 보여주는 건물이고 그 앞은 과거 시민정치의 중심지이자 르네상스 조각품이 전시된 광장이다. 광장 우측 모퉁이에 위치한 넓은 아치와 코린트 양식 기둥으로 이루어진 회랑인 로자 데이 란치(Loggia dei Lanzi)가 있는데 이곳에는 유명 이탈리아 조각가 벤베누토 첼리니(Benvenuto Cellini), 잠블로냐(Giambologna)의 작품을 복제한 조각상과 도나텔로가 제작한 조각상들이 자리한 곳으로 유명하다. 사방이 뚫렸지만 위에 지붕이 있어 여행자들이 햇볕이나 비를 피해 예술작품을 감상하는 휴식처로도 사용되고 있다. 첼리니의 《메두사의 목

시뇨리아 광장

을 벤 페르세우스(Perseo con il capo di Medusa)》, 잠블로냐의 《코시모 1세 청동기 마상(Statua montata in bronzo di Cosimo I)》과 《사비나 여인들의 약탈(La Rappia delle Sabine)》, 《헤라클레스와 캔티우로스 네소스(Heracles e Kentauros Nessus)》, 피오 페디(Pio Fedi)의 《폴리그세나를 강간하는 아킬레스(Achilles che violentano i Polyxena)》, 도나텔로의 《메디치 사자상(Statua del Leone Medici)》 등이 전시되어 있다. 모두 빼어난 수작들인데 전부 다 복제품이고 진품은 산성비 등으로 인한 손상을 우려해서 내부 박물관에 소장되어 있다. 일반인들 관점에서는 쉽게 걸작들을 접할 수 있는 이점은 있지만 마치 시장통에 무질서하게 진열되어 있는 것 같아서 그 가

로자 데이 란치

치가 훼손되는 듯싶다. 조각품들이 전시되어 있는 이곳 로자 데이 란치는 코시모 1세 때 용병들이 대기하던 장소로 '독일용병'이라는 뜻의 '란치 케네키'에서 유래되었다고 한다. 아무리 복제품이더라도 내부로 옮겨서 무료로 볼 수 있게 하는 것도 방법이지 않을까 싶다. 이탈리아 회화의 구루(guru)격인 피렌체파 화가의 스승인 치마부에(Cimabue)를 비롯해서 조토·보티첼리·파올로 우첼로 등과 건축·조각분야의 혁신자 아르놀포와 안드레아 피사노, 르네상스 창조자인 브루넬레스키·도나텔로·마사초·기베르티 등 그리고 만능천재인 레오나르도 다 빈치와 미켈란젤로 역시 피렌체에 살았다. 이들 작품은 다른 여러 시대의 예술가들의 작품들과 함께 우피치궁전 내 우피치미

시뇨리아광장 도나텔로 메디치 사자상

술관(Galleria degli Uffizi)에 보관되고 있다. 보티첼리의 《비너스의 탄생(La nascita di Venere)》, 미켈란젤로의 《성 가족(Sacra Famigria con san Giovannino)》, 레오나르도 다 빈치의 《성 수태고지(Annunciazione della Vergine)》, 티치아노의 《우르비노의 비너스(Venere di Urbino)》 등 이름만 들어도 알 수 있는 걸작품들을 소장하고 있다. 황금기의 회화를 소장한 팔라티나미술관(Galleria Palatina in Palazzo Pitti)을 비롯해서 르네상스시대의 조각들을 소장한 바르젤로미술관(Museo Nazionale del Bargello), 미켈란젤로의 조각들을 소장한 그의 가문인 부오나로티(Buonarroti) 저택, 피렌체 현대미술관, 두오모 오페라박물관, 모자이크로 유명한 피렌체 세례당, 조각들로 유명한 피렌체 대성당 등 피렌체는 미술품들로 가득 차 있다. 이외에 르네상스 이전 고대그리스·로마시대의 조각과 회화도 감상할 수 있다. 아카데미아미술관(Galleria dell'Accademia)은 다비드 상을 비롯한 미켈란젤로의 작품을 주로 소장하고 있다. 그래서 피렌체에 처음으로 방문하는 사람들의 일부는 이처럼 뛰어난 예술작품들을 한꺼번에 접하고 순간적으로 흥분 또는 호흡곤란·현기증·쇼크 상태 등의 증세를 보이는 스탕달 증후군(Stendhal syndrome)을 겪기도 한다고 한다. 이밖에도 그 당시 피렌체에서 활동했던 다른 지역출신 예술가들로는 바티칸 궁전의 《아테네학당(Scuola di Atene)》으로 유명한 라파엘로(Raffaello Sanzio), 벨기에 출신의 《십자가에서 내려지는 그리스도(Descente de Croix)》와 인물화 중심의 루벤스(Peter Paul Rubens) 등이 있다.

우리는 다시 시뇨리아광장을 거쳐 단테와 베아트리체(Beatrice)의 슬픈 이야기가 있는 아르노강과 베키오 다리(Ponte Vecchio)로 향한다. 이 다리는 제2차 세계대전 중에 피렌체에서 온전하게 남아 있는 유일한 다리라고 한다. 영국군과 싸우던 독일군은 피렌체에서 퇴각하면서 모든 다리를 끊으려고 했지만 히틀러가 베키오 다리만은 건드리지 말라고 명령했다고 한다. 결국 포격을 거의 받지 않은 도시로 남아서 다행스럽게도 많은 문화유적들이 온전한 채로 남을 수 있었고 현재에도 우리가 고스란히 그 찬란한 문화를 향유할 수 있었던 셈이다. 그러고 보면 나폴레옹과 함께 손에 꼽을 정도의 약탈자이자 침략자였던 그였지만 나폴레옹보다 히틀러가 문화를 이해하는 인물이었던 모양이다. 그나마 히틀러는 화가를 꿈꾸던 인물이라서 문화예술에 어느 정도 애착이 있었던 건가? 그러나 유럽예술품의 20% 정도를 약탈해갈 정도로 집착이 강했던 그는 전쟁말기에는 파리를 불바다로 만들라는 '네로 명령'을 지시했다고 하니 종잡을 수 없는 인물이다. 실제 현장에서 아느로강을 보는 느낌은 한강과 비교하면 샛강 수준의 작은 강이다. 물의 맑기도 탁한 느낌이다. 유럽을 여행하면서 느끼는 것은 런던 템즈강(River Thames)이나 파리 센강(River Seine)도 이름값하기엔 수질관리 면에서 문제가 많은 곳임을 느끼게 한다. 세계 각지에서 여행객들이 몰리고 그로 인해 관광수입을 올리고 있으면 더 철저한 관리는 필수적이라고 본다. 유럽의 수질이

베키오 다리

석회암이라서 그럴 수도 있겠지만 템즈강은 주변 빅벤이나 의사당건물 색깔과 물의 색이 같을 정도로 탁하다. 센강도 생각보다 폭도 좁고 수질 역시 안 좋다. 그 위에 유람선을 띠우고 그 안에 있는 여행객들은 흥에 겨워 음주가무를 즐기고 있으니 참 아이러니하다.

단테의 최고걸작인 『신곡』은 그가 지옥, 연옥 그리고 마침내는 천국으로 이어지는 우화적이고 도덕적인 여정을 다루고 있다. 그 여정 중 그는 여러 신화 속 인물이나 그의 동시대 또는 그 이전 시대의 실제 인물들을 등장시킨다. 그는 처음에는 로마의 시인 베르길리우스(Vergilius)의 안내를 받는데 그의 비기독교적 믿음이 그를 지옥에 빠트리도록 한다. 이후에 단테는 그를 천국으로 안내해준 베아트리체와 만나게 된다. 베아트리체는 단테의 문학에 가장 큰 영향력을 끼친 여인이다. 단테와 같은 시대에 피렌체에서 살았고 1288년에 다른 은행가 남성과 결혼한 실제 인물이라는 설과 단테가 꾸며낸 가상인물이라는 설이 동시에 존재하고 있다. 단테는 베아트리체를 천사와 같이

지고지순한 처녀이자 숭고한 정신의 상징으로 보았다. 베아트리체가 사망한 이후 탄생한 단테의 걸작 중의 하나인 『신생(Vita Nuova)』 속에는 처음으로 베아트리체의 이야기가 등장한다. 그가 그녀를 처음 본 것은 당시 그의 나이 9살... 그 후 단테는 그녀를 단 한 번도 만나보지 못하고 9년 동안 이름조차 모르는 이 소녀를 간절히 연모하였다고 한다. 그리고 만 9년이 지난 어느 봄날, 여기 아르노강변 베키오 다리에서 단테와 베아트리체는 우연히 재회하게 된다. 이 장면은 영국화가 헨리 홀리데이(Henry Holiday)의 그림 《단테와 베아트리체》로도 묘사되고 있다. 그 만남은 단테로 하여금 서정적인 회고록 『신생』을 쓰게 된 동기가 되었다고 한다. 단테는 그녀에 대한 연모의 마음으로 괴로워하다가 재회했는데 그녀는 이미 다른 남자의 아내가 되어 있었다고 한다. 그런데 몇 년 후 24세가 된 그녀는 그만 사망하고 만다. 그녀가 사망한 후 집필하기 시작해서 13년 만에 작품을 완성한 뒤 단테도 숨을 거두었다고 한다. 고향에서 반대당에 의해서 추방당한 그는 18년간의 망명생활, 그리고 망명 중에 라벤나 영주 외교사절로 베네치아에 다녀오면서 말라리아로 사망하고 만다. 『신곡』의 지옥 편에서는 첫사랑을 잃은 후 타락한 생활, 연옥편에서는 소생하려는 영혼의 고통, 천국 편에서는 베아트리체를 만나 그녀의 안내로 천국을 여행하는 행복이 담겨있다. 베아트리체가 실제 살았던 인물인지 환상 속 연인인지는 확실하진 않지만 단테에 의하여 그녀는 순결하고 고귀한 여인의 상징으로 나타나고 있다. 그러나 그 당시 교계 일부에서는 베아트리체를 성모 마리아와 같은 반열에 세운 것에 대해서 신을 모독하는 행위라고 비난하기도 하였다고 한다. 베아트리체가 단테의 환상 속 가상의 여인이든 아니든 간에 세익스피어의 소설 『로미오와 줄리엣(Romeo & Juliet)』의 배경이 된 줄리엣의 집(Casa di Giulietta)이 위치한 베로나(Verona), 영화 〈냉정과 열정 사이〉와 함께 피렌체는 청춘들에겐 슬픈 사랑의 도시로 남아있을 것 같다.

베키오 다리에서 우리는 산타 크로체 광장(Piazza Santa Croce) 앞에 있는 피렌체 산타 크로체 성당(Basilica di Santa Croce di Firenze)으로 건너간다. 이곳에는 미켈란젤로와 단테, 그리고 정치가 마키아벨리(Niccolò Machiavelli) 등 피렌체 출신 거장들이 안장되어 있는 공간이다. 이 성당 건물은 14세기에 지어졌는데 캄비오가 건축을 맡았고 그는 이 성당 외에도 피렌체 대성당과 베키오 궁전 등 이곳 피렌체의 상징적인 건축물들을 담당한 걸출한 건축가다. 1333년에 피렌체를 뒤흔든 홍수와 전염병 등이 겹치면서 공사는 더욱 지연되다가 14세기 후반에서야 마무리되었다고 한다. 프랑스 소설가 스탕달(Stendhal)이 그의 책에서 이 성당을 둘러보고 나서는 순간 심장이 뛰며 쓰러질 것 같은 기분을 느끼면서 그 유명한 스탕달 증후군이 유래했다고 한

산타 크로체 성당과 단테 동상

다. 스탕달의 본국인 프랑스 루브르박물관도 1793년에야 설립되었으니 그 당시 파리에는 거장들의 걸작을 한군데서 볼 수 없는 환경이어서 그럴 만도 하다는 생각이 든다. 정면에 있는 3개의 입구 가운데 오른쪽 문으로 들어가면 오른편 벽에 미켈란젤로의 묘소가 있고 그 옆에 단테가 묻혀 있고 안쪽으로 들어가면 마키아벨리와 작곡가 로시니(Gioacchino Rossini)의 묘도 있다. 그리고 철학자이자 물리학자·수학자인 갈릴레이도 출구 쪽에 묻혀있다. 그야말로 거장들의 안식처이자 걸작품의 전시장인 셈이다. 회랑 가운데 하나는 묘지로 사용되고 있어서 죽은 자의 회랑이라고 불린다고 한다. 이곳에는 조각가 반디넬리가 만든《아버지 하나님(Padre nostro mio Dio)》동상이 있다. 박물관은 19세기 초반 나폴레옹이 이 지역을 점령하면서 카페트 제조공장으로 쓰였다고 하는데 나폴레옹의 약탈본능과 함께 예술에 대한 문외한임을 여실히 증명하는 대목이다. 그 후 1966년 일어난 대홍수로 박물관에 5m이상의 흙탕물이 밀려들어와서 많은 작품이 피해를 입었다고 한다. 이 중 홍수 이전과 이후 사진이 남은 화가 지오반니 갈티에리(Giovanni Gualtieri)의《십자가(il Crocifisso)》는 홍수피해를 극명하게 보여주는 작품이라고 한다. 이 성당은 13세기에서 20세기 사이 그려진 벽화와 그림 등 총 4,000여점의 작품을 소장하고 있다고 하는데 그 주요 작품으로는 화가이자 건축가인 조르지오 바사리(Giorgio Vasari)의《최후의 만찬(Ultima Cena)》과 갈티에리의《십자가(Crocifisso)》, 지오토 디 본도네(Giotto di Bondone)의《성 프란체스코 이야기(Storie di San Francesco)》, 화가 겸 조각가인 도나텔로의《페인트로 칠한 나무 십자가(il Crocifisso in Legno Dipinto)》와《수태고지(Annunciazione della Vergine)》등이 소장되어 있다. 그리고 그 속에는 자유의 여신상(Statue of Liberty) 원조격인 피오 페디의《시의 자유(Libertà di Poesia)》라는 작품도 볼 수 있다. 프랑스 출신 프레데릭 바르톨디(Frédéric Auguste Bartholdi)가 이 작품을 보고 영감을 받아 자유의 여신상을 조각했다고 한다. 이 작품을 보면서 느끼는 것은 세상에 절대창작은 없다는 점이다. 결국 예술이란 누군가의 작품에서 영감을 받아 자신의 창작물로 재창조하는 것은 용인될 수밖에 없을 듯하다. 우리는 피렌체의 마지막 여정으로 미켈란젤로 광장(Piazzale Michelangelo)으로 향한다. 이 광장은 미켈란젤로 언덕이라는 곳에

피오 페디 《시의 자유》 조각상

피렌체 도심 전경

위치해 있고 이곳에는 그가 만든 다비드상의 모조품이 서있다. 멀리 대성당과 종탑, 베키오 궁전의 모습, 그리고 피렌체 도심전경이 한눈에 멋지게 들어온다. 작지만 많은 이야기와 걸작들로 가득 찬 곳이다. 우리는 다시 중세시대로 시간여행을 하기 위해서 산지미냐노(San Gimignano)로 향한다.

중세시대로의 시간여행... 산 지미냐노

우리는 1시간여에 걸쳐 중세시대 부와 권력의 상징이었다는 고층탑이 있는 산 지미냐노로 들어온다. 이곳은 피렌체에서 56km 남쪽의 델사 계곡(Val d'Elsa)에 위치하고 있고 인구는 1만 명에도 못 미치는 아주 작은 소도시다. 이 도시는 토스카나 주답게 넓은 평야와 구릉지가 펼쳐있고 다소 높은 구릉지 언덕에 우뚝 서있다. BC 3세기경에 산 지미냐노 지역에는 한 에트루리아 작은 마을이 있었는데 BC 1세기에 루키우스 카틸리나가 로마공화정을 상대로 음모를 벌일 즈음에 귀족가문 형제가 무키오 지역과 오늘날의 산 지미냐노인 실비아에 각각 요새를 지었다고 한다. 실비아의 명칭은

산 지미냐노 전경

모데나의 성인 산 제미니아노(Geminianus)가 훈족의 아틸라로부터 이 도시를 구해낸 후인 450년에 지역명칭이 산 지미냐노로 바뀌었다고 한다. 이후 이곳의 교회는 제미니아노를 기리기 시작했고 6~7세기에 교회주변으로 성벽이 둘러싸인 마을로 발전하면서 성 제미니아노 요새(Fortezza di San Geminiano) 또는 이 마을 주변으로 빽빽하게 들어선 숲에서 이름을 따서 숲의 요새(Fortezza della Foresta)라고 불렸다고 한다. 총 70여개 탑은 1500년경에 1/3로 줄었고 제2차 세계대전 이후 현재는 14개만이 남았다고 하지만 성문을 들어서는 순간 중세시대로의 시간여행자가 되는 느낌이다. 중세시대 그 당시에는 많은 탑들이 경쟁하듯이 늘어선 모습이 마치 오늘 날의 마천루 같은 느낌이었을 듯싶다. 유네스코 세계문화유산으로 지정된 곳으로 '아름다운 탑의 도시(delle Belle Torri)'로 알려진 산 지미냐노는 영국 캔터베리를 시작으로 프랑스·스위스·이탈리아를 거쳐 피에트로의 무덤이 있는 로마 바티칸까지 약 2,000km에 달하는 성지순례 길로 순례자들이 거치는 프란치제나 가도(Via Francigena)의 연결지점으로 중요한 역할을 하였다고 한다. 이 소도시의 구조는 3층으로 이루어져 있는데 맨 위쪽에는 성채가 있고 가운데에는 첫 번째 성벽으로 둘러싸인 13세기 구시가지, 그 아래에는 두 번째 성벽으로 싸인 14세기 신시가지가 있다. 도시의 남북으로는 프란치제나 가도가 나 있고 남쪽에는 산 조반니 문(Porta San Giovanni), 북쪽에는 산 마테오 문(Porta San Matteo)이 있다. 이 도시를 지배했던 귀족가문들은 그들의 부와 권력의 상징으로 약 70여 채의 탑이 포함된 고층주택을 세웠는데 이 중 몇 개의 높이가 50m에 달했다고 한다. 이곳은 중세봉건시대의 분위기와 형태를 여전히 유지하고 있고 14~15세기 이탈리아 예술의 걸작을 다수 보유하고 있다고 한다. 산 지미냐노는 광장·거리·주택·궁전·우물·분수 등 전형적인 중세도시생활을 보여주는 모든 구조물들이 좁은 지역 안에 모여 있다는 점에서 중세문명의 중요한 증거를 간직하고 있는 곳이기도 하다. 이곳의 성벽과 요새화된 가옥은 에트루리아 지역경관의 심장부에서 아름다운 스카이라인을 형성한다. 이 성벽도시는 1353년까지 오랫동안 번성하였지만 주변도시인 피렌체의 지배를 받게 되었다고 한다. 1262년에는 2,177m 둘레의 성벽이 이 소도시를 둘러쌌고 이후에 5개의 원통형 망루가 성벽에 추가되었다고 한다. 성벽에 올라서면 탁 트인 넓은 평야와 구릉지가 한눈에 들어온다. 사방 어디에서든 몰려오는 적들을 감지할 수 있고 방어할 수 있는 요새인 셈이다. 마치 금방이라도 성문 안으로 투구와 갑옷을 두른 기사가 요란한 말발굽 소리를 내며 들이닥칠 것 같다. 이곳 산 지미냐노를 배경으로 한 영화로는 1999년에 만든 프란코 제피렐리(Franco Zeffirelli) 감독의 〈무솔리니와 차 한잔(Tea with Mussolini)〉이 있다. 명작 〈로미오와 줄리엣(Romeo & Juliet)〉을 만든 감독답게 플로렌스 출신인 그는 피렌체와 함께 이곳을 멋지게 그려냈다. 그리고 헬레나 본햄 카터 주연의 영화 〈몬테리아노 연인(Where Angels Fear to Tread)〉이 있다. 그녀는 〈전망 좋은 방〉에서도 피렌체를 주무대로 등장하더니 이 영화에서도 피렌체와 이곳을 배경으로 한 인물로 출연하고 있다.

이 성벽도시는 교황을 지지하는 가문과 신성로마제국 황제를 지지하는 가문이 지배했다고 하는데 서로 경쟁관계에 있는 양대 가문사이에는 분쟁이 끊임없이 지속되었다고 한다. 그래서 그들은 자신의 부와 권력의 상징으로 그 당시 70여 채의 호화 고층주택을 건설했다고 한다. 이 높은 성곽을 짓는 경쟁은 마침내 의회가 시민궁전(Palazzo Comunale)이라고 불리는 포폴로궁(Palazzo Popolo)보다 높게 짓지 못하도록 명을 내리면서 수그러들었다고 한다. 현재 우리 식으로 하면 타워펠리스 셈인 듯한데 예나 지금이나 인간의 속물적인 경쟁심리는 항상 존재하는 모양이다. 13세기의 이곳 중세 소도시는 치스테르나광장(Piazza della Cisterna)과 두오모광장(Piazza della Duomo)의 두 주요 광장을 중심으로 발달하였다. 바닥에 지그재그무늬가 새겨져 있는 삼각형의 치스테르나광장 중앙에는 그 당시 성안 거주자들이 사용했던 중요한 시설인 우물이 있다. 광장은 고층주택으로 둘러싸여 있는데 광장의 서쪽에는 한 가문의 쌍둥이 탑이 있고 남쪽에는 베누치스탑(Torre di Benuccis)과 대저택, 라치궁(Palazzo Razzi)이 있고 북쪽에는 코르테시궁(Palazzo Cortesi)이 위치하고 있다. 두오모광장은 13세기 후반에 더욱 복잡한 형태로 배치되었다고 하고 이곳 공공건물 등에서 개인 기념물 대다수가 발견되었다고 한다. 서쪽에는 산타마리아 아순타 성당(Duomo della Santa Maria Assunta)이 있다. 성당 파사드는 19세기에 개축하였다고 하고 건물 내부에는 아치가 걸치는 기둥의 열주가 만들어내는 공간인 콜

치스테르나 광장

로네이드(colonnade)가 있고 벽면에는 프레스코화가 그려져 있다. 그리고 동쪽으로는 로그노사탑(Torre di Rognosa)과 치기탑(Torre di Chigi)이 있는 건물이 세워져 있는데 이 건물은 행정관의 궁전으로 건설되었다고 한다. 남쪽 두오모광장에는 13세기의 포폴로궁과 수호성인 산 지미냐노의 유해가 안치되어 있는 산 지미냐노 대성당(Cattedrale di San Gimignano)과 54m 높이의 그로사탑이 있고 이 탑은 북쪽에 있는 쌍둥이 탑을 마주보고 있다. 탑에 오르면 길게 형성된 이 중세도시의 전체 모습과 광활하게 펼쳐져 있는 평야와 구릉지가 한눈에 들어온다. 대성당과 마주하고 있는 곳에는 중세후기 도시 최고관리자를 의미하는 구 포데스타궁전(Palazzo vecchio del Podestà)이 위치하고 있다. 마침 장날이라서 광장주변 건물 1층 필로티와 광장에는 간이천막을 치고 각종 기념품과 야채와 과일 등 물건을 팔고 사는 사람들이 보인다.

두오모 광장

광장 계단의 휴식

이 지역은 사암에서 자란 오래되고 다양한 베르나차 포도로 만든 화이트와인인 베르나차 디 산 지미냐노(Vernazza di San Gimignano)가 유명하다고 한다. 이 작은 도시는 비옥한 인근 언덕에서 생산되는 농업생산물에 대한 무역을 통해 발전이 되었고 특히 요리와 염색, 베르나차와인에 사용되는 사프란이 주요 생산품목이라고 한다. 우리는 한참 성 내부를 둘러보고 마트에 들러서 생수 몇 병을 구매한다. 이탈리아어로 표기된 키오스크 사용방법이 생소해서 머뭇거리는 사이에 현지 중년부인 한분이 친절하게 사용법을 직접 알려준다. 참 친절한 사람들이 모여 사는 곳 같다. 우리는 나지막한 성벽에 걸터앉아 멀리 보이는 넓고 푸른 평야와 구릉지를 오랜 시간 바라다본다. 참 평화로운 정경에 저절로 힐링이 된다.

유네스코 세계유산지역으로 지정된 이곳 산 지미냐노 역사지구(Distretto Storico di San Gimignano)에는 14~15세기 이탈리아의 예술 걸작들이 본래 건축물에 설치되었던 상태 그대로 보존되어 있다. 대성당에는 타데오 디 바르톨로(Taddeo di Bartolo)의 프레스코 벽화 《최후의 심판(Un Giudizio Finale)》과 《천국과 지옥(Paradiso e Inferno)》, 베노초 고촐리(Benozzo Gozzoli)의 《산 세바스찬의 순교(Martirio di San Sebastian)》, 도메니코 기를란다요(Domenico Ghirlandaio)의 《산타 피나의 장례식(Funerale di Sant'Fina)》과 《성 요한 세례당의 수태고지(Annunciazione della Vergine di San Giovanni Battistero)》 등의 벽화들이 있다. 그밖에도 포폴로궁에 있는 행정관의 사무실을 장식한 벽화는 멤모(Memmo di Filippuccio)가 산 지미냐노 시의 의뢰를 받아 그린 작품이라고 한다. 가정 내의 세부적인 면까지 묘사된 이 벽화는 14세기 초기의 일상생활을 볼 수 있다는 점에서 자주 인용되는 작품이기도 하단다. 마을 끝 부분에는 성 아우구스티누스 성당(Chiesa di Sant'Agostino)이 있고 이곳에는 성인의 생애를 표현한 17개의 프레스코화가 있는데 보라색을 주로 활용하고 있다. 그러한 색상사용의 배경에는 성녀 피나(Sant'Fina)에서 비롯되었다고 한다. 그녀는 가난한 농부의 딸이지만 대단히 아름다운 미모의 소유자여서 인근 도시 피렌체와 시에나까지 소문이 날 정도였다고 한다. 그녀는 비록 가난했지만 심성이 착해서 더 힘들고 어려운 사람들을 성심껏 돌봤다고 한다. 그러다가 불행하게도 전염병에 감염되어 심

성벽 안 골목 풍경

한 고통을 받는 속에서도 그리스도의 고통을 생각하면서 영적 신앙생활에 몰두했다고 한다. 그러나 결국 사망하게 되었고 그녀의 무덤을 찾아 기도하던 사람들에게서 치유의 기적이 일어나기 시작했다고 한다. 그리고 그녀가 숨진 후 누워있던 침대에서 제비꽃이 피기 시작하였고 이후부터는 이곳 산 지미냐노에서는 매년 3월 12일이면 제비꽃 축제가 열리고 결국 그 제비꽃의 보라색이 성당 프레스코화에도 영향을 미친 것이라고 한다. 지금도 그녀는 장애인의 수호성인으로 존재하고 있다고 한다. 이곳저곳 성 내부 모습과 점포를 둘러보는데 외관은 600여년이 넘어 곳곳이 상처투성이고 칙칙한 모습이지만 내부는 깔끔하게 단장되어 있어서 더욱 정겨운 느낌이다. 우리는 이 작은 성곽 도시를 나와서 순례자의 성지인 아시시(Assisi)로 향한다.

가톨릭 순례자의 진정한 성지... 아시시

2시간 반 정도에 걸쳐 우리는 순례자의 도시이자 산 프란체스코(San Francesco d'Assisi)의 성지인 아시시에 이르렀다. 하늘과 날씨마저 무겁다. 여기 아시시는 이전 산 지미냐노보다 다소 규모가 크다. 인구만 해도 24,000명 정도라니 산 지미냐노보다는 3배 정도는 되는 셈이다. 차에서 내려 입구에 오르다보니 작은 규모의 호텔도 보인다. 아마도 성지순례도시다보니 이곳에서 며칠동안 순례자들이 머무르기 때문인 듯싶다. 산 지미냐노와 성벽도시라는 점은 비슷하면서도 다소 톤이 밝다는 느낌과 곳곳에 운영되는 점포들도 훨씬 많이 보인다. 이곳은 토피노강 유역과 키아시오강 유역에 솟아 있는 아펜니노산맥의 스바지오 산중턱에 있어서 움브리아 평야(Pianura dell'Umbria)의 아름다운 경치를 바라볼 수 있다. 마치 이전에 들렀던 산 지미냐노처럼 넓은 평야와 구릉지 모습이 정겹다. 로마제국시대부터 번영한 이 시장도시는 성벽으로 둘러싸인 채 굴곡이 심한 좁은 도로가 사방으로 뻗어 있다. 중세시대 초기는 근

아시시 마을 전경

산 프란체스코 성당입구

처 스폴레토 지역 공작들의 지배를 받다가 12세기에 자치지구가 되었다고 한다. 페루자 지역과의 갈등으로 전쟁을 치르기도 하였고 그 후 교황령에 속하게 되었다가 1860년 이탈리아왕국에 병합되었다고 한다. 이곳 아시시는 산 프란체스코와 성녀 클라라(Chiara d'Offreducci)의 탄생지다. 도시 중앙광장에는 현재 산타 마리아 교회로 이용되고 있는 고대로마시대의 미네르바신전이 있고 고대로마 포룸의 지하가 남아 있다. 그리고 로마네스크시대의 산 피에트로성당(Chiesa Abbazia di San Pietro)과 산 루피노대성당(Cattedrale di San Rufino)이 있는데 산 루피노성당의 3개 장미창이 있는 정면 모습이 아름답다. 그러나 가장 중요한 것은 성자의 묘위에 건립된 산 프란체스코 성당인데 상하 2개 층으로 이루어진 이탈리아 고딕양식 초기의 대표작이라고 한다. 이탈리아 4대 고딕양식 성당 중 하나로 손에 꼽히는 공간으로 들어서는데 이곳은 지하와 1층, 2층 성당으로 이뤄져있다. 일반 관람객들은 1층 성당으로 들어가 안쪽까지 관람하고 밖으로 통하는 계단을 따라 나오게 된다. 성당 내부에는 13~14세기의 저명한 화가들의 벽화로 장식되어 있는데 13세기 이탈리아 회화의 구루이자 피렌체파 화가의 스승인 치마부에가 상당수량 벽화와 본당 상부에 《그리스도 십자가형(Il Crocifisso di

Cristo)》과 《성 모자(Santa Madonna e Bambino)》 등의 성서내용을 벽화로 제작하였다고 한다. 상층 본당을 꾸미는 28개 장면으로 된 《산 프란체스코의 생애(Vita di San Francesco d'Assisi)》는 확실치는 않지만 피렌체대성당 옆 종탑을 건축한 조토의 작품으로 추정되고 있다고 한다. 아래 성당에는 조토와 그의 제자들이 공동 제작한 《성녀 막달레나 이야기(Storia di Santa Magdalena)》, 피에트로 로렌체티(Pietro Lorenzetti)의 《그리스도 수난 이야기(Sofferènza Storia di Cristo)》 등이 장식되어 있다.

산 프란체스코는 가톨릭교단에서 주교와 사제를 보조하는 역할을 수행하는 부제이면서 수도자·신학자·시인이자 작곡가였다고 한다. 그는 가톨릭수도회인 작은형제회의 설립자이자 실질적인 초대수장으로 전 생애에 걸쳐 겸손한 마음으로 오직 신앙과 봉사에 전념하는 가난한 수도정신을 전파하는 데 앞장선 인물이다. '하나님의 음유시인'이라고 칭할 정도로 가톨릭교회 내부는 물론 기독교 역사상 가장 기념비적인 인물로 추앙되고 있다. 그의 겸손한 성품과 포용력 있는 태도로 진정 가난한 이들과 함께 지내고 동물들을 소중히 대하는 소박하고 자연친화적인 자세를 보여주어 많은 사람들의 존경의 대상이 되었다고 한다. 그리고 그는 생전에 뛰어난 지성과 빼어난 글솜씨를 갖춘 것으로도 유명해서 라틴어 작문이 만연했던 그 당시에 그는 이탈리아어 방언만의 아름다움을 살린 신비스럽고 수려한 글을 지어서 라틴어와 구분되는 최초의 이탈리아어 시인으로 존경받고 있다고 한다. 이에 걸맞게 생전부터 그의 정신을 본받은 재속프란체스코회, 산타 클라라수도회 등 여러 신앙공동체가 자생적으로 만들어졌고 이를 통칭해서 '프란체스칸 가족'이라고 부른다고 하는데 이들 그룹은 오늘날에도 기독교사회에 커다란 영향을 끼치고 있다고 한다. 그는 부유한 포목상인 부친과 프로방스 지방 귀족출신인 모친 사이에서 태어난 나름 금수저였다고 한다. 그래서 젊은 시절에는 친구들과 향락을 추구하면서 지냈다고 한다. 그러다가 그는 1205년에 교황 측 군대에 참여하려고 브리엔 백작이 주도한 모병에 지원하기 위해 풀리아 지방으로 향했는데 이 여정이 훗날 그의 인생을 탈바꿈하는 커다란 전환점이 되었다고 한다. 목적지로 가던 도중 열병에 시달린 그는 어딘가에서 자신에게 하나님을 모시기 위해 고향으로 돌아가면 할 일을 알려 주겠노라는 신비스러운 목소리를 들었다고 전한다. 처음에 그는 병으로 인한 환청이라고 판단해서 가볍게 치부했지만 여정이 계속될수록 이상하게 세속적인 일에 관심이 점차 멀어지고 있다는 것을 느끼게 되면서 결국 고향으로 되돌아갔다고 한다. 아시시에 도착했을 때는 그는 이미 세속적인 욕구를 완전히 잃어 향락을 추구하는 것에 거리를 두고 여생을 온전히 신앙에만 헌신하면서 보내기로 다짐했다고 한다. 그리고 그는 집을 나온 후 세속과의 인연을 끊었다고 한다. 평소 고향에 머물러 있을 때에는 아무도 없는 조용한 곳에서 홀로 묵상에 전념했고 로마로 순례를 떠났을 때에는 그곳 성당 앞에서 거지들과 함께 구걸을 하기도 했다고 한다. 그러던 중 그는 특이한 체험을 겪었다고 하는데 어느 날 아시시 외곽의 황량한 산 다미아노(San Damiano) 수도원 내 성당에서 기도를 하던 중 무너져 가는 하나님의 교회를 고쳐 세우라는 목소리를 들었다고 한다. 그는 이 말을 무너져가는 수도원의 성당을 다시 일으켜 세우라는 의미로 받아들여서 부친 가게물건을 몰래 팔아 번 돈으로 해당 건물을 수리하려고 주임사제에게 전했지만 부당하게 얻은 수익금이라는 이유로 거절당했다고 한다. 시간이 흘러 그는 그 목소리가 산 다미아노 성당 자체가 아닌 기울어져 가는 가톨릭정신을 되살리라는 뜻임을 깨닫게 되었다고 한다. 그는 여느 때처럼 미사를 드리고 있었는데 설교에서 그리스도가 자신의 12제자에게 하나님의 나라를 선포하고 무소유의 삶을 살도록 당부하는 내용에 깊은 감명을 받고 곧바로 청빈한 삶을 실천하기 시작했다고 한다. 아무것도 지니지 않은 채 여러 장소를 두루 돌아다니며 마을주민들에게 회개와 사랑, 평화의 메시지를 전파하면서 1년이 채 안되어 11명의 사람들이 그를 따랐고 그는 이 소규모 공동체를 '작은 형제들(Fratres Minores)'이라고 불렀다고 한다. 이들은 아시시 근교의 텅 빈 한센병 환자 집단촌에 모여서 검소한 일상을 보내면서도 움브리아 지방 전역의 많은 사람들에게 설교를 하러 다녔다고 한다. 그러던 중 그 당시 교황 인노첸시오 3세(Innocentius III)가 꿈속에서 기울어져 가는 가톨릭교회를 일으켜 세울 귀인이 찾아오리라는 예시를 받고 이때 찾아온 프란체스코 중심의 '작은형제회(Ordo Fratrum Minorum)'라는 수도회를 공인했다고 한다. 이러한 과정에서 새로이 탄생한 조직체는 포르치운콜라(Porziuncola) 경당을 본거지로 삼았고 소속된 수도자들은 이탈리아 곳곳을 돌아다니면서 적극적인 선교활동을 펼쳤다고 한다. 그가 본거지로 삼았던 포르치운콜라 내부와 제단화 모습이 좁은 공간이지만 그의 정신이 살아있는 듯하다. 그는 동료들의 만장일치에 따라 총봉사자로 선출되었지만 정작 자신이 수장으로서 대접을 받는 것을 원치 않고 오히려 평등한 관계를 유지하고자 했고 이후 부제서품을 받는 것으로 정리했다고 한다. 그가 아시시의 산 루피노 대성당을 방문했을 때 그 자리에 클라라(Clarae)라는 처자가 있었는데 아시시 일대의 유력 귀족의 장녀였다고 한다. 이미 부모가 선택한 귀족남성과의 원치 않은 혼인을 하기로 예정되어 있었지만 독실한 신자였던 그녀는 프란체스코의 설교를 듣고 감동을 받아 그처럼 청빈한 신앙생활을 영위하고 싶다는 열망을 품게 되었고 이를 계기로 수도자로 입회하였다고 한다. 그러나 작은형제회는 남자들만을 위한 공동체였기 때문에 그는 신조와 체제가 동일한 여성수도회를 만들기로 결정했고 그 이름을 '가난

포르치 운콜라

한 자매회(Ordo Sororum Pauperum)'로 지었다고 한다. 그녀가 상속을 통한 막대한 부와 귀족남성과의 혼인으로 얻을 수 있는 안정된 삶을 포기하자 여러 여성들이 그녀를 따라나섰고 여동생과 어머니까지 남편 사별 후에 수녀의 길을 걸었다고 한다. 시간이 흘러 가난한 자매회는 공동 설립자 클라라에 대한 존경의 표시로 '산타 클라라 수도회(Ordo Santa Clarae)'로 명칭을 바꾸었다고 한다. 수도회의 명성이 높아지면서 이들의 검소한 생활방식과 봉사정신을 실천하려는 신도들이 증가했지만 기혼자들이거나 직업을 유지해야하는 경우가 많아서 '회개의 형제자매회(Fratres et Sorores de Poenitentia)'라는 이름으로 기존 단체와 동동한 규범을 따르면서 세속생활을 영유할 수 있도록 허용했다고 한다. 그의 기도를 통한 병자치유 등 기적행위와 설교를 통한 활발한 포교활동은 주변 스페인·프랑스 등 유럽을 넘어 모로코·튀니지 등 북부아프리카까지 확대되었지만 신도들이 폭증하면서 내부갈등이 발생하게 되자 보다 엄격한 그들의 규범인 제2 회칙(Regula Secunda)을 만들기까지 했다고 한다. 그는 오랜 포교활동과 설교, 내부조직재편 등으로 심신이 지친 상태여서 소수의 수도자들만 데리고 라베르나산으로 거처를 옮겨 조용한 수도생활을 이어 나갔다고 한다. 그러던 1224년 9월, 여느 때처럼 기도하던 그는 기묘한 체험을 겪게 되었다고 한다. 어두운 하늘에서 강렬한 빛을 내뿜으면서 여섯 날개를 가진 천사 세라핌(Seraphim)이 나타나서 그의 손·발·옆구리에 그리스도가 십자가에 못 박혔을 때 입었던 다섯 군데 상처를 똑같이 주었다고 한다. 이후 상처로 인한 끊임없는 출혈과 결막염으로 고통을 받던 그는 여러 도시들에서 치료를 받았지만 증세는 오히려 악화되고 결국 실명까지 하게 되었다고 한다. 자신의 상황을 받아들이기로 한 그는 결국 포르치운콜라 경당으로 돌아갔고 그곳에서 남은 생을 보냈다고 한다. 그가 마지막까지 머무른 포르치운콜라 경당은 하나님의 목소리를 듣고 헌신한 공간이자 그의 청빈함을 보여주는 곳이다. 이탈리아어로 포르치오네(porzione)는 '파스타 1인분'을 뜻하고 아그리콜라(agricola)는 '농사'라는 의미를 갖고 있다고 한다. 따라서 이 경당의 이름은 결국 1인분의 파스타를 만들 정도로 작은 양의 밀을 경작할만한 작은 공간인 셈이다. 6세기경부터 있었던 베네딕도 수도원의 소유로 프란체스코와 그의 동료들이 수도생활을 시작하게 되면서 무상으로 경당을 주려고 했지만 그는 소유를 원치 않았기 때문에 수도원에 매년 물고기 한 바구니를 세 형식으로 제공했을 정도로 청빈한 삶을 살았다고 한다. 이 경당은 현재는 '천사들의 성모 마리아 대성당(Basilica di Santa Maria degli Angeli)'에 포함되어 있다. 이 경당으로 거처를 옮긴지 2년 후인 1226년 10월 3일 해질 무렵에 죽음이 어느새 임박했다는 사실을 감지한 그는 수도자들에게 자신을 눕혀달라고 부탁하고 모두가 지켜보는 가운데 시편 142편을 나직이 읊은 후 임종했다고 한다. 그리고 그의 사후 27년 만에 그의 영적인 아내이자 제자였던 성녀 클라라 수녀도 59세의 나이로 눈을 감았다고 한다. 그녀의 유체를 안치한 산타 키아라 성당(Basilica di Santa Chiara)과 근교에 성녀 클라라가 살던 산 다미아노 수도원과 성당이 위치하고 있다.

이곳 성당을 둘러보면서 비록 예전에 개신교 신자였던 나 자신도 이 성자의 생애를 살펴보면서 가슴에 진한 울림이 전해져 온다. 인간이 태어나서 어떤 길을 걸어야 하는지, 말로만 신앙생활 한다고 하면서 행동은 교리대로 실천하지 않는 종교인들에게 경종을 울리는 듯하다. 그들은 정작 그들의 울타리 안에서만 선한 척 행동하고 밖에선 비종교인들보다 더 악한 짓을 하고 있지는 않는지 가슴에 손을 얹고 깊이 참회할 일이다. 진정한 가톨릭신자라면 세속적인 바티칸의 산 피에트로 대성당보다 오히려 이곳 아시시의 산 프란체스코 성당을 먼저 순례하는 것이 우선이지 않을까 하는 생각이 든다. 그의 생애를 살펴봤을 때 보장된 부귀영화를 내던지고 그리스도의 진정한 가르침을 철저하게 행동으로 실천하였고 또한 그리스도와 같은 기적으로 병자들을 치유시킨 점과 다섯 가지 상흔까지 보인 점들이 예사롭지 않음을 느낀다. 그에 반해서 유대교 대사제에게 끌려가 심문을 받고 있을 때 닭이 울기 전 그리스도를 모른다고 세 번씩이나 외면한 피에트로와는 차원이 다를 듯싶다. 물론 피에트로가 그 이후 후회를 하며 그리스도의 많은 가르침을 실천하였지만... 성당 밖으로 나오니 가랑비가 내린다. 성당을 바라보는 입구 언덕 잔디밭에는 철갑을 두른 말과 갑옷으로 무장한 기사가 말 위에서 성당을 향해 말과 함께 고개를 숙이는 기마상이 서있다. 자세하게 보니 《산 프란체스코의 귀환(Scultura di San Francesco a cavallo)》이라는 작품이다. 청년시절 그는 기사가 되려고 전투에 참여했다가 포로가 되어 옥살이를 하다가 고향으로 돌아오는 상심한 모습을 표현한 작품이라고 한다. 동상 앞에는 하나님에게 본인이 무슨 일을 하기를 원하는지를 묻고 그에 대한 대답으로 고향으로 돌아가면 무엇을 할 것인지를 알게 될 것이라는 응답이 있었다는 문구가 적혀있다. 그는 선종하기 2년 전인 1224년에 자필로 기록한 그의 기도문의 양피지 원본을 일컫는 카르툴라(Chartula)를 남겼는데 이 기도문은 이탈리아의 국보로 보존되고 있고 일부 훼손된 부분을 복원하는 데 우리나라의 한지가 사용되었다고 한다. 레오나르도 다빈치가 1505년 쓴 것으로 추정되는 자필노트를 복원하는 데도 한지가 쓰였다고 하는데 이탈리아 국립기록유산 보존복원중앙연구소(ICRCPAL)의 복원전문가 루칠라 누체텔리(Lucilla Nuchetelli)는 문화재별로 훼손 정도와 기존 재료 등을 판단해서 최적의 복원 재료를 선정하는데 한지가 다른 종이에 비해서 얇으면서도 비치지 않고 고유의 결을 유지해서 매우 튼튼하기 때문에 선택했다고 평가한다. 이 연구소는 종이류 문화재 복원분야에선 유럽 내 가장 권위 있는 기관으로 이탈리아는 물론 유럽 각국의 문서와 서적 등 기록문화재와 관련한 복원작업에 관여하고 있고 연간 진행하는 복원프로젝트만 150여건에 달한다고 한다. 이 연구소는 과거에는 자국 내 종이나 독일과 일본 종이를 주로 썼는데 2016년부터 한지를 쓰기 시작했다고 한다. 이 연구소로부터 한지의 품질을 인증 받은 후 바티칸박물관이나 프랑스 루브르박물관, 피렌체박물관 등 세계적인 박물관에서도 한지를 긍정적으로 검토 중이라고 한다. 아무튼 한국과 산 프란체스코와의 인연은 그의 기도문 카르툴라로도 끈끈하게 이어지는 셈이다. 그의 기도의 전반부는 미움이 있는 곳에 사랑을, 다툼이 있는 곳에 용서를 갈구하는 방식으로 세상의 부정적인 요소를 긍정으로 변화시키려는 평화의 도구로서의 간구를 담고 있다. 후반부는 위로받기보다는 위로하고 사랑받기보다는 사랑으로 포용하기를 추구하는 문장으로 시작되고 자기중심적인 삶이 아니라 타인을 향한 삶, 나눔과 봉사로 이어지는 삶의 가치를 설파한다. 그리고 마지막으로는 죽음으로써 영원한 생명을 얻게 된다는 기독교 복음의 핵심이자 죽음을 두려워하지 않는 믿음의 표현으로서 강력한 메시지를 담으면서 마치고 있다. 오히려 피상적인 주기도문보다 좀 더 실천적이고 마음에 와 닿는 기도문일 듯싶다. 성당 앞에 서있는 기사상을 처음 봤을 때는 왜 그런 모습의 동상이 서있는지 궁금

성당 전경과 광장

했었는데 이제는 이해할 수 있을 것 같다. 나도 함께 산 프란체스코의 거룩한 삶에 경의를 표하며 아시시를 나선다. 이곳 아시시를 다룬 문학작품으로는 프랑스 시인 겸 수필가인 크리스티앙 보뱅(Christian Bobin)이 저술한 『아시시의 프란체스코(Francesco d'Assisi)』가 있는데 산 프란체스코의 삶을 뛰어난 문장으로 풀어내고 있다고 한다. 산 프란체스코의 생애를 객관적으로 나열하거나 교훈을 전달하는 대신 그의 감동적인 삶과 그 안에 담긴 진정한 사랑과 은총을 전달하면서 진정한 성자의 모습을 통해서 현재를 살아가는 사람들의 지친 마음을 위로하고 생명에 대한 경외심을 갖게끔 서술하고 있다고 한다. 나중에 시간을 내서 종교인은 아니지만 그의 가르침과 생애를 살펴봐야할 듯싶다.

멀리서 바라보게 하는 환상적인 스팟...
포지타노와 아말피 해안

이제 아시시를 나와 5시간에 걸친 제법 긴 여정을 떠난다. 이탈리아 남부에 있는 아말피 해안(Costiera Amalfitana)이다. 전형적인 지중해 풍경으로 아름다운 해안이 절경이다. 이 멋진 절경을 선사하는 유산은 살레르노 지방에 15개 정도의 작은 거주구역으로 구성되어 있다고 한다. 피첸티니 언덕에서 티레니아 해까지 뻗어 있는 라타리 언덕에 의해 형성된 반도의 남쪽 경사면이 자연적인 경계선을 이루면서 나폴리(Naples) 만과 살레르노(Salerno) 만을 갈라놓는다. 행정상으로는 페니솔라 아말피타나의 일부지만 정확하게는 고대 아말피공화국의 영토에 해당한다. 서쪽 포지타노(Positano)부터 동쪽 비에트리 술 마레(Vietri sul Mare)까지 뻗어있다. 아말피해안에는 도자기로 유명한 비에트리 술 마레, 참치어부의 마을 체타라(Certara), 마이오리(Maiori), 로마시대부터 고풍스러운 해변의 고급휴양지 미노리(Minori), 해안의 멋진 풍광을 가진 푸른 언덕마을 라벨로(Ravello)와 트라몬티(Tramonti), 스칼라(Scala), 아트라니(Atrani), 옛 이탈리아의 가장 강력한 해양공화국이었던 아말피(Amalfi), 콘카 데이 마리니(Conca dei Marini), 포지타노의 강력한 경쟁자 프라이아노(Praiano), 아밀피해안의 핫 스팟 포지타노 등의 마을이 연달아 있다. 그리고 그 뒤로 콘카(Conca)와 푸로레(Furore)라는 아주 작은 마을로 이루어져 있다. 소설가 어니스트 헤밍웨이(Ernest Hemingway)와 존 스타인벡(John Steinbeck)이 극찬한 도시이자 내셔널 지오그래픽이 선정한 '죽기 전에 꼭 가봐야 할 명소 50곳' 중에 지상낙원 1위란다. 특히 스타인벡은 포지타노에 깊게 물들었다고 표현할 정도로 그곳에 있을 때는 현실이 아닌 꿈의 장소지만 그곳을 떠난 후에는 손짓하듯 현실이 되는 곳이라고 극찬했다고 한다. 영화배우 브래드 피트가 안젤리나 졸리에게 이곳의 별장을 선물해서 화제가 되기도 했단다. 포지타노는 코발트블루 바다를 빼놓고 이야기할 수 없는데 동쪽에는 스피아자 그란데(Spiaggia Grande) 해변이, 서쪽에는 포르닐로(Fornillo) 해변이 자리 잡고 있다. 글쎄? 지상낙원으로 선정된 나머지 49곳을 다 둘러보진 않아서 모르겠지만... 아무튼 굽이굽이 해안을 오르내리면서 내려보는 전망은 아찔하면서도 아름답다. 절벽도로 코너마다 무수한 차량이 있는데 모두 현지 거주자들이 주차한거란다. 이쯤 되면 모두가 주차의 달인인 셈이다. 음주운전이나 엑셀레이터를 잘못 밟으면 벼랑

포지타노 스피아지아 그란데 해변

아래로 굴러 떨어질 듯... 한마디로 아찔하다. 이곳에서는 도로와 주차공간이 좁아서 소형승용차가 제격이다. 승용차들도 작고 앙증맞다. 해외여행을 하면서 느끼는 점 중에 하나는 유럽에는 소형차 중심의 색상도 원색적이지 않은 다양한 색상으로 도색해서 주변환경과도 잘 어울리고 도시를 더 돋보이게 하는데 왜 우리는 검은색 아니면 흰색, 회색 일색일까? 권위주의적 또는 보수적이라서 일까? 좀 더 컬러 디자인을 다양화 했으면 하는 생각이 굴뚝같다. 아무튼 아말피 해안은 뛰어난 지중해 풍경을 보여 주는 곳으로 척박한 지형을 이겨낸 자연경관과 역사적 발달에 따라서 만들어진 문화적 가치가 높은 곳이다.

우리는 차에서 내려 멀리 보이는 포지타노 해변과 산 위에 자리한 알록달록한 집들을 바라다본다. 어느 지역보다도 그 풍광이 아름답고 평온하다. 폰으로 사진을 찍으려고 하지만 강렬한 태양 때문인지 아예 화면이 보이질 않는다. 그저 높이 폰을 들고 감각에 의지해서 찍는다. 찍은 장면을 보니 말 그대로 어메이징... 멋지게 나왔다. 사진 찍은 이곳이 알고 보니 포지타노 전망대(BeLvedere dei L'Incanto)란다. 난 이 사진을 내 SNS 커버사진으로 사용하고 있고 노트북 바탕화면으로도 사계절 내내 쓰면서 노트북을 켤 때마다 그곳을 추억하곤 한다. 언제 봐도 다시가고 싶은 충동을 불러일으키는 곳이다. 이 장면 어디선가 많이 본 듯하다. 다이안 레인(Diane Lane) 주연의 영화 〈투스카니의 태양(Under the Tuscan Sun)〉에서 투스카니와 이곳 아말피 해안을 배경으로 멋지게 그려내고 있다. 마음이 우울할 때나 계획하던 것이 뜻대로 안 풀려 고민일 때 멀리 떠나고 싶은 이들에게 주인공 베스트셀러 작가 프란시스와 함께 여행해보는 것도 좋을 듯싶다. 그녀는 즉흥적으로 현실을 벗어나기 위해서 떠난 투스카니에서 300년 넘은 허름한 브라마솔레(bramasole)라는 한 외딴 전원주택을 무엇에 홀린 듯 사고 만다. 그 전원주택의 이름은 태양을 향해 고개를 들고 있는 해바라기처럼 '태양을 기다리다'라는 뜻이라고 한다. 홀로 집을 수리하는 와중에 이 집을 소개한 로맨틱한 중개인 마티니가 그녀에게 던진 영화대사 한 마디가 여운을 남긴다. 아직 달릴 기차도 없는데도 불구하고 알프스 세머링 마을사람들은 알프스 산골짝에 언젠가 기차가 올 것이란 믿음을 가지고서 비엔나와 베네치아를 잇는 철길을 놓았다고 한다. 순간 이 멘트에 영상 하나와 음악이 오버랩 된다. 세르지오 레오네(Sergio Leone) 감독과 영화음악의 거장 엔니오 모리꼬네(Ennio Morricone)가 만든 영화 〈원스 어폰 어 타임 인 더 웨스트(Once upon a time in the West)〉의 마지막 장면과 스캣송... 거리의 여자로 나온 클라우디아 카르디날레(Claudia Cardinale)가 사망한 남편 대신 모진 고처를 겪어가면서 황량한 서부 외딴 곳, 거친 먼지바람 속에서 남자 인부들과 억척스럽게 다가올 미래를 위해 기차역을 공사하는 마지막 장면과 함께 흐르던 OST... 지금까지 내겐 아련한 추억을 불러일으키는 명곡 중에 명곡이다. 두 편의 영화 모두 좌절하지 않고 희망을 가지고 묵묵히 미래를 미리 준비하는 자만이 성취할 수 있다는 메시지를 전해주는 것은 아닐까? 이 음악을 작곡한 엔니오 모리꼬네는 내가 최고 존경하는 영화음악 작곡가이기도 하다. 바닷가 절벽에 위치한 같은 파스텔 톤 마을이지만 친퀘 테레가 약간의 어두운 분위기의 슬픔이 담겨있는 색이라면 이곳 포지타노는 로맨틱한 밝은 톤의 파스텔 톤 마을이라고 할까... 구불구불한 좁은 길 아래에는 코발트블루의 지중해와 도로 위 산언덕에는 알록달록한 집들... 참, 로맨틱하고 아름답다. 해변가에 내려가서 직접 보는 것보다 멀리 전망대에서 아래로 내려다보는 모습은 말 그대로 환상적이다. 이밖에도 멋지게 포지타노를 배경으로 찍은 영화 중에 뮤지컬 영화 〈나인(Nine)〉을 들 수 있다. 같은 유형의 뮤지컬 영화 〈시카고(Chicago)〉로 미국 아카데미 6개 부문 상을 휩쓴 롭 마샬 감독 작품인데 다니엘 데이 루이스, 마리옹 코띠아르, 페넬로페 크루즈, 니콜 키드먼, 심지어 이탈리아의 전설적 여배우인 소피아 로렌 등 초호화 캐스팅에 막대한 제작비가 투입되었지만 흥행에는 무참하게 참패한 작품이다. 그러나 영화 속에 등장하는 포지타노의 아름다운 해변과 고즈넉한 골목길들은 낭만 그 자체다. 그리고 영화 〈리플리〉를 들 수 있다. 주인공 톰 리플리의 친구 딕키 그린리프가 애인 마지 셔우드와 함께 머무는 해변마을로 등장하는데 가파른 언덕에 위치한 알록달록한 집들과 코발트블루의 해안선은 이들의 자유롭고 화려한 삶을 상징적으로 보여준다. 아울러 스칼렛 요한슨과 헬렌 헌트 주연의 영화 〈굿 우먼(A Good Woman)〉은 스페인·이탈리아·영국·미국 등 4개국 합작영화인데 이곳 아말피해안도시를 배경으로 한 로맨스 장르로 모녀의 사랑행각을 그린 작품이다.

이곳 포지타노에서 초기 구석기와 중석기 시대의 유물들이 발견되었고 포지타노, 미노리 등의 저택들을 보면 로마인들이 선호하는 지역이었음을 알 수 있다고 한다. 충분히 공감이 가는 것이 태양 가득한 코발트블루색의 지중해를 내려다보는 전망 좋은 곳에 집을 선호하는 것은 예나 지금이나 변치 않는 인간의 심리인 듯하다. 그러다가 중세 초기에 이르러서 고트족의 전쟁으로 이 지역이 피난처가 되면서 사람들이 집중적으로 정착하기 시작했다고 한다. 언덕과 절벽에 다닥다닥 지어진 집들이 예쁘지만 결국 이들의 피난처였던 슬프고 가슴 아픈 과거가 있었던 것이다. 아말피(Amalfi)는 4세기에 형성되었고 가까운 루카니아 지역에 새로운 로마 식민지가 건설되면서 이 방인들의 잦은 습격 등으로 주민들은 현재의 스칼라 지역주변의 비옥하고 물이 충분한 지역으로 이동했다고 한다. 이곳 아말피의 오랜 역사적 기록에는 이미 요새화된 마을이면서 주교의 관할구역이었다고 전한다. 이탈리아를 여러 군데 여행하다보면 이처럼 잦은 이민족의 침입을 피해 산꼭대기 경사지나 해안가 높은 절벽에 일종의 피난처로 주거지가 형성된 곳이 많은데 참 아이러니한 것이 대 로마제국이었던 이탈리아도 전성기를 벗어나면 어쩔 수 없었음을 보여주는 대목이기도 하다. 한때는 롬바르드족의 습격으로 정복당했다가 행정적으로 비잔티움제국에 속해있던 시절도 있었다고도 한다. 그러다가 독립하여 새로운 공화국을 수립하는 등 자율정치로 9세기 초와 11세기 말 사이에 해상무역의 강대국이 될 수 있었고 그 당시 비잔티움제국의 해상세력이 쇠퇴하면서 아말피 지역의 자유시장이 본격적으로 발달하였다고 한다. 이곳 아말피는 광범위한 교류로 티레니아해에서 거의 독점무역을 하면서 목재·철·무기·포도주 등 이탈리아의 상품들을 아시아시장에 내다팔고 그것으로 향신료·향수·진주·보석·직물·카펫 등을 사들여 서구에 되파는 일종의 중개무역지 역할을 했다고 한다. 발전된 이들의 문화, 특히 해상법과 아시아와 긴밀하게 연결되던 항해법 중 항해용 나침반이 이곳 아말피에서 발명되었다고 한다. 우리가 알기로는 중국에서 화약, 종이와 함께 발명된 것으로 알고 있는데... 아무튼, 거주지 배치모습을 보면 아시아권의 영향을 받은 것을 알 수 있다. 가파른 비탈면을 따라 올라가면서 집들이 다닥다닥 붙어있고 골목과 층계는 복잡하게 연결되어 있어서 마치 어느 중동지역의 미로 같은 골목을 연상시킨다. 이런 곳을 이탈리아어로 동쪽의 의미를 가진 레반떼(Levante)에서 파생된 해가 뜨는 동쪽, 즉 레반트(Levant)로 불린다고 한다. 일반적으로 시리아·요르단·레바논 등 중동 일부 지역을 일컫는 지리적 용어라고 한다. 역사적으로 이러한 레반트 지역은 14세기에 이탈리아 해상상인들이 동부 지중해로 진출하면서 해상무역의 중심지가 되었다고 한다. 아시아와 유럽을 연결하는 해상무역의 교차점으로 발달해서 인도항로가 개척되기 전까지 동서무역의 주무대였다고 한다. 유럽 상인들은 이 지역을 지칭하는 용어가 필요했고 그래서 한동안 레반트로 불리게 되었다고 한다. 이곳 아말피에서 독특한 아랍양식의 시칠리아 건축물이 시작되고 발전되었다고 한다. 아시아권과 교류하면서 석공·

산타 마리아 성곽 언덕에서의 전망

제지·제혁·양잠·견직 등과 여러 가지 색채의 유약을 바른 도자기 제작 등 새롭고 발전된 기술이 들어왔다고 한다. 따라서 양모를 방적해서 이탈리아 전역에 수출하기도 하고 산호를 이용한 사치품을 생산하는 본거지였다고 한다. 그러나 다른 해상도시인 제노바와 베네치아, 특히 피사가 성장하기 시작하면서 이곳 아말피는 무역에서 그 영향력을 잃기 시작했고 에스파냐에 정복당하면서 쇠퇴하기 시작했다고 한다.

내륙으로 들어서면 해안으로부터 가파르게 솟아오른 비탈면에 돌담을 쌓아올려 경계를 만든 계단식 경작지들이 눈에 띤다. 이곳에서는 오렌지나 레몬·올리브·포도 등의 과실수와 온갖 종류의 채소가 재배된다. 산비탈로 좀 더 들어서면 고대부터 이어져 내려온 낙농업 지대로 양·염소·소 등을 기르고 있다. 직접 보지는 못했지만 이곳 해안 일부지역은 인적이 닿지 않아서 전통적인 지중해성 식생이 온전하게 유지되고 있다고 한다. 그래서 머틀·유향나무·로뎀나무 등과 같은 식물들이 잘 보존되고 있다고 한다. 이곳은 야생동물들도 다양한데 갈가마귀와 송골매가 서식하고 여우·담비·수달 등도 살고 있다고 한다. 산악지대로 높이 올라가면 이 지역 특유의 이채로운 노새길(mulattiere)이 있다고 한다. 이 길은 흩어져 있는 마을들 사이의 교통로 역할을 했을 뿐만 아니라 빗물을 모아 흐르게 하는 수로로 활용되기도 했다고 한다. 우리는 산타 마리아 성곽(Castello del Santa Maria) 언덕을 올라가서 아래 포지타노 전경이 보이는 곳에서 전망을 한참동안 구경하면서 추억을 사진에 담는다. 그리고 마침 그곳에서 파는 스무디 타입의 레몬 셔벗을 한 컵씩 머금는다. 새콤하고 청량한 느낌에 피로가 가시는 느낌이다. 우리는 서둘러 지중해에서 포지타노를 감상하면서 아말피로 이

세라믹 마졸리카 제품 점포

동하기 위해서 해변가 페리 선착장으로 내려가기 시작한다. 내려가는 좁은 길에는 앙증맞게 줄지어 서있는 점포들이 눈길을 사로잡는다. 이 마을 주민들이 직접 만들었다는 실크 스카프·리넨셔츠와 드레스·접시·타일 등 사고 싶은 것은 많지만 적지 않은 가격과 무게에 눈으로 보는 걸로 대신한다. 마을 곳곳에는 오렌지 밭과 부겐빌레아(Bougainvillea)라는 꽃 정원이 곳곳에 있어서 그저 이색적인 모습에 눈 호강한다. 이곳 포지타노는 여름에 덥고 겨울에 시원한 곳이라 실내온도를 조절하기 위해서 현지 주민들은 지붕 돔에 모래를 채운다고 한다. 포지타노 해변인 스피아지아 그란데(Spiaggia Grande)에 들어선다. 모래가 아닌 거친 자갈돌로 되어있어서 그다지 걷기에는 만족스럽진 못하지만 많은 사람들이 일광욕을 즐기고 있다. 해변의 강렬한 태양 아래 이색적인 돔이 눈에 들어온다. 산타 마리아 아순타 성당(Chiesa di Santa Maria Assunta)이다. 중앙의 노란색·녹색·파란색의 이탈리아산 도자기 마졸리카(Majolica) 타일로 장식된 돔으로 이곳 포지타노를 상징하는 스팟이다. 포지타노를 상징하는 차별된 풍경은 바닷가에서 바라본 절벽 파스텔톤 집만으로는 알 수 없고 이곳 성당모습이 좌우할 정도로 눈에 두드러진다. 10세기에 지어진 이 성당의 돔 재료인 마졸리카는 지중해의 마요르카섬 상인들이 에스파냐의 도자기를 이탈리아로 반입하였는데 이것을 이탈리아 사람이 마졸리카라고 부른 데서 유래하였다고 한다. 마졸리카를 간혹 마욜리카(Maiolica)로 부르기도 한다고 한다. 이곳 아말피 해안은 여름이면 40°C까지 오르는 기온 때문에 포지타노에서는 벽과 바닥을 마졸리카 타일로 꾸민다고 한다. 매년 여름시즌 전에 개보수하기 위해서 떼어낸 헌 타일들이 바다에 흘러들어서 파도에 깎인 채 반질반질한 타일 돌멩이가 되어 해변에 남아있게 된단다. 다른 해변과 달리 알록달록한 타일 자갈들도 간혹 눈에 띠게 되니 무료로 얻을 수 있는 가장 포지타노다운 기념품이 되지 않을까 싶다. 아순타 성당내부에 들어서면 흰색과 황금색이고 중앙 중심 제단에는 12세기 작품인 비잔틴 양식의 조각상 '검은 마돈나'가 있는데 사실은 포지타노에 발이 묶인 어느 선박에서 가져온 것이라고 한다. 전설에 의하면 선원들은 이 조각상이 배에서 내려달라고 말하는 소리를 들었고 선장은 곧바로 그 조각상을 이곳 해변마을에 내려놓을 것을 지시했다고 한다. 시간이 충분하면 좀 더 눈 호강이라도

산타 마리아 아순타 성당

하고 싶지만 아말피로 이동하는 페리를 타야하기 때문에 서둘러 언덕골목을 내려간다. 페리 선착장으로 내려가니 한 젊은 청년이 웃옷을 벗은 채 있는 모습에 눈이 간다. 선착장에서 페리를 타는데 작은 파도의 출렁거림 때문에 승선할 사람들을 사내가 에스코트하고 있다. 남자인 내가 봐도 매력적인 외모다. 얼굴은 잉글랜드 맨체스터 유나이티드 축구팀의 전설인 데이비드 베컴의 젊은 시절을 빼닮았고 온통 구릿빛의 단단한 근육질 몸매다. 사람을 외모로만 평가하는 것을 기피하는 나지만 그 청년의 외모가 이런 데서 일하기엔 어울리지 않는다는 느낌을 받는다. 잘 다듬으면 모델이나 배우로 활동해도 손색이 없을 듯싶다. 젊은 여성 여행객들이 함께 사진 찍기에 바쁘다. 아내한테 사진 한 컷 같이 찍어보라고 권했지만 민망한지 싫단다. 이럴 줄 알았으면 그냥 멋진 그 청춘의 사진이라도 한 장 남겨둘 걸 그랬다. 포지타노 페리 선착장에서 페리를 타고 포지타노의 멋진 모습을 지중해 바다 한가운데에서 만끽한다. 베네치아나 친퀘테레에서의 풍광과 또 다른 모습으로 다가온다. 많은 집들로 층층이 쌓아올려 산 자체를 만든 느낌이다.

우리는 코발트블루의 지중해 풍광을 만끽하면서 페리로 20여분 만에 목적지 아말피에 도착하였다. 선착장에서 보기에는 포지타노와 별반 다르지 않아 보이지만 그곳과 다른 것은 일단 길게 지중해로 나온 방파제가 눈에 들어온다. 이곳 역시 해변가에서 일광욕을 즐기는 사람들이 많다. 해변가에서 지중해 쪽으로 사진을 찍어보지만 내 스마트폰이 후져서인지 아니면 강렬한 태양 때문에 조리개가 정신을 잃은 건지 제대로 작동이 안된다. 얼마를 걷다가 광장 옆 높은 계단 위의 산 안드레아 아말피 대성당(Cattedrale di San Andrea Amalfi), 일명 아말피성당을 마주한다. 성당의 외관은 기둥과 외벽이 검은 색과 베이지 색의 줄무늬로 장식되어 있다. 60여개의 길다란 계단

아말피 해변

아래에는 X자형 십자가를 지고 있는 산 안드레아의 작은 조각상의 분수대와 두오모 광장이 위치하고 있다. 1060년경에 제작된 것으로 알려진 성당출입 청동문과 그 위로는 십자가를 지고 있는 황금빛 모자이크의 산 안드레아의 모습, 맨 윗단 지붕아래에는 그리스도의 모습, 그 아래에는 12제자들의 모습이 프레스코화로 장식되어 있다. 그 당시에도 적지 않은 비용이 필요했던 고가의 청동문을 제작할 수 있었던 건 당시 아말피가 부유한 해양제국이었기 때문에 가능했다고 한다. 그리스도의 12제자 중 한 명인 안드레아는 총독의 아내를 개종시킨 혐의로 그리스 파트라스에서 순교하였고 이때 사형도구가 X자형 십자가였다고 한다. 이후 성인의 유해는 콘스탄티노플로 옮겨졌고 십자군전쟁 당시 아말피의 추기경이 이곳으로 유해를 다시 모셔왔다고 전한다. 성인의 유해를 안치하기 위해 세워진 성당이 바로 이곳 산 안드레아 대성당이다. 15세기에 성인의 머리만 로마로 옮겼는데 교황 바오로 6세가 1964년 그리스 정교회와의 화해의 표

산 안드레아 광장 분수대

시로 성인의 머리 유해를 최초 매장지인 그리스 파트라스로 보내고 현재 성인의 몸만 이곳 아말피에 따로 보존되어 있는 셈이다. 참, 사후에도 사람의 몸이 화해를 빙자한 흥정의 대상이 되는 것이 그저 씁쓰름할 뿐이다. 교황들에게 그들 사후에 머리와 사지를 절단 내서 각기 다른 지역에 보존한다고 하면 허용할까 싶다. 그래서 그런지 성당 내부에는 그의 머리형상 조각물들이 진열되어 있다. 다소 찜찜한 마음으로 성당을 나와 두오모 광장을 둘러본 후에 골목을 따라 오르다보니 적지 않은 여행객들이 줄지어 서있다. 이곳의 명물인가보다. 꾸뽀 시까(Cuoppo CICA)라고 하는 해산물 튀김집이란다. 여러 개 메뉴중 하나를 사들고 다시 해변가를 향해서 내려온다. 그런데 그때 한 젊고 아리따운 여성이 웃으면서 다가온다. 찰나 혹시 SNS에 서로 연결이라도 되어있나 라고 생각하는 그때 그 여성이 반갑게 인사를 건넨다. 뭐지? 그러나 곧 그녀는 내 손에 들고 있는 것을 어디서 샀는지 묻는 거 아닌가... 잠시의 환상이 깨지면서 아쉬움

산 안드레아 아말피 대성당

은 남지만 장소를 알려주었다. 내 손엔 고깔모양의 종이컵에 오징어튀김이 담겨 있었다. 아내와 함께 먹으면서 성당 앞길을 내려오는 참이었다. 그 금발의 여성은 고맙다는 인사와 함께 서둘러 총총걸음으로 튀김집으로 향한다. 서양인들도 북유럽 특정 국가를 제외하곤 오징어나 문어 등 비늘이 없는 어류도 날 것만 아니면 즐겨먹는다는 걸 다시금 느끼는 순간이었다. 이제 이곳 아말피에서 우리는 다음 행선지인 알베로벨로(Alberobello)로 향하기 위해서 이탈리아반도 서해안에서 동해안 방향으로 가로질러서 4시간여에 걸친 여정을 떠난다. 다시 아말피해안과 포지타노를 찾는다면 브란젤리나 커플처럼 멋진 집을 선물하지는 못하겠지만 코발트블루의 지중해가 바라다 보이는 전망 좋은 방에서 최소한 1박은 하리라고 마음먹으면서 이곳과 아쉬운 작별을 한다. 여행지를 떠나면서 아쉬움에 젖었던 곳은 베네치아도 피렌체도 아닌 이곳 포지타노와 돌로미티인 것 같다. 그러고 보면 내 취향은 유명 관광명소나 맛집 탐방을 다니는 것보다 여유롭게 자연을 바라보며 휴식을 취하는 걸 더 선호하는 모양이다.

애니메이션 스머프 마을에 영감을 준...
알베로벨로

이곳 알베로벨로는 이탈리아어로 '아름다운 나무'라는 의미를 담고 있다고 한다. 그러나 정작 이 마을엔 나무보다 돌만 가득하다. 남부 풀리아주 바리 광역시의 코무네(comune)이자 작은 마을로 인구는 약 1만 여명 규모라고 한다. 코무네는 이탈리아의 행정구역 단위로 도 아래에 있는 기초 지방자치체로 우리나라로 치면 시 내지는 군에 해당된다. 유럽 어디에서도 볼 수 없는 이 마을의 독특한 돌 지붕 구조인 트롤리(Trulli)라 불리는 가옥의 모습은 1996년에 유네스코 세계유산지역으로 지정되었다고 한다. 애초에 황량한 지역이었던 이곳 알베로벨로는 40여개의 가구가 이 지역에 농사를 지을 수 있게 땅을 부여받은 16세기 초에 처음으로 알려지기 시작했다고 한다. 석회암 석편의 세코(secco)를 고깔 형태로 쌓아올린 모습이 마치 스머프들이 사는 마을 같다. 실제 이들 트롤리 형태의 특유한 집 모양은 애니메이션 영화 〈스머프(The Smurfs)〉에 영감을 줬다고 한다. 이 트롤리마을은 아마도 주변에 서까래로 쓸만한 나무가 없어서인지 집마다 지붕이 3~4개로 구성되어 있다. 따라서 방 하나에 지붕이 하나씩 되어있는 구조다. 즉 집 전체를 덮는 지붕을 만들 서까래 대신 각 방마다 작은 돌 지붕을 만들어 공기의 출입과 난방을 조절한다고 한다. 석회암의 원뿔 구조는 마른 얇은 판을 층층이 쌓은 적층건축의 사례인데 상부하중을 지지하기 위해 돌, 나무 등으로 만든 구조적 장식물로 선사시대 기법이라고 한다. 이 마을의 2개 지역, 즉 리오네 몬티(Rione Monti)에 1천여 개, 리오네 아이아 피콜라(Rione Aia Piccola)에 600여개가 밀집해서 현재 존재하고 있다고 한다.

우리는 먼저 리오네 몬티 지역을 둘러본다. 앙증맞은 하얀 집들과 독특한 형태의 지붕들, 지붕위의 마치 암호 같은 문양들, 트롤리가 가장 많이 모여 있는 곳으로 좁은 골목을 따라 기념품 가게와 전통 공예품 상점들이 줄지어 있다. 지붕마다 상징적인 모형을 장식하고 문양이 다른 모습을 가지고 있는 것이 마치 다빈치 코드인양 수수께끼를 풀어야 하는 장치인 것 같기도 하다. 지붕의 문양들은 행운, 종교적 의미 또는 마을의 보호를 위한 상징으로 여겨진다고 한다. 십자가와 달이 함께 그려진 문양은 기독교와 이슬람문화의 공존을 상징하기도 한다고 하고 사슴 문양은 풍요와 자연의 축복을 의미한다고 한다. 원뿔형 지붕 끝에는 작은 돌기둥이 장식되어 있는데 이는 마을을 보호하는 역할을 한다는 믿음이 있다고 한다. 이 지역을 대표하는 트롤리는 14세기부터 이곳 사람들의 삶과 함께해온 전통가옥이라고 한다. 석회암 석편을 겹겹이 쌓아 올려 만든 원뿔형 지붕은 처음 보면 다소 낯설지만 가까이 다가가 보면 그 안에는 오랜 세월 이어져 온 그들만의 이야기가 담겨져 있다. 이 트롤리들이 등장하게 된 배경은 삶이 녹녹치 않았던 이들이 지방정부의 과다한 세금부과를 피하기 위해 집 평수를 확인하러 올 때 쉽게 허물 수 있는 집을 짓고자 했던 그 당시 주민들의 궁여지책에서 나온 결과물이라고 한다. 따라서 트롤리는 쉽게 해체할 수 있게 하기 위해서 시멘트나 접착제를 사용하지 않고 오직 돌을 층층이 쌓아 올려 만들었다고 한다. 그러나 이러한 간단한 구조물이 오랜 세월이 지나서도 튼튼하게 남아 있다는 점이 놀랍기만 하다. 현재도 일부 트롤리는 실제 거주공간으로 사용되고 있고 일부는 카페·기념품가게·박물관 등으로 개조되어 여행객들에게 공개되고 있다. 마을을 돌다 한 트롤리 가옥 앞 긴 나무의자에 앉아 쉬고 있는데 주인인 듯한 한 아주머니가 나와서 안에 들어와서 구경하라는 손짓을 한다.

리오네 몬티 지역 거리풍경

글쎄, 그러고도 싶지만 구경만 하고 나오기는 왠지 미안하기도 해서 그냥 웃으며 일어난다. 사실 여기에서 파는 기념품이라 봐야 돌조각으로 만든 트롤리 작은 모형들이 대부분이라 굳이 살 정도는 아닌 듯싶다. 골목길을 다니다보면 규모는 작지만 성직자 구아넬리아가 이 지역주민들을 위해 지었다는 산 안토니오 성당(Sala Sant' Antonio)도 있고 작은 공원과 하얀 돌집 앞에는 앙증맞은 꽃으로 장식된 황토 화분들과 자전거를 활용한 꽃 장식들이 있어서 많은 여행객들이 사진담기에 바쁜 모습들이다. 조금만 더 걸어가면 산 코스마스와 산 다미안 성당(Basilica di San Cosmas e Damian)이 있고 내부 벽에는 많은 프레스코화와 큰 그림으로 장식되어 있다. 트롤리 건축과 알베로벨로의 역사와 문화에 대한 이해를 높이려면 여러 개 트롤리로 지어진 카사 페졸라 테리토리 박물관(Museo di Casa Pezzola Territorio)을 둘러보는 것도 좋을 듯싶다.

어느 정도 마을 골목길을 살펴본 이후 우리는 트롤리를 한 눈에 담을 수 있는 전망

산 안토니오 성당

대로 가보기로 한다. 도로를 건너서 건너편 마을 경사진 언덕으로 올라간다. 이곳 전망대 테라스로 올라가는 곳은 현지인들이 거주하는 조용한 거리다. 테라스 이정표를 따라서 걷다보면 밝은 크림색 석재로 만들어진 분수를 만나게 된다. 분수 곳곳에 놓여 있는 돌 항아리는 이탈리아 남부 풀리아 지역의 전통적인 도자기 문화형태라고 한다. 풀리아 지역은 오래전부터 올리브 오일과 와인을 보관하는 항아리 제작으로 유명했는데 분수 돌 항아리들은 그러한 문화유산을 기념하는 의미를 담고 있다고 한다. 전망대는 마치 단독주택 옥상과 같은 모습이지만 길 건너 트롤리 마을의 모습이 한 눈에 펼쳐진다. 하얀 돌집들이 끝없이 이어지고 있다. 하늘과 잘 어울리게 하얀 건물들이 예쁘고 이색적인 모습이다. 아무래도 이곳이 포토 존이다 보니 많은 청춘들이 대기하면서 추억 만들기에 여념이 없다. 우리도 추억을 사진에 담고 그 길로 내려와 방향을 다시 서쪽으로 틀어서 1시간 정도 걸리는 거리의 마테라(Matera)로 향한다.

리오네 몬티 마을 전경

온통 회색의 적막감이 흐르는 곳…
마테라

이전 여행지인 알베로벨로가 다소 낭만적인 동화 속 마을이라면 이곳 마테라는 온통 옅은 회색빛에 가까운 아이보리 색을 띠는 적막하고 스산한 무덤 같은 묘한 분위기를 자아내는 고대 동굴도시다. 해발 440m 고지대에 위치한 마테라는 도시 전체가 유네스코 세계문화유산으로 절벽 사이마다 동굴들이 모여 도시를 형성하고 있는 곳이다. 이곳 마테라는 이탈리아 남부 바실리카타주의 도시로 라비나강에 의해 깎인 협곡 사이에 자리하고 있다. BC 251년에 로마공화정 집정관에 의해서 마테올라(Matteola)라는 이름으로 불리기 시작했다고 한다. 유통과 산업의 중심지로 주민들은 상업 외에 제분·양모·예술도자기·응회암 채석·테라코타 등의 공업에 주로 종사하고 있다고 하고 이곳 마테라가 처음 주거지가 된 시점은 구석기시대 초기로 추정되고 있다고 한다. 마지막 빙하시대가 지나고 농업에 의존하기 시작하면서 외부위협으로부터 영구적으로 방어할 수 있는 거주지를 형성하였는데 삼림이 없는 지역은 심각한 침식작용과 물 관리문제로 어려움을 겪었다고 한다. 정착농민들은 들판에 지중해성 기후대의 대표적인 코르시카 섬의 관목림 마키(Maquis)가 무성해지면서 목초지를 따라 이동하는 방목으로 생활수단이 바뀌어갔다고 한다. 이곳 마테라는 특수한 지형적인 조건으로 인해 계곡의 하단부 350m~400m 지대에는 부드러운 탄산석회의 침전지대가 있어서 이곳이 자연 침하되어 파진 곳이 2군데 생기면서 자연스럽게 거주지가 형성되게 되었다고 한다. 그래서 상부 점토질 고원은 농경과 목축용으로 이용되었다고 한다. 그러다가 석기시대에서 청동기시대로 가는 과도기인 금석병용시대를 맞아 도구가 발달되면서 계곡에 노출된 부드러운 석회암을 보다 쉽게 파낼 수 있게 되었고 그 증거를 청동기시대에 만들어진 지하저수조와 무덤에서 찾을 수 있다고 한다. 이 2군데는 중앙공간을 향해 밖으로 나오도록 되어 있는 독특한 주거형태로 이 과정에서 얻어진 석회벽돌이 담벼락이나 탑의 건축자재로 사용되었다고 한다. 즉 석회화되어 약해진 지층이 노출된 계곡 측면에 이 벽돌을 사용하면 효과적이었다고 한다. 이후 마을이 점점 확대되면서 언덕 쪽으로 더 많은 집을 짓거나 동굴 주거지를 팠다고 한다. 그러다보니 어떤 집의 지붕은 위쪽에 새로 생긴 집의 길이 되기도 하였고 집의 규모가 더욱 커지면서 르네상스 시기에는 정원형태의 테라스가 딸린 형태의 증축건물이 유행하기도 하였다고 한다.

구시가지인 사시 디 마테라(Sassi di Matera)는 석회암 바위를 파서 지은 동굴 거주지로 세계에서 가장 오래된 주거도시로 알려져 있다. 8~13세기 동안 이교도의 박해를 피해서 이주한 수많은 수도사들과 기독교인들이 바위산에 굴을 파고 생활했던 곳으로 이곳에는 아직도 130여 개의 작은 동굴교회가 존재한다고 한다. 이러한 동굴 주거지와 암석교회는 1800년 후반까지 거주지로 사용되었다고 하고 전통적인 인간의 거주형태와 2,000년 이상 지속된 모습이 원형 그대로 보존되어 있는 가치를 인정받아 1993년에 세계문화유산으로 등재되었다. 사람들은 선사시대의 생활방식대로 출입구만을 제외하고는 집 전체가 바위 속에 들어가 있는 동굴 같은 집에서 살았다고 한다. 동굴주거가 처음 들어선 곳은 서쪽부의 신시가지에서 동쪽으로 돌출된 돈대 부분이라고 한다. 돈대는 성곽시설의 하나인 일종의 보루로 평지에 있는 성에서는 보통 가장 높은 평지에 높게 축조하고 해안에 있는 성에서는 적들이 침입할 확률이 가장 높은 요충지에 주로 설치했다고 한다. 처음에는 자연동굴에 돌덩이로 입구를 가린 것에 불과하였지만 나중에는 동굴 윗부분을 뚫어 둥근 천장을 만들고 움푹 패인 땅에 안뜰과 집을 만들었다고 한다. 돈대에는 석벽으로 둘러싸인 작은 마을이 형성되어있고 주거지역 사이에는 좁은 통로와 계단이 설치되어있다. 인구가 늘어나면서 동굴 집 위쪽에 다시 동굴을 뚫었고 집의 지붕은 더 높은 곳에 있는 동굴로 가는 통로가 되기도 하였다고 한다. 전통적인 인간의 거주형태를 보여 주는 이 마을과 정원은 토지를 사용한 흔적으로 미루어볼 때 진보된 문화가 존재했음을 짐작할 수 있고 주변자연환경과 오랫동안 조화로운 관계를 유지했음을 알 수 있다고 한다. 12세기의 지리학자인 엘 이드리시(El Idrisi)는 이곳을 웅장하고 화려하다고 찬양했지만 마테라는 점차 쇠락의 길을 걸었고 카를로 레비(Carlo Levi)는 그의 소설 『그리스도는 에볼리에서 멈추었다(Cristo si è fermato a Eboli)』에서 마테라를 남부 이탈리아 빈농들의 비참한 생활의 상징으로 묘사하였다고 한다. 따라서 소설제목은 이러한 빈농들의 처절한 절규라고 봐야할 것 같다. 즉 이 소설제목은 기독교문명이 나폴리 조금 아래에 있는 에볼리 지역에서 멈추고 더 이상 남부지역의 극도로 가난한 자들의 땅까지는 손길이 닿지 않았음을 의미하는 것이라고 한다. 이 소설제목에서 언급된 그리스도는 그리스도를 실제로 지칭하는 것이 아니라 인간과 문명이라고 보는 것이 옳다고 평론가들은 언급한다. 지역발전을 위한 사회기반시설, 즉 도로와 철도 등 각종 인프라들이 살레르노 해안가 지역을 외면한 채 루카니아 지역에서 번번이 방향을 틀었다고 한다. 심지어 로마제국 시절에도 대로로만 진군했을 뿐 언덕을 넘어 숲 안쪽까지는 발길을 들여놓지 않은 채 철저하게 외면당한 지역으로 존재했다고 한다. 이탈리아 전국을 여행하면서 느낀 것은 오히려 남부지역이 자연경관이나 주거지로 뛰어난 걸 느끼게 된다. 하지만 과거에는 밀라노로 대표되는 북부지역이 상공업이 발전되어 번창했다면 남부로 내려올수록 농업 등으로 산업발전 속도가 더디고 그에 따른 혜택의 편차가 심했다고 한다. 마치 우리나라 경우에서 모든 것이 서울·수도권 중심으로 이루어지다보니 대도시에서 벗어난 남부지역의 상황과 유사하다고 보면 될 듯싶다. 그의 소설로 커다란 사회적 반향을 일으키게 되자 이러한 상황에 대해서 이탈리아정부는 비로소 관심을 갖게 되었고 그

비토리오 베네토 광장

결과 1952년에 통과된 법안으로 열악한 위생환경과 심각한 질병 등을 이유로 이 지역 주민 대부분을 주변도시로 강제 이주시켰다고 한다. 이곳은 구시가지와 신시가지로 나뉘는데 구시가지는 고대의 투박하고 신비로운 모습을 간직하고 있고 신시가지는 소박한 이탈리아의 골목풍경을 담고 있다.

우리는 이 회색도시 구시가지의 중심광장인 비토리오 베네토광장(Piazza Vittorio Veneto)에 들어선다. 이곳은 마테라 여행의 시작점으로 많은 여행자들이 모여 있는 곳이다. 광장 바로 옆에는 안눈치아타 궁전(Palazzo dell'Annunziata)이 있는데 수태고지를 의미하는 궁전이라고 한다. 18세기 전반에는 수도원으로 건축되었지만 그 후엔 법원과 학교로 사용되기도 하였고 현재는 지역도서관과 영화관으로 활용되고 있다고 한다. 그리고 광장 앞에는 루이지 구에리키오 전망대(Belvedere Luigi Guerricchio)가 있는데 한 눈에 바라보이는 마테라의 모습, 특히 사시 디 마테라 지구는 전혀 이 세상모습이 아닌 듯하다. 광장과 전망대 바로 아래에는 싱크홀처럼 푹 꺼진 지하가 보이는데 바위를 깎아 만든 단단한 기둥과 15m가 넘는 둥근 천장높이를 가진 최대 5천 톤 저장규모를 가진 팔롬바로 룽고(Palombaro lungo)라는 지하저수조가 있다. 이곳 마테라가 물이 부족한 지역이기 때문에 빗물을 저장하는 곳으로 만들어졌다고 한다. 그런데 재미있는 것은 저수조 이름인 팔롬바로 룽고를 번역해보면 '깊은 잠수부'라는 의미인데 아마도 물을 깊은 지하에서 퍼올리는 것을 빗대서 표현한 듯싶다. 베네치아나 이곳이나 부족한 식수를 해결하기 위해 그 당시 현실적인 최선의 방법을 적용한 느낌이다. 광장언덕 위에서 도로를 따라 내려가다 보면 구시가지 가장 높은 동쪽에 위치한 일명 마테라 대성당으로 불리는 산타 마리아 델라 브루나 성당(Cattedrale di Maria Santissima della Bruna e Sant'Eustachio)을 만나게 된다. 이 성당은 13세기에 산타 마리아 델라 브루나에게 봉헌되었다고 하고 마테라의 수호성인으로 지정되었다고 한다. 브루나는 기사의 보호를 의미하는 롬바르드어에서 유래한 것이라고 한다. 로마네스크 양식으로 건축된 이 성당에는 높이 52m의 종탑이 있으며 정문 양옆에는 산 피에트로와 바울이 있고 그 위로는 마리아 델라 브루나의 석상이 자리하고 있다. 전해 내려오는 이야기에 따르면 마테라 교외에서 한 젊은 여인이 지나가

지하저수조 팔롬바로 룽고

는 농부에게 마테라까지 수레를 태워달라고 부탁하였다고 한다. 그리고 그 여인은 이 근처에 도착한 이후에 자신이 그리스도의 어머니라는 메시지를 주교에게 전달해달라고 했다고 한다. 이후에 곧바로 주교와 성직자들이 그녀를 영접하기 위해서 나갔지만 산타 마리아 석상만 남긴 채 어디론가 흔적 없이 사라졌다고 한다. 그 후에 이 브루나의 산타 마리아는 마테라의 수호성인으로 지정되었다고 하고 그때부터 매년 7월 2일에는 이곳에서 마돈나 델라 브루나 축제가 열린다고 한다. 13세기 로마네스크 양식으로 내부에 들어서면 평범해 보이는 외부와 달리 성당 내부모습은 화려하고 장엄하다. 황금빛 장식의 독특한 천장과 19세기에 추가된 천장화는 일반적인 프레스코화가 아

산타 마리아 델라 브루나 대성당

니라 캔버스에 그린 유화라고 한다. 그리고 성인들에 둘러싸인 산타 마리아를 묘사한 중앙 제단화는 16세기말 또는 17세기 전반부에 제작되었다고 한다. 천사 가브리엘이 산타 마리아에게 그리스도를 잉태했음을 알리는 수태고지 장면이 묘사되어 있다. 다행히도 미사가 없는 상태에서 사진을 남긴다. 성당내부는 18세기 바로크 양식으로 대규모 개축되었다고 하고 산타 마리아 프레스코화는 이탈리아 비잔틴 양식으로 13세기 후반에 제작된 것인데 이곳 마테라 대성당의 가장 중요한 가치를 지닌 보물이라고 한다. 1991년에 교황 요한 바오로2세가 마테라를 방문했을 때 이 성화 앞에서 무릎을 꿇고 기도를 했다고 한다. 다른 한 면에는 퇴색되고 손상된 《최후의 심판(Un Giudizio

산타 마리아 델라 브루나 대성당 내부 수태고지

Finale)》을 묘사한 14세기 비잔틴식 프레스코화가 있다. 그리고 다소 충격적인 것은 십자가에 못 박혀 매달려있는 17세기에 제작된 그리스도의 목상이라고 하는데 그 모습이 여느 다른 십자가의 형상과 다르게 너무 생생하게 묘사되어 있는 점이다. 몸에 난 멍과 상처자국, 흘러내리는 피, 얼굴에 드러나 있는 고통까지 그대로 표현되어 있다. 참혹하다. 이 모습을 보는 신자들은 그의 거룩하고 고귀한 희생에 좀 더 진지하게 참회해야할 듯하다.

이곳 구시가지의 옛 모습은 아카데미상 3개 부문에 노미네이트되었던 시인이자 감독인 피에르 파졸리니(Pier Paolo Pasolini) 작품인 1964년작 영화 〈마태복음(Il Vangelo secondo Matteo)〉에서 흑백필름으로 묘사되고 있다고 한다. 그리스도의 생애를 교회의 전통적이고 종교적인 교리를 따라 존경심을 가지고 표현하였다고 한다. 그는 그의 트레이드마크인 자연주의로 그리스도에게 인간성을 부여하여 그 자신만의 그리스도를 재창조하였다고 한다. 즉 무신론자로 알려진 파졸리니 감독이 그리스도의 생애를 자신만의 스타일로 재해석한 셈이다. 그는 영화 〈마태복음〉을 통해서 우리가 익히 알고 있는 그리스도의 행적을 별다른 극적장치 없이 화면에 재현한다. 동정녀 마리아로부터의 탄생에서 유다의 배신으로 십자가 처형과 부활하기까지 클래식음악을 배경으로 전개된다고 한다. 등장인물들의 클로즈업 장면이 많고 설교 장면은 롱 샷으로 찍은 것이 많아서 미장센이나 감정의 고조보다는 대사의 전달에 집중했다고 한다. 이 모든 작업은 이탈리아영화의 전통인 네오리얼리즘 분위기를 물씬 풍기는 다큐멘터리 기법으로 완성시켰고 그 결과 베니스영화제 심사위원 특별상을 받기도 하였다고 한다. 또한 소설가 카를로 레비의 원작소설 『그리스도는 에볼리에서 멈추었다』를 영화화한 프란체스코 로시(Francesco Rosi) 감독의 작품 〈에볼리(Eboli)〉가 있다. 그리고 나중에 상업성이 강한 멜 깁슨 감독의 영화 〈패션 오브 크라이스트(the Passion of the Christ)〉의 배경이 되기도 한 곳으로 그리스도가 십자가를 매고 처형장 골고다 언덕을 오르는 장면을 촬영한 곳이다. 그리고 1880년 루이스 월리스(Lewis Wallace)의 원작소설 『벤허:그리스도 이야기((BenHur:the story of Christ)』의 5번째 영화이자 티무르 베크맘베토프 감독의 2016년작 영화 〈벤허(BenHur)〉를 촬영한 곳이기도 하다. 이곳 마테라가 독특한 모습을 한 도시라서 그런지 총 30여 편의 영화가 제작 또는 촬영되었다고 한다.

다시 길을 재촉해서 산 피에트로 성당(Chiesa di San Pietro Caveoso)으로 내려간다. 내려가는 도중에 계곡 건너편에는 암반 곳곳에 작은 벌집처럼 구멍이 나있는데 그 당시 살았던 동굴 거주지와 암석교회들이라고 한다. 마치 중국에서 고인의 시신을 동물들로부터 보호하고 신선들이 사는 곳에 가깝도록 높은 바위산 절벽에 있는 동굴을 묘지로 삼는 것을 보는 것 같다. 성당 오른쪽 위 바위산에는 십자가가 서있는데 마치 골고다 언덕의 십자가인 듯 느껴진다. 이곳 산 피에트로 성당은 13세기 전반에 건축되었고 17세기에 바로크양식으로 재건축되었다고 한다. 성당 앞 광장에서 구시가지를 올려다보면 참 고색창연하다. 멀리서 전체적으로 보면 회색으로 보이지만 가까이에서 보면 퇴색된 아이보리색이라고 해야 될 듯하다. 이곳은 수많은 성당과 수도원 등이 곳곳에 산재되어 있어서 다 훑어보지는 못했지만 13세기에 지어진 산 조반니 바티스타 성당(Chiesa di San Giovanni Battista) 등이 있고 선사시대에 만들어진 단순한 유물을 소장한 박물관도 있다고 한다. 그리고 조반니 파스꼴리 광장 전망대(Belvedere

동굴거주지와 암반교회

di Piazza Giovanni Pascoli)는 마을 쪽에서 마테라를 바라보는 전망대고 산 아고스티노 수도원(Convent of San Agostino) 역시 협곡 위의 성처럼 쌓인 마테라 전경을 살펴볼 수 있는 곳이기도 하단다. 또한 산 피에트로 바리사노 성당(Chiesa di San Pietro Barisano)은 마테라에서 가장 큰 석조교회로 자연 속의 바위와 인간이 만든 예술성이 결합된 종교적 장소라고 한다. 우리는 산 피에트로 광장 앞에서 마테라 구시가지를 위로 향해서 바라다보지만 여전히 퇴색된 아이보리 집들만 보이고 듬성듬성 덤불만 보일 뿐 제대로 된 나무라곤 전혀 보이질 않는다. 한마디로 삭막하다. 흔히 여행하면서 일몰과 일출 등 멋진 경관을 즐기고 멋진 장면을 사진에 담을 목적으로 주변 경관과 문화재를 훼손시키는 것을 뉴스를 통해서 자주 접하게 된다. 그리고 맛집들을 찾아 여행하는 것도 좋지만 그 장소와 역사, 문화에 걸 맞는 인식을 가지고 때론 경건하고 조용하게 그들을 이해하고 민폐를 끼치지 않는 여행자의 자세가 필요할 듯싶다. 그래야 요즘 각 여행명소에서 발생되는 소란스럽고 현지인들에게 피해를 주는 오버투어리즘 문제도 해소될 것이란 생각이 든다. 우리는 다시 이곳 마테라 여행의 시작점인 비토리오 베네토광장을 향해서 나오면서 시딜레 광장(Piazza del Sedile)에서 마지막 사진을

시딜레 광장 전경

담는다.

일전에 오랜 여행 가이드 생활을 한 여행 전문가에게 그동안 여행했던 지역 중에서 손에 가장 먼저 꼽을 수 있는 곳이 어딘지 물어보니 그녀는 조금의 망설임도 없이 이탈리아라고 한 적이 있다. 나 역시 이번 이탈리아를 전국 일주하게 된 배경도 그 전문가의 추천을 무시할 수 없었다고 판단된다. 북부에서 남부까지 여행하면서 느끼는 것은 한 국가에서 각 지방과 지역의 특색이 이렇게 확연하게 두드러지는 것은 유럽 곳곳을 나름 적지 않게 여행한 나로써도 별로 본 적이 없는 것 같다. 문화재는 다른 나라도 풍부하지만 자연경관 차원에서 보면 스위스의 알프스와는 또 다른 모습을 띠던 웅장한 돌로미티, 중세시대 탑의 도시 산 지미냐노, 집을 층층이 쌓아올려 산을 만든 파스텔 톤의 건물들과 코발트블루의 지중해를 끼고 있는 포지타노, 돌탑을 쌓듯이 석편으로만 집을 만든 알베로벨로, 그리고 이곳 동굴도시 마테라 까지 감히 흉내 낼 수없는 독특함이 가득하다. 우리는 마테라에서 다시 서해안에 있는 폼페이(Pompeii)로 2시간 반에 걸쳐 여행길에 나선다.

화창한 기후가 오히려 그들에게
지옥이 되었던 곳... 폼페이

이곳 폼페이는 사시사철 햇살이 좋고 따스한 기후 때문에 건강에 좋을 뿐만 아니라 겨울에도 화산의 지반 열로 온천을 즐길 수 있었다고 한다. 그래서 로마귀족들과 부자들의 휴양지나 별장 등이 즐비한 번성했던 도시다. 이곳은 이탈리아 캄파니아주 나폴리 근처에 위치한 도시이자 역사적으로 유명한 고대로마제국의 핵심도시다. 멸망한 도시들 가운데 손꼽히는 도시로 본래 농업을 통해 생산한 포도를 포도주로 만들어 생산하던 중개무역 등 상업 활동이 활발했던 항구도시였다고 한다. 그러나 79년 8월에 베수비오화산(vulcano di Vesuvio) 폭발로 그 당시 인구의 절반 정도가 단 18시간 만에 7m 이상의 화산재에 묻혀 사망하거나 부상당한 것으로 추정되고 있다. 모순적이게도 그 후로 오랫동안 역사에서 소멸된 이 도시는 1592년에 폼페이 위를 가로지르는 운하를 건설하는 과정에서 건물과 회화작품들이 발굴되면서 세상에 그 모습이 고스란히 드러나기 시작하였다고 한다. 화산폭발 이후 1,670여년 만에 모습을 드러내기

스카비 디 폼페이 입구

시작한 이 도시는 후대에 어떤 메시지를 전하려했던 걸까? 이탈리아에서 관광업 관련 종사자가 아닌 이상 그냥 폼페이라고 부르면 지금 주민들이 거주하고 있는 폼페이 신시가지를 가리킨다. 유적이 있는 폼페이는 폼페이 발굴지, 즉 스카비 디 폼페이(Scavi di Pompei)라고 불린다. 따라서 반드시 일반 폼페이역이 아닌 스카비 디 폼페이 역에서 내려야 여행객들이 방문하려는 이곳으로 제대로 찾을 수 있는 셈이다. 이곳 폼페이는 로마보다 역사가 오래되었다고 알려진 도시국가라고 한다. 최소한 BC 8~7세기에 폼페이는 그리스세력 하에 있었는데 이때는 로마 건국시기와 비슷하고 에트루리아를 BC 6세기에 몰아냈다는 역사적 증거도 있다고 한다. 전략적 위치인 사르노 강 근처에 위치한 덕분에 폼페이는 상공업의 중심지였다고 한다. 폼페이는 올리브·올리브유·와인·생선소스(garum)등을 거래하는 무역 중심지였다고 하고 5개의 작은 도시들이 합쳐진 것으로 추정되는 이곳 폼페이의 첫 도시계획은 BC 6세기에 세워졌다고 한다. 폼페이·헤라클라네움(Herculaneum)·스타비아에(Stabiae)가 속했던 동맹을 누케리아, 즉 현재의 노체 시가 주도했다고 한다. 이 시기 그리스 식민지들이 다 그랬지만 로마보다 문명도가 높았던 상업도시였을 것으로 추정된다고 한다. 폼페이 지역에 전해지는 전설에 따르면 폼페이와 이웃한 자매도시 헤라클라네움은 그리스 영웅 헤라클레스가 12가지 과업중 하나인 그리스 신화에 등장하는 상상의 동물인 세 개의 머리와 몸을 가진 괴물 게리온의 소 떼를 몰아오는 과정에서 탄생하였다고 한다. 신화에 따르면 게리온이 사는 곳은 서쪽 끝이었기 때문에 헤라클레스의 행로에 자연스럽게 이탈리아가 포함될 수밖에 없다고 한다. 여행 도중 헤라클레스는 오늘날의 캄파니아 지방에서 자신에게 적대적인 거인족 무리와 만났는데 영웅답게 그들을 모조리 격파하고 쇠사슬에 감아서 그들을 거대한 산 밑에 감금한 후 산기슭을 따라서 개선식을 거행했다고 한다. 그런 이후에 도시를 2개 건설했는데 폼페이는 '영웅의 개선식'을 의미하는 그리스어 폼페(pompe)에서 이름을 땄고 헤라클라네움은 그의 이름에서 유래하였다고 한다. 이곳 폼페이는 하늘에서 바라보면 물고기 모양이 되도록 설계한 계획도시로 원형경기장을 물고기의 눈으로 보고 왼쪽 위의 빌라 미스테리(Villa dei Misteri)를 꼬리지느러미로 보면 된다. 따라서 현재의 여행이나 당시의 도시입성과 출성도 모두 입으로 들어와서 꼬리로 나오는 방식이라고 한다.

62년에는 큰 지진이 캄파니아 일대를 휩쓸면서 폼페이도 유피테르 신전과 대형 공중목욕탕 등 여러 공공건물이 붕괴되는 피해를 입었고 그 후 17년이 지난 베수비오 화산폭발 때까지도 복구공사가 진행되고 있었다고 한다. 플라비우스 왕조가 로마제국을 통치하고 있었던 시기에 화산 대분화가 발생하였고 이 분화로 인해서 급작스럽게 닥쳐온 막대한 화산재로 이 도시가 하루아침에 사라져버린 셈이다. 그 당시 로마령이었던 시칠리아 섬에서 당시 에트나 화산(vulcano dell'Etna)이 활화산 상태로 있었기 때문에 고대 로마인들도 화산의 위험성에 대해서는 잘 인식하고 있었다고 한다. 그러나 문제는 베수비오 화산이 수백 년 동안 폭발하지 않았기 때문에 로마인들이 겉으론 화산이 아닌 듯 보이는 화산이 잠에서 깨어나 분화할 수 있다는 사실은 인식하지 못했다고 한다. 거기다가 폼페이는 이탈리아 최대의 화산인 베수비오 화산과 약 10km의 근거리에 위치한 도시였기 때문에 사실상 언제 터질지도 모르는 시한폭탄을 안고 사는 것이나 마찬가지였다고 한다. 폼페이는 화산폭발이 일어나기 전에도 대규모 지진이 발생해서 대부분의 건물이 피해를 입어 폭군 네로황제조차도 이곳을 시찰하면서 가망이 없다고 말할 정도였다고 한다. 그리고 우연의 일치로 베수비오 화산이 폭발한 당일이 불의 신 불카누스 축제일이었기 때문에 도시 전체가 축제 중이었다고 한다. 그러다가 이상한 구름이 밀려오자 시민들이 동요했고 이에 해변으로 가서 조사를 진행하던 중에 화산이 폭발했다고 한다. 분화로 화산재가 하늘을 덮은 뒤 18시간 동안 무려 수백억 톤에 달하는 고온의 화산재·유독가스·경석·화산암괴가 한꺼번에 경사면을 따라 흘러내리는 화산 쇄설물이 도시로 쏟아져 내려왔고 폼페이는 순식간에 아비규환이 되었다고 한다. 사실 인명피해는 폼페이 옆의 도시인 헤라클라네움 쪽이 더 컸는데 이곳은 분화 직후 화산재 구름 방향에서 빗겨갔으나 나중에 화산 쇄설물과 화산재에 묻혀버려서 덜 주목받았다고 한다. 즉 폼페이 유적지역에는 화산재가 2~3m 정도 쌓인 반면 헤라클라네움은 두께가 20m나 되는 화산 쇄설물에 파묻혔다고 한다. 이 화산재와 화산 쇄설물은 근 2천년 동안 쌓여있으면서 굳어져 딱딱한 암석이 되었기 때문에 지금도 헤라클라네움 지역은 암석을 파내가며 발굴하고 있다고 한다. 그리고 폼페이에서는 그 당시 시내에서 거주민들의 시신이 발굴된 데 반해서 헤라클라네움은 1980년대에 바닷가에 서 있던 아치 밑에서 백골 수백 구가 발견되었는데 이는 주민들이 해안에서 배를 타기 위해서 대피했다가 밀려온 화산재와 가스로 한꺼번에 사망한 것으로 추정된다고 한다. 헤라클라네움 지역을 덮은 화산 물질 위에는 현재 에르콜라노(Ercolano)라는 도시가 들어서있는데 그 당시 헤라클라네움은 폼페이보다 부유한 도시였다고 한다. 즉 이 도시 20m 아래는 2천년 넘은 과거 부유한 도시가 잠자고 있는 셈이다. 이미 오랜 세월 후에 다른 도시가 들어선 까닭에 폼페이처럼 전체 발굴은 제한적일 수밖에 없고 발굴된 지역도 마치 지하도시 같은 모습이라고 한다. 이 두 도시와 인근에 있었던 오플론티스(Oplontis)와 스타비아에도 함께 화산 폭발로 인한 피해를 입었는데 불행 중 다행으로 화산 분출물이 남동쪽으로 집중되어서 네아폴리스, 즉 현재의 나폴리를 비롯한 북서쪽 지역은 큰 피해를 입지 않았다고 한다. 그 당시 화산 분출물을 제외한 기상상태는 양호했고 화산폭발 충격파로 인한 쓰나미도 발생하지 않았기 때문에 적지 않은 사람들이 배를 타고 바다로 대피할 수 있었다고 한다. 만약 쓰나미까지 발생했다면 더 커다란 피해를 입었을 것은 충분히 추측 가능한 상황일 수밖에 없었을 거다. 이후 1748년 나폴리왕국 시기에서야 본격적으로 여러 유적이 발굴되었고 한창 전성기 로마제국시절에 갑자기 닥친 재난으로 전성기 당시 유물과 유적들이 고스란히 남아 있기 때문에 중요한 역사적 가치로 인해서 최대한 조심스럽게 발굴하고 있다고 한다. 2000년대에 들어서도 2/3 정도밖에 발굴되지 않았다고 하고 여행 중에 볼 수 있는 펜스가 쳐져있는 부분은 현재 발굴이 진행 중인 장소라고 한다. 시간이 지나면 이곳 폼페이를 비롯한 4개 피해지역의 발굴이 시차를 두고 진행될 것으로 보이고 그렇게 되면 예상하지 못한 그 당시 모습들이 현재 우리들에게 새롭게 공개되는 셈이다. 우리가 방문한 이후 최근뉴스에 따르면 놀랍도록 보존상태가 좋은 프레스코 벽화 여러 점이 발견됐다고 한다. 로이터통신 등 외신에 따르면 발견된 벽화들은 폼페이에서 가장 긴 도로 중 하나인 놀라 거리(Via di Nola)의 개인주택 연회장에 그려져 있었다고 한다. 검게 칠해진 벽면 사방에 그리스신화 속 인물을 다룬 그림이 하나씩 새겨져있다고 한다. 그 중 한 그림에는 트로이왕자 파리스가 스파르타의 왕비 헬레나를 처음 만나는 장면이 묘사되어 있는데 헬레나를 향한 파리스의 유혹은 결국 트로이전쟁의 도화선이 된다. 또 다른 작품에는 태양신 아폴론이 트로이 공주 카산드라에게 구애하는 모습도 담겨있다. 그리고 헬레나의 어머니인 레다(Leda) 여왕과 백조의 성적 장면을 묘사한 벽화가 발견됐다고 하는데 백조 형상을 한 제우스(Zeus)가 스파르타 여왕인 레다를 임신시키는 내용의 그리스신화는 수백 년간 많은 화가들에게 영감을 줬다고 한다. 해당 벽화는 도심에 있었던 한 대저택의 침실에 있었던 것으로 추정된다고 한다. 신화에서 레다 여왕은 백조와 관계를 가진 후 남편인 틴다레오스(Tyndareus) 왕과도 관계를 갖고 결국 두 개의 알을 낳게 되었다고 한다. 그리고 연회장으로 사용된 집안의 벽면 3군데를 장식한 벽화에는 BC 40~30년에 그려진 것으로 황홀경에 빠진 디오니소스(Dionysos)에 대한 추종 여인들의 춤추기와 사냥하는 모습, 그리고 도살한 동물내장을 들고 있는 장면들이 묘사되어 있다. 특히 그림 속 인물들은 모두 실물크기로 그려져 있는 점을 볼 때 당시의 비밀스러운 종교의식이 성행했음을 보여주고 있다고 한다. 여기서 로마신화의 바쿠스(Bacchus)에 해당하는 디오니소스는 제우스의 아들로 그리스신화에 나오는 술과 황홀경의 신으로 그를 기리는 퇴폐적인 향연과 의식들이 그 당시에 공공연하게 이루어졌다고 한다.

현장에 전시된 발굴내용물을 둘러보다보면 화석이라고 표기했지만 우리가 상식적으로 알고 있는 일반적인 형태의 화석과는 다르다. 일반적인 화석은 압력에 의해 뼈나 외골격 같은 신체의 단단한 부분에 광물이 흡수되면서 만들어지지만 이곳 폼페이 화석은 본래는 빈 공간이었고 인공적으로 사람들이 거기에 석고를 채워 만든 것이라고 한다. 즉 화산재에 묻힌 시체가 부패 등의 과정을 거치면서 유기물이 사라진 후 뼈만 남게 되지만 화산재가 비교적 단단하게 퇴적되게 되면 속이 빈 공간에 사람들의 형상만 남게 된다고 한다. 그 빈 공간을 거푸집처럼 석고를 부어 만든 것이 폼페이의 화석인 셈이다. 쉽게 말하면 일종의 석고상이라고 볼 수 있다. 이 석고상을 만들게 된 과정도 극적이었다고 한다. 폼페이 발굴 당시 오랫동안 묻혀있어서 건물이나 도로, 물건 등의 보존상태는 매우 좋았는데 사람의 흔적은 전혀 발견되지 않았던 것을 이상하게 여겼다고 한다. 그러던 중 1860년에 발굴 책임자인 고고학자 주세페 피오렐리

(Giuseppe Fiorelli)가 주로 건물 내 흙더미 사이사이에서 발견되는 빈 공간에 의문을 가지게 되었고 거기에 석고를 부어보니 사람의 형상이 드러나게 되었다고 한다. 최근에는 석고 대신 유리섬유를 부어 형태를 고스란히 보존하면서도 내부의 유골을 확인할 수 있도록 하고 있다고 한다. 이런 석고들 외에도 탄화되어 표면에 빵집도장까지 생생히 찍혀 있는 벽돌오븐에서 발견된 빵과 탄화된 호두, 무화과 열매가 그릇에 담긴 채로 발견되기도 하고 달걀이나 화려한 보석류도 발굴되었다고 한다. 특히 보석류는 유난히 같은 모양이 많아서 당시 인기 있는 아이템이 대량생산되어 판매되었음을 짐작할 수 있었다고 한다. 현재 이 발굴지역은 관광지로 보존되어 있는데 1,600년 넘게 화산재에 뒤덮여 외부와 차단되어 있었던 관계로 보존상태가 아주 좋은 편이라고 한다. '도망자들의 정원(Giardino dei Fuggitivi)'이라고 명명된 곳은 철창 모습으로 꾸며져 있는데 당시 사망자들과 동물들의 모습이 석고형태로 고스란히 남겨져 있다. 도망자라는 명칭조차도 사망자들을 두 번 죽이는 것 같아 씁쓰름하다. 차라리 '희생자들의 정원'이라고 표현하는 것이 옳지 않았을까 싶다. 그 모습을 보면 사망 당시의 자세를 비롯해 옷 주름과 표정까지 그대로 남겨져 있어서 그 비극을 후대에 까지 그대로 전하고 있다. 그 당시 화산재가 말 그대로 순식간에 뒤덮여서 그때의 표정 하나까지 전부 남게 된 것이다. 발굴된 사망자들의 형체 중에서 유명한 것은 두 사람이 껴안은 모습의 유해로 '폼페이의 연인(amante di Pompei)'이라는 이름으로 한동안 불렸지만 과학적 기법에 의해서 검증된 객관적 사실은 두 사람 모두 남성이었고 사망하면서 우연하게 가까이 붙어있었을 뿐이었다고 최종결론이 났다고 한다. 사람들은 특정 사물에 대해서 스토리텔링 차원에서 상술인지 모르겠지만 의도적으로 미화하길 좋아하고 그래서 더욱 여행객들로 하여금 호기심을 유발시키려는 경향이 강한 것 같다. 당연히 이곳 폼페이는 유네스코 세계유산으로 지정되어 있는데 한동안 무분별한 관광객 유치와 관리소홀로 2010년에 들어 유적 중 검투사의 집이 무너지는 등 여러 가지 악재를 겪고 있다고 한다. 현재 이탈리아는 EU와 폼페이 복원 프로젝트를 공동추진하기로 결정하고 전문복원기술은 독일, 고고학과 역사고증은 이탈리아, 그리고 지리와 환경자문은 영국 옥스퍼드대학팀이 담당하고 있다고 한다. 이곳저곳을 둘러보다보면 유적 내

도망자의 정원 발굴시신 유적

에 술집이 매우 많은 걸 느낄 수 있다. 집 내부에 세면대처럼 생긴 바(Bar)가 있는 집이 전부 술집이었다고 한다. 그리고 무척 외설적인 벽화가 그려진 홍등가도 많은 편으로 그만큼 향락적이고 퇴폐적이기도 한 이 도시의 민낯을 고스란히 드러내고 있다. 이곳에서 출토된 유물들 중 미성년자에게 유해한 유물 일부는 나폴리국립고고학박물관(Museo Archeologico Nazionale) 비밀의 방에 전시하고 있다고 할 정도다. 이곳 폼페이의 비극을 다룬 작품으로는 영국 소설가 에드워드 리턴(Edward Bulwer Lytton)의 『폼페이 최후의 날(The Last Days of Pompeii)』이라는 소설이 있다. 그리고 같은 영국 소설가 로버트 해리스(Robert Harris)가 저술한 『폼페이(Pompeii)』가 있는데 이 소설에서는 철저한 역사적 고증으로 상수도 전문가인 남자 주인공이 등장하고 화산폭발 조짐을 수돗물의 변화로 미리 간파해내는 등 상당히 논리적으로 접근하고 있다. 영화는 여러 편이 제작되었지만 다분히 상업적이었고 그다지 흥행에서도 성공하지는 못한 수준이었다.

2천년 전 큰 돌을 다듬어서 깔아놓은 도로가 이제는 울퉁불퉁한 곳도 많이 있지만 주도로인 '풍요의 길'을 의미하는 아본단차 거리(Via dell'Abbondanza)를 따라 폼페이로 한 걸음씩 들어가면 놀라운 광경들을 경험하게 된다. 마차 중심의 차도와 인도가 구별되어 있고 시민들이 무단횡단하지 않도록 건널목 기능의 디딤돌이 설치되어 있는데 이러한 디딤돌들은 마차의 속도제한 기능도 함께 했다고 한다. 도로 곳곳에는 식수로 사용하던 공공수도가 설치되어 있다. 그 당시 수도교를 통해서 멀리서 물을 끌어온 다음 급수탱크를 만들어서 도시전체에 식수를 공급했는데 전체 1순위가 주민들이 활

아본단차 주도로

용하는 공공수도가 그 대상이었고 그 다음으로 공중목욕탕, 그리고 마지막으로 개인 저택용 용수 순이었다고 한다. 그리고 화덕이 그대로 남아 있는 빵집, 로마 전통의 피시 소스를 비롯해 다양한 소스를 담던 항아리까지 온전히 남아 있는 상점, 노골적이고 퇴폐적 벽화가 그려져 있는 홍등가와 술집들은 마치 현시대를 연상케 한다. 또한 상가 지역과 구분된 주택단지, 가진 자와 가난한 자들의 집이 명확하게 구분되어 있고 부잣집에는 벽에 화려한 프레스코화와 바닥에 채색타일 모자이크로 장식된 집들도 많다. 심지어 어느 부잣집 대문 앞에는 개조심이라는 글귀와 함께 타일로 조각된 개 그림까지 고스란히 남아 있을 정도다. 파키우스 프로쿨루스 가옥(Casa di Paquius Proculus)이 그곳인데 개 모자이크(mosaico del cane)라고 이름 지어진 저택에는 일반 관광객들의 출입이 불가능하지만 감시견이 묶여있는 그림을 바닥에 모자이크 형식으로 만들어 놓았다. 예나 지금이나 가진 자들은 감추고 침입을 방지해야할 것이 많은 모양이다. 벽면 가득 섬세한 조각들이 새겨진 거대한 목욕탕과 계단식 객석을 갖춘 원형극장, 모자이크 무늬가 선명한 붉은 벽돌담은 이 도시가 얼마나 번영했었는지를 폐허가 되었지만 생생하게 보여주고 있다. 우리는 시간이 되는대로 몇 군데를 더 둘러본다. 원형극장(Anfiteatro)은 검투장으로 사용되었고 검투장 중에서 로마 콜로세움이 세워진 BC 70년 보다 150년이나 일찍 지어졌다고 하니 가장 오래된 곳이다. 그 당시 폼페이 인구가 1만5천명 규모였다고 하니 최대 2만 명의 관객들을 수용할 수 있었다면 주변 도시에서 까지 원정 올 정도였을 것으로 짐작된다. 그리고 베투티우스 플라시두스의 테르모폴리움(Thermopolium of Vetutius Placidus)은 요리점이자 술집인데 L자 모양의 벽돌로 된 카운터에는 음식이 저장되어있는 큰 병들이 있었다고 한다. 뒷쪽 벽면에는 라레어리움(lararium)이 있는데 이는 고대로마인의 집안에 있었던 가정의 수호신을 모신 사당이라고 한다. 벽면그림 속에는 가정의 신 라레스(Lares)가 금융, 무역, 행운, 상인의 신인 메르쿠리우스(Mercurius)와 바쿠스가 있는 작은 제단 위에서 제물을 바치는 모습이 묘사되어 있다. 스테파누스의 풀로이카(Fullonica di Stephanus)는 그 당시 폼페이에서 가장 뛰어난 세탁소들 중 하나인데 이 세탁소는 62년에 일어난 지진 바로 직후에 세워졌고 가정집을 최신시설의 세탁공장으로 개조한 것이라고 한다. 세탁소 입구에서는 커다란 항아리가 발견되었는데 그 용도는 일종의 소변 항아리로 모은 소변을 세탁세제로 사용하였다고 한다. 그리고 스타비아니 목욕탕(Bagni Stabiani)은 폼페이에서 가장 오래된 공중목욕탕이라고 한다. 이 건물 전체면적은 3,500㎡로 남탕과 여탕 두 구역으로 나누어져 있고 특히 남탕은 세련되게 여러 색의 벽토로 치장되어 있을 정도고 요즘 휘트니스 센터 격인 운동을 할 수 있는 야외공간까지 갖추어져 있다. 포럼 근처에 위치한 사창가(lupanare)는 폼페이에서 여행객들이 가장 많이 찾는 곳 중 하나라고 한다. 복층으로 이루어져 있는 이곳은 침대들과 화장실이 구비된 10개의 방들로 구성되어 있고 방 안으로 이어지는 문 위쪽으로 선정적인 그

스타비아니 목욕탕

림들이 그려져 있다. 또한 마르쿠스 루크레티우스 저택(Casa di Marco Lucrezio)에서 가장 흥미로운 요소는 아트리움 형태로 건물을 내려다볼 수 있는 정원이다. 이 정원에는 술의 신인 실레노스(Silenus) 석상에서 뿜어져 나오는 대리석으로 된 멋진 폭포 분수가 있다. 호사스러움의 극치를 보여주는 대목이다. 그리고 포피디우스 프리스커스 베이커리(Pasticceria di Popidius Priscus)는 이 지역 빵집으로 4개의 거대한 맷돌과 마굿간에서 소를 끄는 장치 줄과 4개의 저장실, 그리고 빵을 구울 때 사용했던 커다란 오븐이 있다. 이곳 폼페이의 빵집은 30여개가 존재하는 것으로 밝혀졌다고 한다. 일명 나폴리 왕자의 집(Casa del Principe di Napoli)에는 연못이 있는 아름다운 아트리움이 있고 잘 조각된 받침대가 있는 대리석 탁자가 놓여있다. 그리고 모든 방의 벽들은 폼페이 스타일로 장식되어 있다. 바쿠스와 비너스가 실물크기로 3면의 벽들에 그려져 있고 이곳 정원에는 가정의 수호신을 모시는 사당이 있는데 가족들의 기도공간이었다고 한다. 아울러 파운 저택(Casa dei Faun) 역시 이곳 폼페이에서 가장 많이 찾는 장소 중 하나라고 한다. 이 저택은 메인 아트리움 안에 있는 천장으로부터 빗물을 모으는 통인 임플루비움에서 발견된 춤추는 숲의 신 파우누스(Faunus)의 청동조각상이 있는데 이 조각상 주인의 이름에서 가옥의 명칭을 붙였다고 한다. 이 저택은 전체 한 주택단지의 공간을 차지할 정도로 규모가 크다. 두 개의 아트리움과 침실·식당·접견실·사무실들과 가정부를 위한 방들이 있는 두 곳의 안뜰로 이루어져 있다. 정문 주 출입구 바닥에는 '환영한다'는 의미의 'HAVE'란 단어가 적혀 있어서 여행자들의 눈길을 끈다. 규모가 큰 저택인 만큼 아마도 그 당시에도 많은 방문객들이 있었던 모양이다. 다음으로 포럼 목욕탕(Bagni del Foro)은 남탕과 여탕의 입구가 각각 구분되어 있고 벽들은 정원이 그려진 프레스코화로 아름답게 장식되어 있다. 그리고 둥근 천장은 방이나 건물의 윗부분에 그림이나 조각으로 띠 모양의 장식을 한 프리즈 형태로 꾸며져 있다. 이어 아폴로 성지(Santuario di Apollo)는 폼페이에서 가장 오래된 예배장소 중 하나라고 한다. 이 사원은 줄지어 서있는 복층 높이의 지붕을 떠받치도록 일렬로 세운 돌기둥인 콜로네이드(colonnade)들로 에워 쌓인 높은 곳에 위치하고 있고 계단의 가장 아래쪽엔 큰 제단이 있다. 또한 포럼과 공공건물(Foro e Basilica)에서 포럼은 대중들의 삶의 중심이면서 이곳 폼페이에서 가장 오래된 곳인 동시에 원형경기장이 세워지기 전까지 검투경기들이 행해지던 곳이었다고 한다. 그리고 포럼 북동쪽 모서리 밖에 위치한 임시시장 격인 폼페이 마켈룸(Macellum)이 있는데 일부 건물은 BC 130년에서 120년에 건축된 것으로 추정된다고 한다. 그리고 마켈룸 동쪽 부분은 황제 숭배를 위해서 지어진 것으로 판단되지만 그 주인공은 정확하게 누구인지는 현재로서는 확실하게 밝혀진 상태는 아니라고 한다. 이곳 마켈룸의 일부는 62년에 발생된 지진으로 손상되었고 그 이후 화산폭발 전까지 복구되지 못했다고 한다. 이 마켈룸이 처음 발견되었을 때 중앙에 있는 12개의 기둥 받침대 때문에 발굴자들은 여러 신에게 바쳐진 신전인 일종의 판테온이라고 판단했다고 한다. 그러나 이후 발굴에서 건물 북쪽에서 곡물과 과일의 잔해가 발견되고 안뜰 중앙에서 물고기 비늘과 뼈가 발견되면서 고고학자들은 이 장소가 시장이라는 것을 깨닫게 되었다고 한다. 남아있는 건물 내에

마켈룸 내 석상

포럼 켄타우로스상

는 제국 숭배실로 추정되는 동상들이 위치한 3개의 방이 있는데 이 방들은 마켈룸의 나머지 방들보다 계단 위에 설치되어 있다. 그중에서 가운데 공간은 황실숭배실로 활용되었을 것으로 추정하고 있다. 포럼(Foro di Pompei) 한편에는 전원의 신인 반인반마의 켄타우로스(Kentauros) 동상이 우리가 방문하기 2년 전에 설치했다고 하고 폴란드 조각가 이고르 미토라이(Igor Mitorai)가 만든 작품이라고 한다. 마치 베수비오 화산을 바라보며 그 위험성을 경계하고 있는 듯한 모습이다. 그리고 주변에는 주피터 사원을 포함해서 많은 행정·종교 건물들이 이 포럼을 둘러싸고 있다. 아울러 극장과 검투사 막사(Baracche per teatri e gladiatori) 중 극장은 그리스 양식과 자연적인 경사로 지어진 5,000석 규모의 대극장이었는데 아우구스투스 황제 통치기간 동안 로마 스타일로 복구되면서 확장되었다고 한다. 현재 이 극장에선 매년 여름축제인 폼페이의 극장(Pompei Theatrum Mundi)을 개최한다고 한다. 또한 이시스 사원(Tempio di Iside)은 로마 제국에 퍼져있던 종교인 이집트의 여신 이시스를 기리기 위해 지어졌는데 대형건물 입구에 기둥을 받쳐 만든 현관지붕인 포르티코(portico) 형식의 뜰 중심부에 위치해있고 높은 단 위에 지어져 있다. 이 포르티코에는 프레스코화들로 장식되어 있었는데 현재는 나폴리고고학박물관에 옮겨져 있다고 하는데 그 그림들에는 이집트 풍경과 나일강 주변이 그려져 있다고 한다. 이 건물의 동쪽 면엔 나일강의 신성한

이시스 사원

물이 담겨있는 우물로 향하는 계단이 있는 작은 건물이 있다. 또한 메난더 저택(Casa di Menander)은 풍부한 장식들과 장엄한 아트리움과 기둥으로 둘러쌓인 안뜰 형태의 페리스타일(Peristyle)로 되어 있는데 폼페이에서 가장 인상 깊은 장소이기도 하다. 이곳은 포르티코 안에 있는 아테네의 극작가 메난드로스의 그림 때문에 그의 이름을 따서 저택이름을 명명하였다고 한다. 벽들에는 일리아드·오디세이 그리고 나일강과 바다의 풍경들이 프레스코 스타일로 화려하게 그려져 있고 집 안엔 작은 온천까지 있는 호화저택이다. 그리고 폼페이 발굴지 끝단에 위치한 미스테리 빌라는 방만 90여 칸이 있는 BC 2세기 로마대저택이다. 이 저택은 정교한 연작 프레스코화가 남아있는 곳으로 유명하다. 이 그림들은 쉽게 보기 힘든 BC 1세기 고대로마의 작품으로 가치가 높다고 한다. 그 당시 바다가 내려다보이는 언덕에 위치한 이 저택은 다른 폼페이 유적지들과 마찬가지로 화산재와 돌로 뒤덮여 있었다고 한다. 저택은 20세기 초 발굴 작업과정에서 그 존재가 드러났는데 화산폭발로 인해 건물외부는 피해를 입었지만 내부의 벽과 천장, 특히 프레스코화는 거의 손상되지 않은 채로 남아 있었다고 한다. 저택의 주인은 폼페이의 많은 주택들과 마찬가지로 밝혀지지 않았지만 일부 역사가들은 저택에 옥타비아누스로도 불리는 최초의 로마황제 카이사르 아우구스투스(Caesar Augustus)의 아내인 리비아 드루실라(Livia Drusilla)의 동상이 있다는 걸 근거로 리비아가 이 저택의 소유자라고 주장하기도 한다고 한다. 저택에는 와인을 만들고 판매하는 공간도 있고 내부에는 와인을 만드는데 쓰이는 장비와 함께 저택 근처에는 농지와 과수원 등이 있었다고 한다. 그리고 이 저택을 발굴한 이들은 그 과정에서 2명의 여성과 어린 소녀의 시신을 발견했다고 한다. 미스테리 빌라에서는 석고 캐스트로 보존된 3명을 포함해 총 6구의 시신이 발견되었다고 한다. 미스테리 빌라는 단층 구조로 이뤄져 있는데 수로 등으로 이용할 수 있는 빈 공간이 집 주위를 빙 둘러싼 형태로 되어있다. 내부 벽 일부는 화산폭발로 무너지기도 했지만 대부분은 비교적 보존이 잘 이뤄져 있고 건물 내부의 다양한 연작 형태의 프레스코화들은 발굴 이후 복원작업을 거쳤다고 한다. 북쪽 벽에는 《깜짝 놀란 여인(La donna spaventata)》 그림이 그려져 있는데 자주색 베일을 손에 들고 춤을 추려는 모습의 여인을 묘사한 그림이다. 작가를

출구 상징 조각물 다이달로스

알 수 없는 이 그림의 제작 시기는 BC 60~50년경으로 추정된다고 한다. 비슷한 시기 그려진 《채찍질 받는 소녀와 디오니소스의 무녀들(Le donne frustate e la sciamane di Dioniso)》, 《디오니소스의 비밀스러운 사교입문의식(La cerimonia sociale segreta di Dioniso)》 등의 벽화도 있다. 벽화 《디오니소스의 비밀스러운 사교입문의식》에는 지팡이를 들고 모자를 쓴 여성이 묘사되어 있는데 이는 그 당시 입문의식을 마친 후 흔히 선물로 받는 물품이라고 한다. 의식을 마친 여인은 여사제 앞에 무릎을 꿇고 날개 달린 여인에게 채찍질을 당한 것처럼 보인다. 그녀 옆에는 춤추는 형상과 긴 건초 회향(fennel) 줄기로 만든 물건을 든 가운을 입은 형상이 묘사되어 있다. 이곳 폼페이는 단 몇 시간 만에 전부 둘러보기에는 공간이 너무 넓다.

우리는 다음 여정지로 향하기 위해 출구를 나서는데 마치 고대그리스·로마시대의 동상인 듯 보이는 청동상이 외롭게 폼페이 발굴지역을 바라다보고 있다. 마치 떠나는 우리에게 무슨 말을 전하려는 듯이... 확인해보니 앞서 살펴본 켄타우로스 동상을 제작한 폴란드 조각가 이고르 미토라이가 만든 다이달로스(Daedalus) 상이라고 한다. 그는 그리스 신화 속 크레타의 전설적인 왕이자 제우스의 아들인 미노스(Minos) 왕의 미궁인 라비린토스(Labyrinth)를 만든 전설적인 장인이라고 한다. 그리고 날개를 달고 너무 태양 가까이 날아올랐다가 허무하게 떨어져 죽은 이카로스(Icarus)의 아버지이면서 그 날개를 만든 주인공이기도 하다. 우리는 스카비 디 폼페이역에서 기차로 다음 여행지인 소렌토(Sorrento)로 향한다.

전쟁 중에도 피해 없이 온전한 모습을
간직한 곳… 소렌토

그래피티로 외관이 온통 낙서투성인 열차는 우리네 완행열차 같은데 내부는 외부에 비해 깔끔한 편이다. 우리는 아빠와 함께 여행 중인 듯 보이는 한 작은 소녀 마주편에 앉았다. 반갑게 웃으면서 인사하니 수줍게 웃음을 건넨다. 비교적 열차 안은 조용하다. 주변을 둘러보니 대부분이 현지인들과 일부 여행자인 듯하다. 그런데 뒤 칸에서 색소폰 소리가 들려오더니 곧 우리 칸으로 그 소리의 주인공이 모습을 드러낸다. 구리 빛 모습을 한 아저씨가 버스킹이라도 하는 건지 웃으면서 등장한다. 그리 시끄럽지 않게 이곳 음악을 연주하는데 여행자 입장에서 볼 때는 낭만적이다. 그렇게 40여분의 기차여행으로 도착한 이곳 소렌토는 이탈리아 캄파니아주 나폴리현에 있는 도시로 치르쿰베수비아나(Circumvesuviana)라는 지방 철도선의 남동쪽 끝에 위치하여 폼페이·나폴리·아말피로부터 접근하기도 쉬워 인기가 많은 휴양지라고 한다. 이곳 소렌토는 2차 세계대전 중에도 캄파니아 해변도시 중에서 피해를 입지 않고 예전 모습을 그

열차내 풍경

대로 온전하게 잘 보존되고 있는 유일한 도시라고 한다. 이곳은 역사적·문화적 지역이 아니다보니 그저 주변지역을 들르기 위한 경유지이거나 휴양하러 오는 사람들이 대부분이라고 한다. 결국 휴양 목적이 아니라면 숙박하는 것보다 당일치기로 여행하는 것이 효율적일 수밖에 없는 지역인 셈이다. 이곳 소렌토는 그리스인들에 의해 건설된 것으로 추정되고 있으며 고대로마제국시대에는 수렌툼이라는 휴양지였다고 한다. 그러다가 1137년에는 노르만족에 정복당해 시칠리아왕국에 편입되기도 했었다고 한다. 이곳 소렌토 인구는 1만7천 명 정도의 소규모 도시다. 면적으로 보면 강릉시의 1/115 정도라고 한다. 우리는 작은 이 도시를 둘러보기 전에 먼저 아래 소렌토 항구가 내려다보이는 전망대 언덕에서 그동안 사진으로만 봐왔던 항구를 배경으로 우리의 모습을 추억으로 담는다. 코발트블루의 나폴리만과 적황색의 지붕, 강렬한 태양이 참 조화롭고 멋지게 다가온다. 한참을 바라보며 눈과 가슴 속에 간직한 채 선착장 방향으로 내려가면서 주변을 둘러보기로 한다. 기차역에서 선착장으로 가는 중심가 길목에는 16세기 르네상스 문학 최후의 시인이라 불리는 소렌토 출신의 시인 토르콰토 타소(Torquato Tasso)의 동상과 기념비가 있는 타소 광장(Piazza Tasso)이 있다. 그는 목가극 〈아민타(Aminta)〉를 제작 상연해서 호평을 받았는데 목동 아민타는 아름다운 님프를 짝사랑하여 반수반신에게 잡혀있던 님프를 구해 주었지만 냉대를 받는다. 그 후 그녀의 사망소식을 듣고 자살하려 할 때 살아서 돌아온 그녀와 드디어 맺어진다는 내용인데 『실낙원(Paradise Lost)』의 저자 존 밀턴(John Milton)의 〈코머스(Comus)〉 등에 큰 영향을 주었다고 한다. 그는 대작 『해방된 예루살렘(Gerussalemme liberata)』 과 주저서인 『정복된 예루살렘(Gerusalemme conquistata)』 등 다수의 시편·시론·서간 등을 남겼고 특히 가극 〈아민타〉를 통해서 이탈리아뿐만 아니라 유럽문학에 커다란 발자취를 남겼다고 한다. 『젊은 베르테르의 슬픔(Die Leiden des jungen Werthers)』과 『파우스트(Faust)』의 저자인 괴테(Johann Wolfgang von Goethe) 또한 그의 전기를 이용한 희곡 〈토르크바토 타소(Torquato Tasso)〉 속에서 시와 현실의 극단을 묘사했다고 한다. 시내에는 산 안토니오 성당과 산 프란체스코 수도원과 성당, 산 필립포와 자코모 대성당, 캄파니아의 장식미술품, 중세의 조각·그림과 고전양식의 유물 등이 소장되어 있는 코레알레디테라노바 박물관 등이 있다. 나폴리와의 사이에는 열차와 유람선이 왕래하고 있고 나폴리만의 주요 관광지인 카프리섬과도 유람선이 왕래하고 있다. 해변가에는 선착장으로 가는 길목에는 피터 비치(Peter's Beach)가 있고 그 안쪽으로는 레오넬리 비치(Leonelli's Beach)가 위치하고 있는데 이곳에서 맥주 한잔과 차를 마시면서 나폴리만을 바라보며 망중한을 즐기기에 적합하다. 특히 해변가를 끼고 도심지를 걷다보면 이 도시의 랜드 마크 격인 발로네 데이 물리니(Vallone dei Mulini)를 만나게 된다. 속칭 '방앗간 계곡'으로 불리는 이곳은 약 35,000년 전 캄피 플레그레이(Campi Flegrei) 화산의 대규모 분화로 형성되었는데 그 이후 두 개의 하천인 카살라노(Casarlano)와 산토 안토니노(Sant'Antonino)의 침식작용으로 인해서 현재와 같은 깊고 좁은 협곡이 만들어졌다고 한다. 높은 습도와 통풍이 잘 안되는 특수한 환경 때문에 음지에서 자라는 희귀한 고사리류인 필리티스 불가리스(Phyllitis vulgaris)가 자생하는 등 다양한 음지식물이 자라는 독특한 생태계가 형성되고 있다고 한다.

이곳은 우리에게도 익숙한 〈돌아오라 소렌토로(Torna a Surriento)〉 등의 나폴리 칸초네(canzone)로 잘 알려진 곳이다. 정작 이곳 소렌토 지역은 몰라도 이 민요를 누구나 한번쯤은 흥얼거렸을 정도니... 이 곡은 이탈리아 음악가 에르네스토 드 쿠르티스(Ernesto de Curtis)가 작곡하고 시인이자 화가인 그의 형인 지암바티스타 드 쿠르티스(Giambattista de Curtis)가 작사한 나폴리지역 민요다. 노래 제목과 가사내용을 보면 마치 떠나가는 여인에게 소렌토로 돌아와 달라는 사랑노래로 들리지만 원래는 이곳 소렌토에 우체국 건립을 해달라는 민원 송이었다고 한다. 그 당시 소렌토 시장이 1902년에 이탈리아 총리가 소렌토에 방문했을 때 이 지역시장인 트리몬타노는 호텔사장을 겸하고 있었는데 마침 총리가 그의 호텔에 묵었고 총리의 우체국 건립약속을 잊지 말라는 차원에서 쿠르티스 형제가 1894년에 작업했던 곡을 재 작업한 것이라고 한다. 두 형제는 나폴리만이 시원하게 내다보이는 트리몬타노호텔 발코니에 앉아서 즉석에서 손을 봐서 총리가 소렌토를 떠날 때 불렀다고 한다. 세계적으로 유명해진 노래의 탄생배경을 들으면 재미있는 내용도 많지만 이 노래만큼 엉뚱한 것도 드물 듯하다. 아무튼 이 칸초네는 그 이후 입소문에 의해서 세계적인 명곡으로 재탄생하게 되었다. 그 당시 그 트리몬타노호텔은 여전히 지역대표호텔로 해변가 그 자리에 현재에도 위치하고 있다. 이 곡은 1905년에 공식적으로 저작권 등록되었고 루치아노 파바로티(Luciano Pavarotti), 엘비스 프레슬리(Elvis Presley) 등 전 세계적으로 유명한 성악가와 가수들에 의해서 그들의 스타일로 재탄생되었고 이 노래 한곡 때문에 이곳 소렌토는 전 세계적으로 유명세를 타게 되었다고 해도 과언이 아닐 듯싶다. 노래의 주인공인 지암바티스타는 흉상 모습으로 이곳 소렌토 역 앞을 지키고 있다. 동생 에르네스토는 후에 우리에게는 〈물망초〉로 잘 알려진 명곡 〈나를 잊지 말아요(Non ti scordar di me)〉라는 노래를 남긴 당사자이기도 하다. 조용필의 〈돌아와요 부산항에〉도 혹시 〈돌아오라 소렌토로〉에서 영감을 받은 것은 아닐까? 그러고 보면 조용필의 노래 〈슬픈 베아트리체〉, 〈모나리자〉 등은 이곳 이탈리아와 인연이 많은 노래들이다. 〈돌아오라 소렌토로〉는 그 이후로 〈오 솔레 미오(O! Sole Mio)〉, 〈푸니쿨리 푸니쿨라(Funiculi Funicula)〉, 〈산타 루치아(Santa Lucia)〉와 더불어 고전 장르에서 가장 유명한 노래 가운데 하나가 되었다. '푸니쿨리 푸니쿨라'라는 의미는 케이블카가 움직이니 빨리 빨리 타라는 뜻이란다. 반도국가의 특징인가? 우리나라나 이탈리아인들의 기질을 보면 노래를 좋아하고 성격이 급한 것이 묘하게도 닮아있다. 그런데 정작 그들을 접해보면 급하면서도 반대로 느긋하고 낙천적인 이율배반적인 면을 엿보게 된다. 그들의 이중적인 성격이 코발트블루의 지중해와 강렬한 태양의 영향 때문인가? 가곡 〈오 솔레 미오〉는 학창시절에 이탈리아어로 외워서 시험까지 봤던 기억이 있어서 나에겐 우리나라 어느 가곡 못잖게 무척 친숙하다. 〈산타 루치아〉의 원래 가사 내용은 나폴리만에 위치한 그림 같은 해안 지역인 보르고 산타 루치아(Borgo Santa Lucia)를 기리면서 뱃사공이 시원한 저녁을 더 잘 즐기기 위해 보트를 타고 가자고 하는 내용이라고 한다. 그런데 이 노래는 정작 베네치아 곤돌라 뱃사공들이 여행자들을 위해서 부르는 18번이라는 것은 아이러니다. 그곳에 산타 루치아 성당과 산타 루치아 역이 있어선가? 그리고 이곳에서 촬영한 영화로는 덴마크 출신의 여성감독 수잔 비에르(Susanne Bier)와 피어스 브로스넌, 트린 디어홈 주연의 영화 〈다시, 뜨겁게 사랑하라(Love is all you need)〉가 소렌토의 아름다운 풍경을 듬뿍 담아내고 있다. 특히 두 주인공이 함께 이야기하면서 걷는 구시가지 골목과 예

선착장 가는 길목 풍경

길목 장신구 가게

광장입구 산 프란체스코 동상

쁜 카페들, 그리고 시원하게 펼쳐지는 나폴리만 풍경 등은 소렌토를 꼭 방문해야 할 것 같은 충동을 불러일으킨다.

선착장으로 향하는 넓지 않은 길 양 옆으로는 온통 노란색 일색이다. 여기 소렌토는 세계 최대 레몬 생산지란다. 그래서 그런지 온통 레몬관련 제품들이 많다. 심지어 스카프에도 레몬 모양의 디자인이 들어가 있을 정도다. 아내가 입은 점퍼조차도 노랗다. 주변이 온통 노란색 일색이다. 이탈리아 남부를 색상으로 표현하라면 그래서 레몬의 노란색과 코발트블루 지중해의 진청색이다. 우리는 여행 중에 입안을 상큼하게 해주는 레몬사탕을 선물용을 포함해서 여유 있게 산 다음 건너편에 있는 젤라또 가게에

비토리오 광장에서 본 나폴리만과 선착장

마리나 피콜라 항구 선착장 풍경

서 아이스크림을 입에 물고 선착장을 향해 걸음을 재촉한다. 이곳은 레몬 이외에도 포도주·올리브오일 산지로도 알려져 있고 가죽제품인 신발, 핸드백 등에 눈길이 간다. 비토리아광장(Piazza Vittoria)으로 가는 길목에는 산 프란체스코 대성당(Chiostro di San Francesco)이 위치하고 있고 그 앞에는 아시시에서 만났던 그의 동상이 새를 날리는 모습으로 서있다. 소렌토시민공원인 빌라 코무날레(Villa Comunale di Sorrento)는 대규모 해안공원으로 정원과 분수, 그리고 소렌토 시내와 나폴리만을 바라볼 수 있는 탁 트인 전망으로 유명하다. 이곳은 나폴리만을 비롯해서 베수비오화산과 아말피해안을 한눈에 감상할 수 있는 공간이다. 그리고 아래 위치한 마리나 피콜라(Marina Piccola) 항구에는 카프리섬이나 나폴리로 향하는 페리 선착장이 있다. 선착장으로 가는 길은 해발 격차 덕에 돌아 돌아서 계단으로 내려가지만 바다와 주변경관을 보기에는 오히려 탁 트여서 좋다. 선착장에 내려가면서 피터 비치를 만날 수 있는데 시간적 여유가 있다면 이곳에서 맥주나 차 한잔하면서 코발트블루의 나폴리만의 석양까지 즐겼으면 하는 아쉬움이 남는다. 언제 다시 이곳 민요처럼 소렌토로 다시 돌아 올까나... 우리는 다음 여정지인 황제들의 휴양지인 카프리섬(Isola di Capri)을 향해 유람선으로 이동한다.

맥주보다 상큼한 레몬과 코발트블루로
각인되는 황제들의 휴양지... 카프리

유람선에서 바라다보는 나폴리만의 코발트블루는 시원하고 멋진 전경을 연출한다. 우리는 30~40분 정도에 걸쳐서 투명한 맥주병 모습의 브랜드로 기억되는 카프리(Capri)의 마리나 그란데(Marina Grande) 항구에 도착한다. 카프리섬은 이탈리아 남부 캄파니아주 나폴리 광역시에 딸린 섬으로 나폴리만 입구와 소렌토 반도 앞바다에 위치하고 있다. 이 섬의 명칭은 고대 그리스어인 '카프로(Kapro)'로 멧돼지 화석이 발견되면서 명명되었다고 한다. 카프리섬 이곳 역시 15세기에 아말피해안에 출몰하는 해적들을 피해서 섬 높은 곳에 마을이 형성되었는데 동쪽과 중앙은 카프리에 속하고 서쪽은 아나카프리(Anacapri)에 속한다. 아나카프리의 '아나'는 '위쪽'이라는 의미다. 아나카프리는 카프리와 몬테 솔라로(Monte Solaro) 바위산을 사이에 두고 생겨난 윗마을인 셈이다. 인구는 대략 카프리 쪽이 약 8,000명 규모고 아나카프리 쪽은 7,000명 정도로 실거주 인구는 많지 않은 편이지만 9,000여명의 우리나라 울릉도 인구보다는

마리나 그란데의 오픈카 택시

움베르토1세 광장 전망대 전경

많은 편이다. 아나카프리는 카프리처럼 분주하지 않고 조용한데다 경치도 좋아서 여행객들의 발걸음이 점점 늘어나고 있다고 한다. 아나카프리는 선착장인 마리나 그란데에서 500여 개 계단을 걸어 올라갈 수도 있지만 대체로 카프리에서 버스를 이용해서 올라간다고 한다. 버스가 서는 비토리아 광장(Piazza Vittoria)은 아나카프리 여행의 중심지다. 이곳은 카프리 섬에서 가장 번화한 곳으로 여름 시즌에는 노천카페가 광장에 가득 들어서는 만남의 장소다. 우리는 마리나 그란데에서 앙증맞은 흰색의 오픈카 택시를 타고 먼저 카프리 방향 움베르토 1세 광장(Piazza Umberto Ⅰ)으로 향한다. 바닷바람을 맞으면서 주변을 둘러볼 수 있어서 좋다. 이미 2,000여 년 전부터 지중해의 보석 같은 휴양지로 사랑받아온 카프리는 웅장한 몬테 솔라로와 레몬나무들, 그리고 어부들의 자그마한 배와 고급요트들, 그 모든 것을 감싸고 있는 깊고 깊은 코발트블루의 바다로 결코 흉내 낼 수없는 풍경을 만들어낸다. 이곳 카프리의 바다는 그 어느 곳보다 진청색을 띤다. 섬 전체는 용암으로 뒤덮여 있고 온난한 기후와 아름다운 풍경의 여행지로 유명한 곳이다.

우리는 먼저 로마 초대황제인 아우구스투스 정원(Giardini di Augusto)으로 향한다. 이곳 카프리섬은 아우구스투스 황제가 방문했을 때 그 아름다움에 반해서 주변섬을 포기하고 나폴리공국으로부터 사들인 섬이라고 한다. 그만큼 그에겐 애정이 많이 가는 곳이다. 가는 길가엔 황동으로 만든 처음 보는 도구가 있는데 고대 까르뚜지아 향수공방(Carthusia antica Officina del Profumo)이란 작은 간판이 달린 걸보니 그 당시 향 증류 제조기를 상징적으로 설치한 것으로 보인다. 이 공방가게는 그 전통을 이어 현재도 영업을 하고 있고 가는 길목에는 보라색 꽃들이 양옆으로 활짝 피어 있어서 정취를 더해주고 있다. 정작 황제의 정원은 생각보다 소박한 모습이다. 이곳이 섬이라는 것을 감안해도 규모도 아담하고 여느 유럽 궁전의 정원처럼 그리 화려하지도 않다. 말 그대로 황제인 그가 집무로 스트레스 받을 때 이곳에 들러서 맑은 공기를 마시며 푸르른 바다를 보면서 힐링하기에 적합했을 정도의 규모다. 이곳은 선착장에서도 그리 멀지 않고 카프리의 중심격인 움베르토 광장에서도 가까운 곳에 위치해 있어서 남쪽 해안과 주변의 코발트블루 바다와 주변 경관은 힐링장소로 충분했을 법하다. 바라다보는 전경은 아름답다 못해 환상적이다. 이곳 정원에는 지중해 식물과 다양한 꽃들이 자생하고 있어서 자연을 사랑하는 사람들에게 충분한 안식처가 될 듯하다. 그 당시 황제들은 로마에서 어느 정도 시간에 걸쳐 이곳까지 도착했을까? 갑자기 궁금해진다. 로마에서 가까운 해안가 도시 파우미치노에서 배로 이동해서 오지 않았을까 싶다. 이 정원의 주인인 그의 본명은 옥타비우스(Octavivs)고 카이사르(Gaius lulius Caesar)의 친인척이라는 사실 외에는 로마귀족사회에 거의 무명의 인물이었다고 한다. 그는 훗날 공화정 이후 로마의 전권을 장악하고 제정로마시대를 여는 초대황제가 되어 세상에서 '가장 존엄한 자'를 뜻하는 아우구스투스(Augustus)라는 칭호

고대로마 전통 향수공방

아우구스투스 황제 정원

를 받게 된다. 카이사르가 부루투스를 비롯한 공화파 귀족들에게 암살당한 후 공개된 그의 유언장은 로마귀족사회에 일대 파란을 일으켰다고 한다. 카이사르는 그의 재정적·정치적 후계자로 20살도 채 되지 않은 옥타비우스로 지정했기 때문이었다. 아들 카이사리온이 카이사르의 후계자가 될 것을 믿어 의심치 않았던 클레오파트라 7세(Cleopatra VII Philopator)와 카이사르를 오랫동안 보필했던 안토니우스(Marcus Antonius)는 카이사르의 유언장에 배신감을 느꼈다고 한다. 합법적인 결혼을 통해 태어난 2세가 없던 카이사르는 영민하고 총명한, 누나의 외손자 옥타비우스를 눈여겨보았다고 한다. 성장하면서 몇 차례 후계자로서의 가능성을 보여준 옥타비우스를 그는 유언장에 제1 후계자로 지정하였다. 카이사르가 나이어린 옥타비우스를 후계자로 정한 것은 자신이 그토록 일찍 암살당할 것은 꿈에도 생각하지 못했기 때문이었을 것이다. 긴 시간을 두고 옥타비우스를 후계자로 다듬어 갈 계획을 세웠던 카이사르의 느닷없는 죽음은 어린 옥타비우스에게는 커다란 시련이자 새로운 기회였을 것이다. 그는 카이사르의 암살당시 로마에 있지 않고 타지에서 공부와 군사훈련을 병행하고 있었다고 한다. 옥타비우스는 카이사르의 암살과 후계자가 되었다는 소식이 전해지자 그를 보필하던 장교들은 로마에서 이미 권력을 장악한 안토니우스가 옥타비우스를 살해할 것이라고 보고 피신을 권유했지만 그는 자신에게 주어진 의무과 권리를 버리지 않고 오히려 당당하게 로마로 귀환해서 자신을 중심으로 카이사르의 병사들을 결집시켰고 카이사르의 유언을 왜곡하는 안토니우스에게 당당히 맞섰다고 한다. 비록 나이는 어렸지만 과연 카이사르가 선택한 후계자다웠다. 옥타비우스는 일단 카이사르의 이름을 물려받았다. 그는 '가이우스 율리우스 카이사르'라는 이름 뒤에 자신의 이름 옥타비우스를 '옥타비아누스'로 고쳐 붙였다. 그리고 실권을 장악한 백전노장 안토니우스와의 대결을 차근차근 준비하기 시작했다고 한다. 옥타비아누스는 카이사르의 후계자라는 사실 외에는 모든 면에서 안토니우스에 열세였다. 안토니우스는 군사력과 재력·경력·인맥 면에서 카이사르 사후 로마의 최고 권력자였고 심지어 옥타비아누스에게 상속된 카이사르의 재산까지 움켜쥐고 돌려주지 않았다고 한다. 안토니우스는 카이사르를 죽인 공화파 귀족들을 벌하지 않고 타협하였고 카이사르의 신격화도 방해했고 카이사르의 독재 권력을 자기 것으로 만들기에 골몰하였다고 한다. 그러나 이처럼 궁지에 몰린 옥타비아누스를 구제해준 것은 뜻밖에도 카이사르 생전에 평생의 정적이었던 키케로였다고 한다. 그는 안토니우스가 카이사르 흉내를 내며 독재권을 가지려고 하자 신랄히 비판하면서 옥타비아누스의 숨통을 틔워주었다고 한다. 그는 옥타비아누스가 카이사르의 성적대상이었기 때문에 후계자가 되었다는 안토니우스의 비난을 막아주고 그 결과 안토니우스가 로마에서 평판을 잃고 갈리아 지역으로 후퇴하게끔 만들었다. 이러한 키케로의 옥타비아누스에 대한 뜻하지 않는 호의는 안토니우스에 대한 경계심 때문이었다. 안토니우스가 제2의 카이사르가 되려는 것을 막기 위해 본의 아니게 옥타비아누스의 편을 든 것이었다고 한다. 이는 옥타비아누스의 진정한 야망을 미처 파악하지 못한 키케로의 경솔함이었지만 안토니우스에 비해 너무나 약세였던 옥타비아누스에게는 가뭄에 단비와 같은 성장의 기회였다고 한다. 예나 지금이나 권력욕에는 동지도 정적도 뒤바뀌는 건 별반 다르지 않다. 그러나 카이사르를 따라 다니며 전장에서 잔뼈가 굵은 안토니우스는 옥타비아누스가 쉽게 대항할 상대가 아니었다. 어느 정도 힘을 기른 옥타비아누스는 안토니우스에게 섣불리 맞서기보다는 일단 그와 손을 잡고 다음을 도모하는 방법을 택한다. 2차 삼두정치를 시작하면서 옥타비아누스와 안토니우스는 공화정을 지지하는 귀족세력을 대거 숙청한다. 2차 삼두정치 과정에서 카이사르를 신격화시켰는데 그 상징성은 상징에만 그치지 않고 옥타비아누스의 세력 확장에 큰 힘이 되었다고 한다. 각자 맡은 지역도 옥타비아누스는 로마와 서방을 맡고 안토니우스는 경제적으로 풍부했던 이집트와 동방을 맡았다. 이 지역분할은 언뜻 보기에는 우수한 경제력을 택한 안토니우스에게 유리해 보이지만 근간이 되는 로마지역을 놓치지 않은 옥타비아누스가 진정한 로마의 지도자라는 이미지를 심어줌으로써 옥타비아누스에게 절대적으로 유리했다고 한다. 게다가 이집트에서 여왕 클레오파트라 7세와 사랑에 빠져버린 안토니우스는 자신이 로마 장군이라는 사실을 망각한다. 옥타비아누스는 클레오파트라 7세를 건실한 로마영웅을 망치는 요부로 소문내고 안토니우스는 이미 로마를 버렸다고 선전해 안토니우스의 인기를 떨어뜨렸다. 어느 시대나 한 여인과의 관계가 인생을 망치는 결과를 숱하게 지켜보면서도 통제가 안 되는 건 무엇 때문일까? 결국 BC 32년에 원로원은 안토니우스의 집정관 권한을 공식적으로 박탈하고 클레오파트라 7세가 다스리고 있는 이집트에 선전포고한다. 옥타비아누스와 안토니우스의 피할 수 없는 일대 격돌이 시작된 것이다. 이는 로마의 운명과 역사의 향방을 결정지을 전쟁이었다. 옥타비아누스는 원래 무장으로서의 역량은 부족한 편이고 뛰어난 전사가 아니었다. 태생이 군인이었던 안토니우스는 옥타비아누스의 이런 약점을 항상 비웃었으며 얕잡아 보았지만 그의 탁월한 지략과 카리스마를 가진 리더였다는 점을 간과한 대가를 치르게 된다. 일찍이 옥타비아누스의 부족한 부분을 잘 알고 있던 카이사르는 옥타비아누스의 청소년 시절에 친구이자 부관으로 아그리파(Marcus Vipsanius Agrippa)라는 뛰어난 장군감을 붙여 주었다. 옥타비아누스는 아그리파를 뛰어난 장군으로 성장시켰고 그에게 군사지휘권을 맡겨 안토니우스에 버금가는 군사력을 육성하도록 하였다. 그래서 BC 31년 악티움해전(Battaglia di Actium)에서 신예 옥타비아누스와 아그리파는 전장에서 잔뼈가 굵은 안토니우스의 군대와 경제력이 뒷받침하고 있던 클레오파트라의 이집트 군대에 맞서 싸워 승리한다. 옥타비아누스가 역사의 주인공이 되는 순간이다. 비록 아우구스투스의 권력이 황제권력이었다 할지라도 그는 명목상 로마를 공화정으로 남겨두고자 하였지만 실질적으로 아우구스투스의 통치는 황제정의 시작이었다고 한다. 즉 아우구스투스 이후 로마는 카이사르의 후손을 자처하는 1인에게 모든 권력을 집중시키는 실질적인 황제국가로 진입하게 된다. 이로써 '카이사르'라는 단어는 이후 로마황제뿐만 아니라 나아가 전제적 권력을 가진 황제를 의미하는 수식어가 되었다. 아우구스투스 이후 로마는 200년간 계속 평화를 누리며 발전하게 된다. 변방의 수비도 견고해졌고 이민족의 침입도 없어졌다. 국가치안도 확립되어 교통·물자의 교류도 활발해지고 로마제국 내의 각지에서 도시가 번영하여 모든 로마인이 평화를 구가한 결과 이 시기를 팍스로마나(Pax Romana)라고 한다. 그는 후에 "나는 벽돌로 지어진 로마를 발견해서 대리석의 로마로 남겨 두었다(Marmoream relinquo, quam latericiam accepi)"라는 의미 있는 말을 남긴다. 그와 그의 시대는 한편의 장대 서사시를 보는 느낌이다. 그의 소박한 정원을 둘러보면서 많은 생각에 잠긴다. 황제정원을 나와서 근처 에마누엘레 거리(Via Emanuele)에서 계속 직진하다 왼쪽으로 돌면 한때 수도원으로 쓰이기도 했던 예쁜 성당 체르토사 디 산 쟈코모(Certosa di San Giacomo)가 나온다. 아우구스투스의 후계자로 13년간 이곳에서 은둔 상태로 로마를 통치했던 티베리우스(Tiberius) 황제저택이 있던 자리에 지어진 것으로 아치가 늘어선 정원이 아름답다. 선착장으로 가는 길 도중에 푼타 캐논 전망대(Belvedere di Punta Cannone)에서 멋진 바다를 바라다본다. 이곳 카프리섬은 해안 어느 데에서나 바라다보는 바다는 그저 아름답고 절로 힐링이 되는 느낌이다. 길 자체가 예술작품인 유명한 산책로 크루프(Via Krupp)를 해안절벽을 따라 지그재그로 나있는 코발트블루 바닷길 위로 걷다보면 또 다른 선착장인 마리나 피콜라 해변(Spiaggia di Marina Piccola)에 이르게 된다.

다시 발길을 돌려 광장방향으로 내려온다. 움베르토 광장의 왼쪽에 있는 좁은 골목인 레 보떼게 거리(Via Le Botteghe)는 기념품점, 레스토랑 등이 밀집해 있다. 이 길

산책로 크루프

을 따라 계속 올라가면 카프리 사람들의 그림 같은 집과 정원, 그리고 그들의 여유로운 삶을 엿볼 수 있다. 근처에 있는 아르코 나투랄레(Arco Naturale)는 마테르마니아 거리(Via Matermània)의 끝에 있는 곳으로 거대한 바위가 비바람에 침식되어 천연아치를 이루고 있다. 가는 길이 좀 힘들지만 조용해서 휴식을 취하기에는 제격이다. 움베르토 광장에서 도보로 대략 30분 정도 걸린다. 아르코 나투랄레에서 돌아오는 길에 왼쪽으로 적벽돌 계단을 조금 내려가면 로마시대에 신전으로 사용하던 동굴 그로타 마테르마니아(Grotta Matermània)가 있다. 레스토랑과 세계 명품패션 부티크들이 줄지어 있어 하루 종일 사람들로 붐비는 곳이다. 움베르토 광장에서 우리는 오픈카를 다시 타고 10여분에 걸쳐 빌라 조비스(Villa Jovis)로 간다. 이곳 빌라 조비스는 카프리의 동북쪽 가장 높은 곳에 자리 잡고 있는데 티베리우스 황제가 머물렀던 곳으로 주거 공간·욕실·테라스 등의 흔적들이 현재에도 남아 있다. 이곳은 황제들이 집을 짓고 살고 싶을 정도로 경치가 무엇보다도 뛰어나다. 이곳에서 카프리 마을과 바다를 내려다보면 석양에 붉게 물드는 섬과 바다를 황홀하게 느낄 수밖에 없을 것 같다. 카프리를 비롯하여 소렌토와 아말피 해안방향도 한눈에 들어오고 특히 해질 무렵의 석양은 정말 장관이라고 하는데 우리는 태양이 작열하는 시간대라서 석양을 보지 못하는 것이 그저 아쉬울 뿐이다. 곰곰이 생각해보면 우리는 여행하면서 일출과 일몰광경을 별로 본 기억이 없다. 그 시간에 다른 스케줄이 있었거나 아니면 미리 해당 장소에서 그 시간을 기다려야 하는데 날씨나 다른 이유 때문에 못했던 것 같다. 언제나 멋진 장소에서 여유롭게 장관을 볼 수 있을라나... 아무튼 이곳 빌라 조비스는 움베르토 광장에서 도보로는 40여분 정도 걸린다. 세상에 남부러울 것 없었을 황제들이 왜 그토록 카프리섬을 열망했는지 충분히 이해가 될 듯싶다. 움베르토 광장의 오른쪽으로 나 있는 에마누엘레 거리와 카메렐레 거리(Via Camerelle)는 특급 호텔들이 자리하고 있는 곳이다. 광장 근처 바로 옆에는 세계의 응접실로 불리는 피아체타(Piazzetta di Capri)가 있는데 이곳은 카프리섬의 중심광장으로 섬에서 가장 유명하고 번화한 지역이다. 광장은 카프리의 문화·관광 중심지로 좁은 골목길과 부티크들이 밀집되어 있다. 전통적인 이탈리아 스타일의 건물들이 주변을 둘러싸고 고급 레스토랑과 카페가 밀집되어

움베르토 광장 전경

있어서 카프리의 아름다운 경치를 즐길 수 있다. 그리고 레몬으로 만든 와인인 리모넬로(Limonello)와 같은 지역 고유 특산물을 만날 수 있고 고급 부티크와 기념품 가게가 모여 있는 곳이다.

다시 오픈카에 올라타고 이번엔 아나카프리의 중심지인 비토리아 광장으로 향한다. 아나카프리는 카프리섬 서쪽 고지대에 위치한 조용하고 그림 같은 곳이다. 광장 한쪽의 오를란디 거리(Via Orlandi)는 아기자기한 아나카프리의 매력을 즐길 수 있는 거리다. 걷다보면 카프리와 달리 하얀색 건물들이 많고 레몬이 그려진, 포지타노에서 봄직한 마졸리카 타일로 만든 벤치들도 눈에 띈다. 이곳에는 유명한 성당이 두 곳

산 미켈레 성당 바닥 모자이크 《아담과 이브의 에덴동산 추방》

이 있다. 마치 동화 속에 나오는 건물처럼 아담하고 하얀 산타 소피아 성당(Chiesa di Santa Sofia)이 있는데 아나카프리에서 가장 오래된 성당이라고 한다. 또 다른 곳 산 미켈레 성당(Chiesa di San Michele)은 제단 아래 빙 두른 흰 타일 바탕에 그려진 노란 레몬 같은 과일이 형상화되어 있는데 아마도 선악과를 묘사한 것이 아닐까 하는 생각이 든다. 1층 바닥 전체에 장식되어 있는 마졸리카 타일이 독특하게 다가온다. 18세기 초반에 만들어진 것으로 아마도 에덴낙원에 있는 아담과 이브를 묘사하고 있는 것으로 보인다. 확인해보니 《아담과 이브의 에덴동산 추방(L'esilio dell'Eden da parte di Adamo ed Eva)》이라는 작품이라고 한다. 그런데 양들을 비롯해서 각종 동물들이 등장하는데 악어와 유니콘 까지 묘사되어있다. 차마 타일작품 위를 밟고 다니기가 민망스러울 정도다. 2층에 올라가서 보면 카펫처럼 아름답게 펼쳐진 아졸리카 타일작품의 전체 모습을 감상할 수 있다. 또 하나 빠뜨릴 수 없는 곳은 빌라 산 미켈레(Villa San Michele)로 스웨덴 출신의 작가이자 의사인 악셀 문테(Axel Munthe)가 로마시대 빌라의 잔재에 건물을 지어 살았던 곳이라고 한다. 그 당시 주방모습도 그대로 남아있고 바다를 향해 바라보고 있는, 마치 이집트에서나 볼 법한 스핑크스 같은 반인반수의 석상이 앉아있다. 현재는 박물관으로 쓰이는데 내부에는 각종 조각물들이 전시되어있고 카프리를 내려다볼 수 있는 전망 좋은 정원이 특히 인상적이다. 아나카프리의 방문 목적중의 하나는 그로토 아주라(Grotta Azzurra), 즉 푸른 동굴을 둘러보기 위해서인데 기상상태가 중요하게 작용한다. 강한 바람이나 파도가 있으면 보트가 동굴에 접근하기 어렵기 때문이다. 푸른 동굴을 방문할 땐 주로 마리나 그란데 항구에서 출발하는 쾌속보트를 이용하거나 아나카프리 해변에 위치한 계단을 통해서 내려가면 된다. 동굴입구는 매우 좁고 낮아서 2~3인용 작은 보트로 갈아타야 출입이 가능하다. 푸른 동굴은 햇빛이 강할 때 가장 뚜렷하게 바닷물을 통해 굴절과 반사작용으로 동굴안을 푸른 에메랄드빛으로 채운다. 그런데 우리는 아쉽게도 파도가 들어가기에 부적합하다고 해서 불가란다. 다시 카프리섬을 방문할 수 있다는 보장도 없는데... 이곳은 티베리우스 황제시절부터 신성한 공간으로 해양사원으로 활용되었고 동굴 내부에는 신들의 조각상들이 있었다고 한다. 그래서 그 당시 조각상들 일부가 발견되었고 인양

되지 못한 것은 바다 밑에 그대로 존재하고 있다고 한다. 아쉬울 따름이다. 일전에 제주도에서 나름 큰 요트를 타고 항해한 적이 있는데 눈으로 보기에는 잔잔해 보이는 바다가 실제 요트를 타고 나가보면 작은 파도에도 생각보다 롤링이 심하다. 해서 요트업자가 선실에 차려놓은 회와 각종 음식 등 진수성찬을 멀미로 손도 못된 기억이 스멀스멀하다. 말 그대로 그림의 떡이다. 마냥 파도가 잦아질 때까지 기다릴 수 없어서 이제 우리는 아쉬움을 뒤로 하고 마지막 여정지를 향하기 위해서 마리나 그란데로 오픈카를 타고 내려온다.

이곳 카프리섬을 배경으로 한 영화로는 〈일 포스티노(Il Postino)〉를 꼽을 수 있다. 칼라 디소토라는 작은 섬으로 그려지는 곳의 실제 촬영지는 이곳 카프리섬이라고 한다. 칠레정부의 탄압을 피해서 이곳으로 온 민중시인 파블로 네루다(Pablo Neruda)와 그의 팬들로 오는 우편물을 배달하는 우편배달부 마리오의 우정을 다룬 소설을 바탕

마리나 그란데 선착장 전경

으로 만든 영화다. 네루다는 마리오에게 아름다움은 찾는 자의 몫이고 의지가 있으면 세상을 바꿀 수 있기 때문에 방관자나 구경꾼이 되지 말라고 조언한다. 그리고 마리오에게 시를 가르친 결과 마리오는 그 섬에서 흠모하던 여인 베아트리체를 시로 사랑에 빠지게 만든다. 결국 본국으로 귀국한 네루다에 바치는 헌시는 마리오의 사후에 부인 베아트리체로부터 전해 받게 된다는 가슴 뭉클한 작품이다. 영화의 배경이 된 카프리는 그저 조용한 항구 섬마을로 나오지만 자연 속의 편안한 도피처이자 안식처로 그려진다. 그리고 또 하나는 〈리플리〉를 들 수 있다. 주인공 톰 리플리와 친구 딕키 그린리프가 함께 시간을 보내는 곳으로 설정되어 있는데 이곳의 한적한 분위기와 코발트블루의 지중해 풍경은 두 사람의 친분이 두터워지는 동시에 갈등이 시작됨을 암시하는 공간으로 활용된다. 로마(Roma)로 이동하기 위해서 선착장에서 나폴리행 유람선을 탄다. 기다리는 동안 몽돌이 가득 깔려있는 해변가에 앉아서 손을 적시며 지중해를 느껴본다. 탑승 후에 우리는 갑판으로 나가 바닷바람과 지중해를 만끽한다. 적당한 바람과 햇살이 좋다. 1시간 40여분에 걸쳐서 나폴리항구에 도착한다. 나폴리항은 세계 3대 미항이라고 불리는데 유람선에서 보이는 항구 모습은 생각보다 아름답지는 못하다. 항구라서 그런지 유람선에 내려 주변을 둘러봐도 그리 깔끔한 모습은 못된다. 너무 기대해서일까?

여행자들의 영원한 영혼의 도시... 로마

우리는 2시간30분 정도에 걸쳐서 나폴리에서 마지막 여정지인 로마로 입성한다. 로마는 잘 알다시피 이탈리아의 수도이자 최대 도시로 라치오주의 주도이자 테베레 강(Fiume Tevere) 연안에 있다. 인구는 400만 명 정도지만 대도시인 밀라노나 나폴리에 비해 면적이 3~4배 넓은 편이고 여행지의 절대지존답게 둘러볼 곳이 상당히 많다. 고대로마의 이미지가 강하고 실제로 고대로마제국의 흔적이 가장 많이 남아있는 곳이다. 하지만 로마가 일시적으로 몰락했던 고대 말에서 중세초 정도를 제외하면 교황령의 르네상스시대나 근·현대 통일이탈리아시대까지 다른 모든 시대의 흔적도 많이 남아있어서 아는 만큼 보인다는 말이 가장 적절한 곳이 이곳이다. 그러나 아이러니하게도 도시가 온통 여러 시대의 볼거리로 가득 차 있어서 돌아보기가 좀 피곤한 편이지만 한편으론 걸어 다니는 모든 곳이 구경거리인 게 로마의 매력이기도 하다. 그래서 길을 잃어버리는 순간 새로운 여행이 시작된다는 말이 실감나는 도시가 바로 이곳 로마라고 할 수 있다. 고대로마 기원설화에 의하면 로마라는 이름은 이 도시의 첫 번째 왕이자 설립자인 로물루스(Rōmulus)의 이름을 따서 지었다는 설과 테베레 강의 옛 이름으로 '흐르다'라는 뜻을 가진 라틴어 동사 루먼(Rumon) 또는 루멘(Rumen)이 어원이라는 설, 그리고 '힘'을 뜻하는 그리스 단어에서 유래했을 가능성이 있다는 설이 있는데 명확한 어원은 밝혀지진 않은 상태라고 한다.

아무튼 우리는 가장 먼저 포로 로마노(Foro Romano)로 향한다. 이곳은 바로 옆에는 콜로세움(Colosseo)이 있는 고대로마제국의 정치적 중심지이자 로마제국의 필라티노 황궁이 있던 장소다. 팔라티노(Palatino) 언덕과 콜로세움 사이에는 로마제국시대의 개선문인 콘스탄티누스 개선문(Arco di Constantino)이 있다. 이 개선문은 콜로세움 서쪽에 서 있는데 기독교를 공인한 콘스탄티누스 황제가 312년 밀비안 다리전투(Battaglia del ponte di Milvian)에서 그의 라이벌이었던 막센티우스를 물리친 기념으로 세운 개선문이라고 한다. 높이가 21m에 달하고 벽면부조에는 황제의 업적과 전쟁장면 등이 묘사되어 있다. 그 당시 전쟁에서 개선장군들은 반드시 이 문을 통과해서 황제에게 승전을 보고했다고 한다. 로마에 있는 개선문 중 가장 크며 파리의 에투알 개선문(Arc de Triomphe)도 이것을 모방해서 지은 것이라는 것이 일반적인 설

콘스탄티누스 개선문

이다. 그러나 오랫동안 이탈리아에서 활동한 건축가에 의하면 파리 개선문은 티투스 개선문(Arco di Tito)을 모방해서 지은 것이라고 주장하기도 한다. 그러나 나폴레옹이 로마원정 당시 콘스탄티누스 대제의 개선문을 보고 매우 탐이 났으나 도저히 파리로 가져갈 수가 없었고 그래서 파리에 개선문을 만들었다는 걸 보면 아마도 콘스탄티누스 개선문을 모델로 티투스 개선문도 디자인 차원에서 참고한 것이 합리적인 추정일 듯싶다. 외형적으로 보면 티투스 개선문의 느낌이 파리 개선문에서 묻어나기 때문이다. 아무튼 이곳 포로 로마노는 로마제국의 심장부답게 개선문만 콘스탄티누스, 티투스 포함 총 5개가 있을 정도다. 그중 가장 오래된 것은 초대황제인 아우구스투스 개선문이 아닌 티투스 개선문이라고 한다. 이곳을 얼핏 보면 폭격에 의한 폐허지로 보이지만 그 하나하나의 역사적 배경을 알고 보면 그야말로 오랜 고대로마제국의 진면목을 느낄 수 있다. 먼저 눈에 들어오는 것은 높은 기둥만 남아있는 꽁꼬르디아 신전(Templum Concordia)을 들 수 있다. BC 367년에 평민들도 집정관이 될 수 있도록 하는 리키니우스 섹스티우스법(leges Liciniae Sextiae) 제정을 기념해 세워진 신전이다. 로마시내 곳곳, 심지어는 맨홀 뚜껑에서도 볼 수 있는 SPQR(Senatus Po-pulus Que Romanus)이란 표기는 '로마 원로원과 시민'이라는 의미로 이때부터 사용되어 지금까지 로마의 상징으로 사용되고 있을 정도다. 그리고 로마제국의 핵심장소인 원로원(Curia)이 온전한 지붕 모습을 보이고 있는데 BC 670년에 처음 세워졌고 303년에 보수해서 오늘날까지 그 형태를 유지하고 있고 대리석 장식 바닥이 있는 하나의 방으로 되어 있다. 포로 로마노의 중앙을 가로지르는 중요한 도로인 '성스러운 길'이라는 의미

포로 로마노

캄피돌리오 광장

의 '비아 사크라(Via Sacra)'는 로마에서 가장 오래된 도로다. 캄피돌리오 언덕(Monte Campidoglio) 꼭대기에 있던 주피터 신전으로부터 셉티미우스 세베루스 개선문을 지나 여러 바실리카 앞으로 해서 티투스 개선문으로 뻗어있다.

포로 로마노에 이어서 우리는 바로 옆 캄피돌리오 광장(Piazza del Campidoglio)으로 자리를 옮긴다. 고대로마의 발상지로 전해지는 7개 언덕 중 하나인 캄피돌리오 언덕 한 모퉁이에 미켈란젤로의 구상으로 1547년에 건설되었다. 큰 계단 위에 위치한 이 광장은 좌우 양쪽의 한 쌍의 건물인 팔라초 누오보(Palazzo Nuovo)와 팔라초 콘세르바토리(Palazzo dei Conservatori del Campidoglio), 현재는 시청사로 사용 중인 안쪽 정면의 팔라초 세나토리오(Palazzo Senatorio) 등 3개 건물로 둘러싸여 있다. 좌우 건물이 마주보는 간격은 투시효과를 위해서 바깥쪽에서 안쪽으로 향할수록 넓어지게 배치되어 있다. 광장 중앙에는 로마의 평화기(Pax Romana)를 이끈 마지막 5현제 중 한명이자 스토아학파 철학자로 우리에겐 『명상록(The Meditations)』의 저자로 잘 알려진 마르쿠스 아우렐리우스(Marcus Aurelius Antoninus)의 기마상이 자리하고 있다. 광장과 건물 디자인은 그 수법의 독창성과 공간통일의 탁월성으로 미켈란젤로의 가장 뛰어난 건축 작품으로 손꼽히고 있다고 한다. 1536년에 신성로마제국 황제 카를로스 5세의 로마방문 당시 보여준 캄피돌리오 언덕의 상태에 당혹스러웠던 교황 바오로 3세는 미켈란젤로에게 혁신적인 개조를 위한 설계를 요청했다고 한다. 이 요청에는 사다리꼴 모양의 광장과 기존 건물의 리모델링도 포함되어 있었다고 한다. 미켈란젤로는 삼각형을 겹쳐서 만든 12방형별을 바닥을 깔아 로마세력의 근원지를 표시하였고 새로운 건축물인 팔라초 누오보로 하여금 그 테마 면에서 다른 2개의 건물을 연결하게 하는 공간 절약적인 설계를 제시하였다고 한다. 팔라초 누오보와 팔라초 콘세르바토리는 현재 카피톨리니 박물관(Musei Capitolini)으로 명칭이 변경되어 활용되고 있다. 이곳 캄피돌리오 광장에 있는 카피톨리니 박물관은 현존하는 세계에서 가장 오래된 박물관으로 알려져 있다. 박물관 건물에는 로마시대 미술품과 함께 그리스, 이집트 유물까지 소장해서 전시하고 있다. 특히 이곳은 로마의 기원과 역사에 대한 유적이 많이 소장되어 있는 고대로마제국의 심장과 같은 존재라고 할 수 있고 1471년에 교황 식스투스 4세가 로마시대의 청동조각들을 팔라초 콘세르바토리에 기증하면서 설립되었다고 한다. 이후 1654년에 교황 피우스 5세가 여러 점의 조각상을 기증하면서 팔라초 누오보도 박물관으로 변경되었다고 한다. 1734년부터 일반에 개방되었는데 팔라초 콘세르바토리 수십 개의 전시 방에는 《카피톨리네의 암늑대상(Lupa capitolina)》, 《마르쿠스 아우렐리우스의 청동 기마상(Statua equestre di Marcus Aurelius)》 진품 등 유명한 고대로마시대의 조각과 미술품들이 전시되어 있다. 로마시대 집권자들의 사무실과 주거를 겸했던 이곳 공간의 천정과 바닥 등에서는 당시의 장식미술 등도 함께 엿볼 수 있다. 그리고 2층 공간에는 회화와 응용 예술작품들이 10여 개 전시실에 전시되어 있다. 그중에는 로마시대의 동전과 메달 등 주화 전시실도 있고 궁전 안

카피톨리니 박물관

뜰에는 《콘스탄티누스 거상(Colossus of Constantine)》이 있다. 또한 팔라초 누오보, 즉 카피톨리니 박물관에는 《카피톨리니의 비너스(Venere Capitolina)》 등 로마귀족과 성직자들이 소유했던 고대 조각상과 작품들이 전시되어 있다. 아울러 두 건물을 연결하는 지하회랑에는 고대로마주택과 비문들이 전시되어 있다. 그밖에도 박물관 전시관뿐 아니라 계단과 로비, 통로 곳곳에 작품들로 가득 채워져 있다. 이곳을 로마제국의 심장이라고 부르는 이유는 제국 창업자인 로물루스 형제를 중심으로 그 당시 로마인들이 캄피돌리오 언덕과 팔라티노 언덕 등 7개 언덕에 모여 살면서 따뜻한 남쪽 언덕 아래의 계곡을 메워서 시민들이 모이는 광장 포로 로마노를 만들었기 때문이다. 그리고 이들은 캄피돌리오 언덕과 팔라티노 언덕을 합쳐서 캄피돌리오 광장을 만들고 BC 575년에 이곳에 주피터 신전도 지었다고 한다. 캄피돌리오 언덕은 7개의 언덕 중 가장 작았지만 건국시조가 살았던 신성한 곳이자 이후 수많은 신전을 이곳에 세워서 신들을 위한 언덕으로 조성하였다고 한다. 결국 이러한 캄피돌리오는 훗날 영어로 수도(Capital)와 미국 국회의사당(Capitol)의 어원이 된다. 훗날 로마제국 최초의 황제 아우구스투스 궁전(Casa di Augusto)이 있던 팔라티노 언덕도 궁전을 의미하는 라틴어 팔라초(Palazzo)로 영어 팰리스(Palace)의 어원이 되었다. 그러다가 1,000여 년 동안 융성하던 로마제국이 4~5세기 훈족의 압박을 피해 도나우강을 건너 이곳으로 이주한 게르만족 일파인 서고트족(Regnum Visigothorum)에게 4세기에 멸망된 후 캄피돌리오 광장은 오랫동안 잡초가 우거진 폐허가 되어 염소가 풀을 뜯는 염소의 언덕(Monte Caprino)이라고 불렸다고 한다. 그렇게 다시 1,000여 년이 지난 르네상스 시대에 이르러 교황 바오로 3세가 미켈란젤로에게 이 광장의 재단장을 위한 설계를 요청한 것이

코르도나타 계단

라고 한다. 미켈란젤로는 광장 정면에 팔라초 세나토리오를 배치하고 왼편에 팔라초 누오보, 오른편에 팔라초 콘세르바토리를 ∩자형으로 배치하였다. 그리고 광장의 바닥은 기하학적 무늬로 마르쿠스 아우렐리우스의 청동 기마상을 중심으로 세계로 뻗어나가는 '세계의 수도'라는 의미의 '카푸트 문디(Caput Mundi)'로서 광장의 존재감이 잘 나타날 수 있도록 설계하면서 전체적으로 건물의 조화가 매우 탁월하게 구성하였다. 광장의 레이아웃과 그를 둘러싼 팔라초들은 훗날 이탈리아와 프랑스 정원설계에 큰 영향을 미치게 되었다고 한다. 캄피돌리오 광장은 팔라초 누오보가 있어서 누오보 광장(Piazza Nuovo)이라고도 불리는데 캄피돌리오 언덕으로 올라가는 가파른 길은 외국사절들이 교황을 알현하기 위해 말을 타고 편안하게 언덕을 올라가도록 위로 올라갈수록 넓게 원근법을 적용해서 설치한 착시형 계단길로 이 길을 코르도나타(Cordonata)라고도 한다. 이 역시 미켈란젤로의 작품이다. 캄피돌리오 언덕으로 올라가는 이곳 코르도나타 계단입구 양쪽에는 이집트에서 가져온 사자상을 배치했고 캄피돌리오 언덕의 계단 끝단에는 제우스가 백조로 변신하여 스파르타 왕 틴다레오스의 왕비 레다와 관계해서 낳은 쌍둥이 카스토르(Castor)와 폴리데우케스(Pollux)가 백마를 끌고 있는 조각상을 배치하였다. 폼페이에 이어서 이곳에서 다시 제우스와 레다의 전설이 이어지고 있다. 이들 형제가 BC 496년에 로마병사들이 라틴족과 로마 영토를 확고하게 장악하는 레길루스 호수 전투(Battaglia del lago Regulus)때 백마를 타고 진두지휘하며 승리를 이끌었다고 하고 그들의 신전을 세우고 숭배하기 시작했는데 이들 제우스의 자식들을 디오스쿠로이(Dioskouroi)라고 한다고 한다. 이 모든 설계의 주인공은 미켈란젤로였지만 안타깝게도 정작 그는 이곳의 완공모습을 보지 못하고 사망했다고 한다. 우리는 아는 만큼 보인다라는 말을 종종하는데 이곳이야말로 미리 알지못한다면 깊이있게 살펴보지 않고 그저 피상적으로 스쳐 지나가는 공간일 수도 있겠다라는 생각이 든다.

캄피돌리오 언덕을 내려와서 우리는 콜로세움(Colosseo)으로 향한다. 잘 알다시피 이곳은 고대로마시대의 상징이자 현재에도 로마를 상징하는 시그니처로 활용되고 있는 타원형 경기장이다. 석회암·응회암·콘크리트·홍예석 등으로 건축했고 8~9

만 명 규모의 관중을 수용할 수 있다고 한다. 원래 이 콜로세움이 세워져 있던 이곳은 주거지역이었다고 한다. 그러나 64년에 로마 대화재가 발생되어 이곳 건물들이 전소되자 네로 황제는 팔라티노 언덕과 에스퀼리노 언덕 사이에 거대한 황금궁전인 도무스 아우레아(Domus Aurea)와 인공 호수, 정원들을 지었다고 한다. 기존 수로들이 이 정원에 엄청난 양의 물을 공급하기 위해 거대하게 개축되었고 궁전과 정원들은 모두 화려하게 장식되었다고 한다. 그리고 궁전 옆에 자신의 모습을 한 거대한 청동 동상을 세웠다고 하는데 콜로세움이라는 이름은 그러한 네로황제의 거대 동상인 콜로서스(colossus)에서 유래한 것이라고 한다. 그러나 네로의 끊임없는 폭정에 반발해서 반란이 일어나게 되고 그는 결국 살해되고 만다. 후에 황제의 자리에 즉위한 평민 출신의 베스파시아누스 황제는 네로의 황금궁전을 헐어버리고 대부분을 땅에 묻어버린 후 그 일부 부지에 민심을 사려는 정치적 목적으로 거대한 원형 경기장을 짓기로 결정했다고 한다. 이와 같은 결정은 황제의 사유지였던 공간을 다시 시민들에게 되돌려준다는 상징적인 의미가 깃들어 있는 것이었다고 한다. 폼페이 지역 복구이후인 1772년부터 도무스 아우레아 발굴 작업을 시작해서 현재도 진행 중인데 그 일부는 일반인들에게도 개방되고 있다는데 못 본 것이 아쉽다. 이곳의 발굴 작업이 마무리되면 폭군 네로가 얼마나 화려하게 자신만의 세상을 만들었는지 그 거대한 실체가 후대 사람들에게 만천하에 공개되는 셈이다. 발견된 역사적 비문에 의하면 70년 경 예루살렘을 함락시킨 후에 유대인들의 성전에서 가져온 황금과 제물을 이용해서 콜로세움을 건축하기 시작했다고 한다. 전리품과 함께 잡혀온 10만 명의 유대인 노예들이 건축에 동원되었는데 그 당시 노예들은 로마에서 20km정도 떨어진 채석장에서 돌을 옮겨 왔고 로마 건축가들과 전문가들이 보다 전문적인 작업들을 수행하였다고 한다. 결국 어느 제국이나 노예의 노동력을 착취해서 그들의 위세를 과시한 셈이다. 그 외에도 근처에 검투사 양성학교와 지원건물들이 지어지기 시작하였다고 한다. 다른 원형극장들이 주로 도시 외곽에 위치해있었던 것과는 달리 콜로세움은 독특하게도 도심 한가운데에 정치적인 의도로 지어진 것이 그 차이점이다. 그리고 네로의 동상은 후대 황제들에 의해 개조되어 태양신 헬리오스(Helios) 동상으로 교체되었다고 한다. 중세시대에 헬리오스는 이교도의 상징처럼 여겨졌지만 이 동상만은 그 예술성을 인정받아 파괴되지 않고 계속 보존될 수 있었다고 한다. 우리는 흔히 호색한을 일컬어서 카사노바라고 부르지만 그 원조는 비록 신화 속 인물이지만 이 헬리오스가 원조일 듯싶다. 그리스신화 속 제1의 호색한은 제우스라고 알려져 있지만 태양신 헬리오스는 날마다 세상을 두루 비추며 돌아다니다 보니 많은 여인들을 보게 되고 그들을 마음대로 겁탈한 장본인이라고 한다. 현실세계에서의 가장 대표적인 비활성 기체 헬륨(Helium)이 바로 이 헬리오스에서 이름을 따왔다는 것 또한 아이러니하다. 네로가 실각한 후엔 시민들이 청동을 녹여 사용하기 위해서 그의 동상을 무너뜨린 나머지 기단만 남았고 콜로세움을 짓던 시기엔 로마도시 전체가 하나의 거대한 채석장으로 변하였다고 한다. 이러한 콜로세움의 원래 명칭은 플라비우스 원형경기장(Amphitheatrum Flavium)으로 72년에 베스파시아누스 황제가 착공해서 8년 뒤에 아들인 티투스 황제 때 완공되었다. 이러한 콜로세움은 수 세기 동안 계속 개축되어왔고 로마제국 전성기에는 8만 명까지 관중을 수용했다고 한다. 80년 완공당시 콜로세움 개막식 첫날에만 5,000마리가 넘는 야생동물들이 희생되었고 도미티아누스 황제 때 개축되어 콜로세움 하부에 지하터널까지 만들었다고 한다. 발굴과정에서는 지하에서 그 당시 이탈리아 지역에서 생존하지 않는 동물들 유골까지 출토되었다고 하는데 대부분 로마 점령지에서 공수해온 것이라고 한다. 검투사들에게 희생된 동물들의 가죽은 참가한 시민들에게 나눠주고 남은 사체는 다른 동물들의 먹잇감으로 처리했다고 한다. 그리고 전투 승리기념식 때에는 6만5천 톤의 거대한 양의 물을 내부에 유입시켜서 모의해전까지 치렀다고 한다. 〈글래디에이터(Gladiator)〉, 〈쿼바디스(Quo Vadis)〉, 〈벤허〉 등 각종 고대로마제국 시대를 배경으로 한 영화에서 자주 등장하듯이 이곳에서는 주로 검투사들의 결투가 이루어졌고 모의해전 외에도 동물사냥·신화재연·기독교인들의 처형 등 다양한 행사들이 펼쳐졌다고 한다. 그러나 중세에 이르러 제국이 쇠퇴하고 로마가 폐허로 변하면서 이곳 콜로세움은 지진과 약탈·채석 같은 파괴행위로 상당 부분이 손상을 입었지만 여전히 로마의 상징적 존재로 연간 400~500만 명의 관광객들을 끌어들인다고 한다. 나에겐 고대로마제국 배경의 영화보다 이소룡(Bruce Lee) 주연의 〈맹룡과강(The

Way of the Dragon)〉이 가장 강렬하게 뇌리에 박혀있다. 격투 상대역으로 그 당시 신인배우인 척 노리스와 둘이 싸우던 공간이 콜로세움이었는데 그 당시 촬영허가가 나오지 않아서 대결장면은 실제 콜로세움 내부가 아니라 실내 세트에서 찍었다고 하는 에피소트에 아쉬웠던 추억이 있다. 48.5m의 높이로 요즘 아파트 기준 18층 규모의 높이로 건축해서 그 당시 완공했으니 세계건축사에 기록될만한 이 건축물은 4층 구조로 되어있고 외벽은 층층이 쌓여있는 3개 기둥들로 이루어져 있다. 이 기둥의 열들은 층마다 그 양식이 다르다. 남성적인 도리아 양식·여성적인 이오니아 양식·코린트 양식 등 다양한 양식의 기둥들을 모두 사용하여 지었다. 2층과 3층의 아치에는 원래 신화 등장인물의 조각상들이 세워져 있어서 그 화려함을 더했다고 한다. 그리고 200개

콜로세움

의 가죽 차양이 콜로세움 내부에 설치되어 있어서 태양과 비를 관중들이 피할 수 있도록 해주었다고 한다. 이 차양은 경기장의 2/3를 덮을 수 있었고 공기의 원활한 흐름을 위해 안쪽으로 기울어진 형태로 설치되어 있었다고 한다. 그 당시 근처 해상 군부대에서 선별된 병력들이 이 차양을 설치하고 내리는 데 동원되었다고 할 정도다. 이곳은 거대한 규모임에도 불구하고 유사시 관중들을 빠르게 대피시킬 수 있는 기능까지 갖춘 혁신적인 설계가 돋보이는 구조라고 한다. 그 당시 로마 건축가들은 관중들의 빠른 입장과 퇴장을 위한 효과적인 방법들을 고안해냈는데 약 80개의 출입구를 만들어 이 중 76개는 일반 군중들이 사용하도록 했다고 한다. 각 출입구에는 고유한 번호가 매겨져 있었다고 하는데 마치 현대 대규모 경기장의 모델인 셈이다. 북쪽 정문은 황제와 귀족들의 출입문이었고 나머지 방향의 문은 로마 지배층이 주로 사용하는 문이었다고 한다. 4개 주요 문은 타일과 황금으로 아름답게 장식되어 있었다고 하고 현재도 그 파편을 찾아볼 수 있다고 한다. 그러나 현재는 지진 등으로 외벽이 많이 무너지고 훼손되었기 때문에 32개의 문만 남아있는 상태라고 한다. 내부좌석은 로마사회의 계급에 따라 엄격히 구분되었는데 지위가 높을수록 경기장과 가까운 아래층 좌석을 배정받았고 계급이 낮을수록 경기가 자세히 보이지 않는 윗층 좌석을 배정받았다고 한다. 경기장 크기는 길이 83m, 너비 48m라고 하고 본래 모래로 뒤덮인 나무 바닥으로 정교한 지하 구조물들을 가리고 있는데 이곳은 노예와 검투사들이 경기직전까지 자신의 순서를 기다리는 장소이자 맹수와 각종 동물들이 갇혀 대기하고 있는 공간이었다고 한다. 이 구조물들은 곧바로 콜로세움 외부로 이어지고 있고 동물들과 조련사들은 경기장 근처의 마구간에서 이 통로를 통해 곧장 콜로세움 내부로 들어올 수 있었고 황제와 신녀들도 군중의 눈길을 피해 이 터널들로 들어오는 경우가 있었다고 한다. 이 경기장안에는 많은 양의 기계 구조물들이 있었는데 엘리베이터와 도르래를 이용해서 동물들을 곧바로 경기장 내부에 풀어놓을 수 있도록 했고 심지어 나무와 조형물들까지도 오르내리도록 무대를 세팅했을 정도였다고 한다. 역사적 기록에 따르면 어떤 기계는 근처 수로와도 연결되어 있어서 곧바로 경기장 내부에 물을 가득 채워 넣을 수 있게 했을 정도라고 하니 우리가 영화에서 보는 장면이 단지 상상력이 아닌 실제 존재했던 사실일 가능성이 높고 그러한 장치를 사용했다는 것에 그저 놀라울 뿐이다. 그 당시 가장 인기 있었던 공연은 검투사 격투뿐만 아니라 동물사냥이었다고 한다. 주로 아프리카와 중동에서 반입한 야생동물들인 코뿔소·타조·호랑이·사자 등이 이용되었는데 가장 성공적인 군인황제로 추앙받고 있는 트라야누스 황제 때 다키아(Dacia) 정복 기념으로 대대적인 행사를 열었는데 그 행사에서만 11,000마리 동물들과 10,000명의 검투사들이 희생되었다고 한다. 참, 잔인한 로마제국과 황제들이다. 검투사 이외 희생된 초기 기독교인들까지 포함한다면 그 희생자수는 얼마나 될까? 그 부분까지 기록으로 남아는 있을까? 마이클 샌델(Michael Sandel) 교수가 『정의란 무엇인가(Justice: What's the Right Thing to Do?)』에서 사례로 들었던 다수의 행복과 즐거움을 위해서 죄 없는 수많은 사람들과 동물들을 사지로 몰아넣는 것은 공리주의자(Utilitarian)들이 주장하는 이론의 모순 아닐까? 그 당시 로마시민들의 지도층을 향한 불만들을 이러한 오락 아닌 오락으로 시선을 돌리려는 정치적 술수였겠지만 그 당시 황제들을 포함한 로마인들의 집단광기로 밖에 이해할 수 없다. 그러나 아이러니한 것은 트라야누스 황제는 5현제 중에서 가장 넓은 제국 영토확장과 점령지에서 들여온 각종 생필품을 거래하는 일종의 현대식 대형복합쇼핑몰 수준의 로마시민들을 위한 자유시장인 트라야누스 시장(Mercati di Traiano) 건설과 요즘 시대로 이야기하면 2000여 년 전의 퀵 서비스 격인 구입물건 배달제도를 노예를 활용해서 실행하는 등 로마의 경제활동을 촉진시키는 중요한 역할을 한 인물이라고 한다. 그리고 원로원에서 '최고 통치자(Optimus Princeps)'로 공식적으로 선포할 정도로 로마 역사상 가장 존경받는 황제였고 더 나아가 현재까지도 세계사적으로 가장 성공한 지도자중 한명으로 평가받고 있다는 점이다. 그러한 그는 현재 스페인 세비야 주변의 이탈리아인 집단거주지인 이탈리카에서 태어난, 본토 태생이 아니라는 점과 그를 포함한 5현제 모두 입양된 황제라는 점이다. 결국 정통성 부족이란 결점이 오히려 그들로 하여금 시민여론에 귀 기울이고 시민을 위한 정치를 하지 않았나 하는 추측을 하게 된다. 그러나 한 인물에 대한 평가는 항상 긍정적으로 평가받기는 불가능할 것으로 판단된다. 그 역시 전쟁승리 기념으로 수많은 검투사와 동물들을 로마시민들의 쾌락을 위해서 콜로세움에서 희생시킨

거나 점령지 침공 시 무자비한 살육과 잔인한 처형 등을 자행한 것은 결코 용인될 수 없는 명백한 살육행위였기 때문이다. 그런 그를 제대로 이해하기 위해서는 트라야누스 포럼에 있는 로마식 오벨리스크(Obelisk)인 기념원주(Colonna Traiana)를 살펴봐야 한다. 기념원주는 로마 한복판 트라야누스 시장에서 북서쪽으로 걸어서 15분 거리에 있다. 시장을 포함해서 콜로세움에서 기념탑까지 이어지는 길인 '황제대로'라 불리는 '비아 데이 포리 임페리알리(Via dei Fori Imperiali)'에 위치하고 있는 원주형 기념탑은 정복자 트라야누스를 칭송하는 전쟁승리 기념 장식물이다. 즉 트라야누스의 최대 치적 중 하나인 다키아 지방 정복을 기념한 것이다. 현재 루마니아 지역인 다키아와의 2차에 걸친 전쟁승리로 막대한 양의 황금까지 확보하면서 그의 인기는 절정에 이르렀다고 한다. 기념탑은 트라야누스 시장을 만든 그리스인 아폴로도루스가 설계해

트라야누스 황제 기념원주

서 113년에 완성했다고 한다. 이러한 원통형 기념탑은 과연 1900여 년 전의 작품인지가 의심스러울 정도로 엄청난 규모다. 전체 높이는 받침돌을 포함할 경우 무려 40m에 달한다. 기둥 지름이 3.5m고 대리석 한 개 무게가 32t에 달하는 것을 20개를 쌓아 만들었다고 하는데 상식적으로 그 시대에 기단을 포함해서 700t에 달하는 대리석을 똑바로 세운다는 것이 어떻게 가능했을까? 한 개에 32t에 달하는 대리석을 어떻게 40m 위로 끌어올릴 수 있었을까? 포개진 대리석들을 서로 물리는 작업도 보통 일이 아닐 텐데... 대리석과 대리석을 연결하는 홈이 빈틈없이 물리면서 똑바로 세워져야 할 것이고 지진이나 강풍에도 견뎌야할 텐데 이 모든 기술이 2세기 초에 이뤄졌다는 것이 도무지 믿어지지 않을 정도다. 원주형 부조에는 다키아 전투장면, 요새 구축, 공격과 포위전술, 군선 제조 모습, 황제의 연설을 듣는 로마군 등을 묘사하고 있는데 조각에 등장하는 인물은 2,500여 명에 달하고 그 당시 사용한 투석기 등 로마와 다키아의 무기와 전술에 대한 귀중한 군사정보까지 엿볼 수 있다고 한다. 그러나 40m 높이의 기념탑이기 때문에 세세한 부조내용은 로마 외곽에 위치한 로마문명 박물관(Museo della Civiltà Romana)에 가야 그 세부적인 내용을 살펴볼 수 있다고 한다. 그리고 이 기념탑의 모든 부조는 채색되어 무척 화려했다고 하는데 지금은 풍화작용에 의해서 대리석 상태로만 남아있을 뿐이다. 이러한 뛰어난 기념탑에 눈독을 들인 인물이 나폴레옹이었는데 그 후에 파리 방돔 광장(Place Vendôme)에 이를 모방해서 청동 기념탑을 세웠다고 한다. 그러나 생뚱맞게도 기념탑 꼭대기에 있던 트라야누스의 모습이 중세시대인 1588년에 교황 식스토 5세에 의해서 피에트로 동상으로 바뀌었다는 사실이다. 아래 기념탑에는 다키아 정복내용과 트라야누스 황제모습이 표현되어있는데 그 주인공은 온데간데없이 사라지고 피에트로라니... 황당하고 당혹스럽다.

발길을 콜로세움 근처 키르쿠스 막시무스(Circo Massimo)로 옮긴다. 이곳은 고대 로마시대에 경마나 전차경주에 이용되던 공간으로 콜로세움과 같은 원형극장이 건설되기 전까지 검투사들의 투기장으로 사용된 장방형의 스타디움이라고 한다. 양쪽 끝단은 반달형으로 굽어져 있고 전체 길이에 걸쳐서 계단식을 한 관람석으로 둘러싸여 있었다고 한다. 즉 고대 최대규모의 공공 오락시설이자 역사상 가장 큰 건물이라고 하는

데 길이 621m, 너비 118m에 이르고 그리스의 히포드로모스(ἱππόδρομος)를 모델로 만든 것이라고 한다. '말'을 뜻하는 '히포스'와 '경주' 또는 '길'을 의미하는 '드로모스'의 합성어로 경마장을 일컫는 의미라고 한다. 이 장소는 전차경주를 하는 고대의 레이싱 트랙이라 할 수 있고 전차경기장으로 번역되기도 한다. 로마에서는 키르쿠스(Circus)라고도 불렀는데 이는 영어 '서커스'의 어원이기도 하다. 경기장 내에는 중앙분리대가 설치되어 있고 말이나 전차는 관문에서 달리기 시작해서 석회로 하얗게 표시된 지점까지 7바퀴 돌았다고 한다. 2~4필의 말을 이용한 전차는 4~12대가 동시에 경기를 펼쳤

키르쿠스 막시무스 터

다고 한다. 약 15만 명 이상의 관중을 수용할 수 있었던 이곳은 서로마 멸망 이후에도 경기장은 유지되었지만 549년에 열린 마지막 전차경주를 끝으로 경기장은 서서히 황폐화되어 농장으로 쓰였다고 한다. 현재는 농장은 허물고 경기장 터를 공원처럼 남겨 놓은 상태인데 끝에 작은 탑 하나만 남아있을 뿐 마치 어느 둑 방 아래를 보는 모습이어서 그 어디에도 과거의 흔적은 찾아볼 수 없다.

방향을 틀어 우리는 판테온(Pantheon) 쪽으로 이동한다. 가는 도중에 '진실의 입(Bocca della Verita)'과 마주한다. 원래는 하수구 뚜껑으로 사용되던 물건인데 성당 측이 갖다 설치해 놓은 것이란다. 오드리 헵번(Audrey Hepburn) 주연의 영화 〈로마의 휴일(Roman Holiday)〉로 유명세를 탄 덕에 사진 찍기 위해서는 2유로를 지불해야 한다. 별 걸로 돈은 버는 세상이다. 트레비 분수(Fontana di Trevi)도 여행객들이 던지는 동전 수입이 연간 20억 원 정도라고 하니... 이러다 동전 던지는 것도 돈을 내고 해야 될 지경이다. 참, 돈 버는 방법도 가지가지다. 이쯤 되면 〈로마의 휴일〉 영화제작사인 파라마운트 픽쳐스가 로마 시로부터 홍보세라도 받아야 하는 것 아닌가싶다. '진실의 입' 주인공은 그리스신화의 해신 포세이돈과 부인 안피토리데의 아들인 트리톤(Triton)으로 상반신은 인간이고 하반신은 고기모양인 바다괴물 해신인데 그의 얼굴을 새긴 원형 석판이다. 그는 평소에는 해저궁전에 살지만 바다가 조용할 때는 해면에 나와 소라고동을 불면서 그리스 신화에 나오는 일종의 바다 정녕인 님페(Nymph) 네레이데스(Nereides) 들과 같이 논다고 하는데 이들은 해신 네레우스의 딸들로 50명에서 100명에 이르고 바다의 수많은 물결들을 의인화한 존재들로 여겨진다고 한다. 그러한 트리톤의 입에 손을 넣고 거짓을 말하면 손목이 잘린다는 전설 아닌 전설이 전해져온다고 한다. 정작 이 하수구 뚜껑을 설치한 주체인 단아한 모양의 코스메딘 산타마리아(Cosmedin Santa Maria) 성당으로는 들어가는 여행객들은 별로 없지만 이곳은 로마 중세성당 중 가장 아름답다고 평가를 받는다고 한다. 7층 높이의 로마네스크 양식의 종탑이 있고 아름다운 바닥 모자이크와 대리석 장식이 눈길을 끈다. 그리고 이곳은 발렌타인데이로 유명한 산 발렌타인(Valentinus)의 유골이 안장되어 있는 곳이기도 하다.

판테온

판테온 앞 광장 역시 여행객들로 붐빈다. 이곳은 이탈리아 로마에 위치한 옛 로마 신전으로 7세기 들어서 현재 가톨릭성당으로 활용되고 있다. 판테온은 그리스어로 '모두'를 뜻하는 판(Pan)과 '신'을 뜻하는 테온(Theon)의 합성어인 판테이온(Πάνθειον)에서 유래한 말로 '모든 신을 위한 신전'이라는 뜻이다. 하드리아누스 황제 때인 125년경에 재건하였고 이곳에는 제우스·아폴론·아르테미스·헤르메스 등 다신교였던 로마에서 중요 신들이 모셔진 곳이다. 모든 고대로마 건축물 중에 가장 잘 보존되어 있고 전 세계를 통틀어도 당대 건물 가운데서도 가장 보존상태가 좋다고 평가되고 있고 역사적으로 이곳은 지속적으로 사용되고 있다고 한다. 모름지기 집은 보존만 하면 안 되고 사람이 그 공간에서 함께 숨쉬고 거주하거나 사용해야 수명을 오래 유지한다는 옛말이 여기에 적용되는 듯싶다. 이곳 판테온은 로마에서 현존하는 가장 오래된 돔 구조 건축물이다. 바닥에서 원형 구멍까지 높이와 돔 내부 원의 지름은 43.3m로 같다고 한다. 원래 판테온은 BC 31년 악티움해전 이후 집정관으로 세 번째 임기 중인 아그리파에 의해서 BC 27년에 건립해서 신에게 봉헌하였다고 한다. 그러나 그러한 그의 판테온은 애석하게도 80년 로마에 일어난 대화재로 소실되었다고 한다. 그렇지만 "루시우스의 아들인 마르쿠스 아그리파가 세 번째 집정관 임기에 만들었다(M·AGRIPPA·L·F·COS·TERTIVM·FECIT)"라는 원래 있던 명문은 복구된 건물 정면 파사드에 큼지막하게 그대로 명시되어 있다. 하드리아누스 황제 때 로마 전역에 걸친 재건계획과정에서 이 판테온도 완전하게 복구하였다고 한다. 특히 그는 그리스문화를 칭송하고 다양한 민족에 대한 통합정책으로 모든 신을 위한 신전으로 이 판테온을 재건한 것이라고 한다. 그러나 오랜 세월이 흐르면서 이곳은 르네상스시대 이래 주요 인물들의 무덤으로 사용되었다고 한다. 여기에 안장된 인물들 중에는 르네상스 3대 거장 중 한명인 화가 라파엘로(Raffaello Sanzio)와 이탈리아의 국부로 추앙받는 비토리오 에마누엘레 2세 외 유명 작곡가·건축가 등이 있다고 한다. 이후 르네상스기에 브루넬레스키와 같은 건축가들은 피렌체 대성당의 돔을 설계할 때 이곳 판테온을 참고했다는 것은 잘 알려진 역사적 사실이다. 판테온은 철근을 사용하지 않고 만든 세계에서 가장 거대한 콘크리트 돔이기 때문이다. 채광은 돔 정상에 설치된 지름 9m의 천창뿐이고 벽면에는 창문도 없고 거대한 본당 외형에는 그 어떠한 장식도 없다. 비례의 미를 추구하면서 크고 웅장한 내부 공간을 창조한 것은 그 당시의 경이적인 토목기술로 서양건축사상 불후의 명작 가운데 하나로 꼽힌다고 할 정도다. 이러한 판테온 양식은 19세기와 20세기의 많은 건축물에서 찾아볼 수 있는데 수많은 시청·대학교 건물·공공도서관 등에서도 이곳의 돔 구조형태를 모방하였다. 판테온에 영향을 받은 유명한 건물들은 파리의 팡테옹을 비롯하여 미국의 수도 워싱턴 D.C.의 중심인 내셔널 몰에 있는 토머스 제퍼슨 기념관(Thomas Jefferson Memorial)도 그중 하나로 세계 각지에서 쉽게 찾아볼 수 있다. 지붕 내부의 돔 구조는 천국을 상징하는 것이고 돔의 거대한 천정구멍으로는 모든 빛이 쏟아져 들어오도록 설계되어있다. 이러한 천정구멍은 냉각과 통풍 기능을 하였고 폭풍이 불 때는 바닥 아래의 배수체계가 이 천정구멍을 통해 쏟아지는 빗물을 조절하기까지 하는 매우 과학적인 설계를 한 뛰어난 건축기법을 적용한 기념비적인 건축물인 셈이다. 이곳 판테온 앞에는 오벨리스크가 있고 가장 유명한 것 중에 하나라고 한다. 오벨리스크는 고대 이집트에서 태양신 라(Ra)를 숭배하기 위한 상징물로 세

판테온광장 오벨리스크

웠던 기념비로 네모난 거대한 돌기둥이다. 위쪽으로 갈수록 가늘어지고 꼭대기는 피라미드 모양으로 되어 있고 기둥면에는 상형문자로 국왕의 공적이나 기타 도안 등이 그려져 있다. 로마에만 현재 13개의 오벨리스크가 남아 있는데 산 피에트로 대성당 광장과 산 요한 라테라노 대성당 앞, 포폴로 광장 플라미니오, 몬테치토리오 광장 솔라레 오벨리스크는 이집트에서 약탈해온 것이고 판테온 광장, 콰트로 폰타네 광장에 위치한 것은 고대로마시대에 직접 세운 것이라고 한다. 이외에 근대에 세운 것도 있는데 각 오벨리스크에는 숫자와 고유명칭을 부여해서 부른다고 할 정도로 많았다고 한다. 결국 오벨리스크는 이집트와 로마제국문명의 연결고리 역할을 하고 파라오의 위엄과 로마제국의 영광을 보여주는 중요한 상징물인 셈이다.

이곳에서 10여분 거리에 있는 다음 행선지 트레비 분수로 향한다. 이곳 명칭은 이탈리아어로 '삼거리 분수'라는 의미다. 1453년에 교황 니콜라오 5세가 과거 로마에 있었던 '처녀의 샘'을 복구하라는 지시가 내려지면서 만들어졌다고 전해진다. 폴리 대공의 궁전 정면에 있는 분수대로 니콜로 살비(Niccolò Salvi)의 대표작이라고 한다. 1732년에 착수해서 살비 사후인 1762년에 완성되었다고 하는 이 작품은 개선문을 본뜬 벽화를 배경으로 거대한 한 쌍의 반인반수 해신 트리톤이 이끄는 전차 위에 대양의 신인 오케아노스(Oceanos)가 거대한 조개를 밟고 서 있는 형상이다. 이곳에서 오른손으로 동전 쥐고 왼쪽 어깨 너머로 던져 안쪽 저수지 안에 들어가면 다시 로마로 돌아온다는 속설이 있다고 한다. 아내는 동전 한 닢을 던지며 소망을 빌어본다. 16년 전에 애들하고 배낭여행 왔을 때 난 이 분수에 동전을 던진 적 없는데... 두 딸이 나중에 엄마하고 함께 오라고 소원을 빌었는지 어쨌든 난 다시 이곳에 와있다. 고전명화인 〈로마의 휴일〉에서 오드리 헵번이 아이스크림 먹는 장면 때문에 주변에 수많은 젤라토 가게들이 지금도 붐빈다. 한참을 분수를 둘러보며 추억을 사진으로 남기다가 많은 여행객들로 붐벼서 정신없는 건너편 젤라토 가게가 한가한 틈을 타서 들어간다. 이곳 가게에는 〈로마의 휴일〉 촬영 때 영화에 실제 등장했던 유명한 곳이다. 내부에는 그 당시 두 주인공의 모습이 액자 속 사진으로 남겨져있다. 기념으로 사진을 찍는데 나이가 제법 든 두 직원의 모습이 굉장히 유머러스하다. 젤라토를 팔 때는 장난기 많은 소년들 모습이

트레비 분수

다가 사진을 찍는 순간 근엄 모드로 순식간에 전환한다. 유쾌하게 서로 인사를 건네고 젤라토를 먹으면서 스페인광장(Piazza di Spagna)과 계단으로 건너간다. 이곳이 스페인광장으로 불리는 까닭은 교황령시대에 주변에 스페인대사관이 있었기 때문이라고 한다. 광장 중앙에는 피에트로 베르니니(Pietro Bernini)가 조각한 바로크 양식의 난파선 분수도 있다. 테베레 강이 범람해서 조각배가 파냐 광장 앞까지 떠내려 온 것을 보고 만든 작품으로 《폰타나 델라 바르카차(Fontana della Barcaccia)》라고 한다. 계단에 앉아서 지나가는 여행객들을 보는 것도 나름 구경꺼리다. 계단과 광장이 내려다보이는 언덕 위에는 트리니타 성당(Chiesa della Trinita dei Monti)이 위치하고 있다.

명물 젤라또 가게

1494년에 산 프란치스(San Francis)가 포도원을 매입하여 수도원을 설립하였고 1502년에 프랑스 왕 루이 7세가 나폴리 공격을 성공한 것을 축하하기 위해 수도원 옆에 성당을 짓기 시작했다고 한다. 처음에는 프랑스 건축양식으로 시작했지만 공사가 지연되면서 점차 이탈리아 르네상스 양식으로 변경되면서 1585년에 완공되었다고 한다. 나폴레옹 점령기간 동안 로마의 다른 성당들과 마찬가지로 예술작품과 장식물들이 약탈되었고 루이 18세의 왕정복귀 후에서야 되돌려 받았다고 한다. 어디가나 나폴레옹의 약탈본능은 이어지는 모양새다. 그리고 이곳 스페인계단은 17세기에 성당의 프랑스인 신도들이 스페인광장과 이어지도록 만들었다고 한다. 정작 이곳에선 성당보다

스페인광장과 계단

계단이 주목받는 것이 아이러니하다. 번잡한 아래 광장 근처보다 성당 앞 작은 광장과 계단 위에서 로마시내를 내려다보는 모습도 고즈넉하니 좋다.

스페인계단에서 내려와 20여분 거리에 있는 근처 나보나 광장(Piazza Navona)으로 건너간다. 이 광장은 테베레강과 코르소거리 사이에 위치해있고 이곳의 역사는 고대로마시대로 거슬러 올라간다. 이 일대는 1세기 도미티아누스 황제가 만든 도미티아누스 황제 경기장(Circo dell'imperatore Domiziano)이 있던 곳으로 경기장 관중석 계단이 있던 그 자리에 현재의 광장을 빙 둘러 감싸고 있는 건물들이 세워진 상태라고 한다. 이 경기장은 모형 해상전투와 시민들을 위한 놀이 등 행사가 거행되던 일종의 대형 스포츠 복합시설이었다고 한다. 그러나 이러한 시설들은 파괴되어 현재는 그 흔적이 거의 없는 상태다. 현재의 직사각형 형태 광장이 건축된 것은 17~18세기 때고 그 이후로는 형태를 그대로 유지하고 있다고 한다. 교황 인노첸시오 10세는 지롤라모 라이날디에게 팜필리 궁전을 재건축하게 함으로써 이전까지 방치되던 광장을 재정비하도록 하고 성녀 아녜스가 순교했던 그 자리에 산타 아녜스 성당(Chiesa di Sant'Agnese in Agone)도 짓도록 하였다고 한다. 304년에 13세의 어린 소녀 아녜스는 기독교를 포기하고 이교도인과 결혼하라는 명을 받았는데 이를 거절한 이유로 옷이 벗겨진 채 경기장 밖으로 내던져졌다고 한다. 그때 갑자기 그녀의 머리카락이 길어지면서 알몸이 가려진 상태로 순교했다고 하고 이런 기적이 일어난 자리에 산타 아녜스 성당이 세워졌다고 한다. 성당 종탑 아래에는 산타 아녜스가 가슴에 손을 얹고 있는 모습의 대리석상으로 서있다. 마치 바르셀로나의 수호성인인 성녀 에룰랄리아와 그녀에게 헌정된 바르셀로나 대성당이 오버랩 된다. 그녀 역시 13살의 어린 나이에 바르셀로나 총독에게 항변하다가 고문을 받은 채 X형 십자가에 매달려 처형당했고 하늘에서 내린 눈이 그 어린 소녀의 벗겨진 몸을 덮어줬고 그녀를 애도하는 중에 그녀의 입에서 흰 비둘기가 나와 하늘 높이 날아갔다는 이야기가 전해오고 있으니 말이다. 중세 때에도 이미 이 경기장 성벽 위에 첫 번째 성당이 세워졌다가 나중에 파괴되었는데 그 잔해 위에 건축가 보로미니가 새 성당을 건축하였다고 한다. 이곳 나보나 광장에는 바로크풍의 분수 3개가 있는데 그 중 제일 유명한 것이 광장 한가운데 자리잡고 있는 콰트로 피우미 분수(Fontana dei Quattro Fiumi)로 잔 로렌초 베르니니(Gian Lorenzo Bernini)가 설계한 것이라고 한다. 각 방향의 거인 4명의 비유적 모습은 나일강·갠지스강·다뉴브강·라플라타강을 상징적으로 표현한 것이라고 한다. 이곳 나보나 광장에는 이외에도 바다의 신 포세이돈이 바다뱀을 꽉 붙잡고 있는 모습의 넵튠분수(Fontana di Nettuno), 트리톤과 돌고래·조개껍질 조각 등으로 구성된 항해장면을 묘사한 모로분수(Fontana del Moro)가 있다. 이탈리아를 여행하다보면 어느 공간이든 광장이 존재하고 그곳에는 어김없이 분수가 함께 있다. 그 분수대마다 나름 멋진 조각품들이 있어서 말 그대로 그 하나하나가 예술작품이다.

로마에서의 마지막 일정으로 20여분에 걸쳐서 베네치아 광장(Piazza Venezia)으로 간다. 광장 이름은 16세기 베네치아공화국의 로마 대사관 역할을 하던 베네치아궁전에서 따온 것이라고 한다. 그래서 광장 오른쪽 건물정문 위에는 베네치아의 상징인 날개달린 사자상이 있다. 이곳은 로마의 중심부에 위치해 로마의 배꼽이라 불리는 광장이다. 로마시내 주요 도로가 만나는 곳이다 보니 무척 붐벼서 도보로 이동하는 것이 오히려 빠른 편이다. 광장 북쪽으로는 코르소 거리가 뻗어 있고 남쪽으로 내려가면 비토리오 에마누엘레 2세 기념관(Monumento Nazionale a Vittorio Emanuele II), 캄피돌리오 광장, 로마제국의 영광이 남아 있는 유적지 포로 로마노로 이어진다. 이곳 베네치아 궁전은 제2차 세계대전 때는 독재자 무솔리니가 집무실로 사용한 곳이기도 하단다. 무솔리니는 이 궁전의 발코니에서 광장에 모여든 군중에게 연설을 하거나 2차 세계대전 참전선포를 했다고 한다. 현재는 르네상스 예술품 박물관인 국립 베네치아 궁전 박물관(Museo Nazionale del Palazzo di Venezia)으로 사용되고 있다. 이곳은 1870년 이탈리아 통일업적을 이룬 비토리오 에마누엘레 2세를 기리기 위해 조성된 기념관과 광장이다. 기념관은 1885년부터 25년에 걸쳐서 네오클래식 양식으로 건축되었고 계단 위 중앙에 그의 기마상이 높게 세워져 있고 아래 기단에는 황금바탕의 빅토리아 여신상이 함께 위치하고 있다. 정면은 조국의 제단(Altare della Patria)이라고 불리는데 그 위에 조성되어있는 무명용사의 무덤은 항상 횃불이 켜져 있고 근위병들이 지키고 있다. 기념관 위로 올라가면 굳이 전망대까지 올라가지 않아도 로마시내가 한눈에 내려다보인다. 베네치아광장 한쪽 트라야누스 포럼에는 2세기 초 유적인 트라야누스 황제 기념 원주가 서있는 것이 보인다. 그 원주 하단에는 화장한 황제의 유해가 안치되어 있다고 한다. 우리는 하루 일정을 마무리하면서 근처 레스토랑으로 향한다. 맛집을 굳이 찾아가서 줄서서 대기하는 것을 별로 좋아하지 않기 때문에 주변에 있는 마땅한 레스토랑에서 주로 식사하는 편이다. 16년 전 어린 두 딸과 배낭여행 왔을 때 식문화에 대한 경험이 있었기 때문에 이번엔 리조또는 제외하고 피자와 파스타로 주문한다. 피자는 토핑을 기본만 하고도 1인용으로 얇고 빠삭한 식감이 좋았고 파스타 역시 느끼하지 않고 우리 입맛에 잘 맞았다. 16년 전 배낭여행 시절엔 애들이 밥을 먹고

베네치아 광장

싶다고 해서 그나마 쌀 요리음식인 리조또를 주문했는데 덜 불린 쌀로 만든 것 같은 식감에 매니저를 불러서 클레임 하니 이탈리아에선 리조또를 그리 조리하는 것이 정석이란다. 결국 문화의 차이를 실감하는 계기가 된 셈이다. 리조또를 만들기 위해서는 수분 함량이 적은 쌀이 제격인데 카르나롤리(Carnaroli), 아르보리오(Arborio) 등의 품종이 최적이라고 한다. 즉 우리나라 쌀 품종으로는 그들 방식의 리조또를 만들기에는 부적합한 셈이다. 리조또는 식사 시작인 프리모 단계에서 먹고 완성된 리조또 위에 치즈가루를 뿌려서 풍미를 더하기도 한다고 한다. 여행하다보면 새로운 문화와 생활방식을 새롭게 배우게 된다. 시행착오를 거치면서 새로운 경험과 지식을 얻게 되고 그래서 여행을 하면서 많은 것을 새롭게 배우는 즐거움이 있다. 이곳 로마는 올 로케이션으로 제작된 고전명작 〈로마의 휴일〉를 보면 종합선물세트처럼 주요 장소들이 망라되어 있어서 어찌 보면 로마를 홍보하는 최대 걸작이지 않았을까 싶다. 그 외에도 영화 〈로마 위드 러브(To Rome with Love)〉는 트레비 분수를 지나 나보나 광장을 거쳐 토핑 가득한 인생을 만나는 듯하다. 4가지 에피소드를 담은 영화여서 전체적으로 조금 산만한 느낌이 있지만 이탈리아를 전체적으로 담아내는 데는 나름 성공한 것 같다. 마지막으로 〈리플리〉를 들 수 있는데 주인공 톰 리플리가 친구 딕키 그린리프의 삶을 흉내 내기 시작하면서 그의 새로운 정체성을 구축해가는 과정에서 중요한 무대로 등장한다. 영화에서는 로마의 고전적인 건축물과 세련된 카페 등이 상류층 생활에 대한 톰의 욕망을 상징적으로 보여주는 장치로 활용되었다.

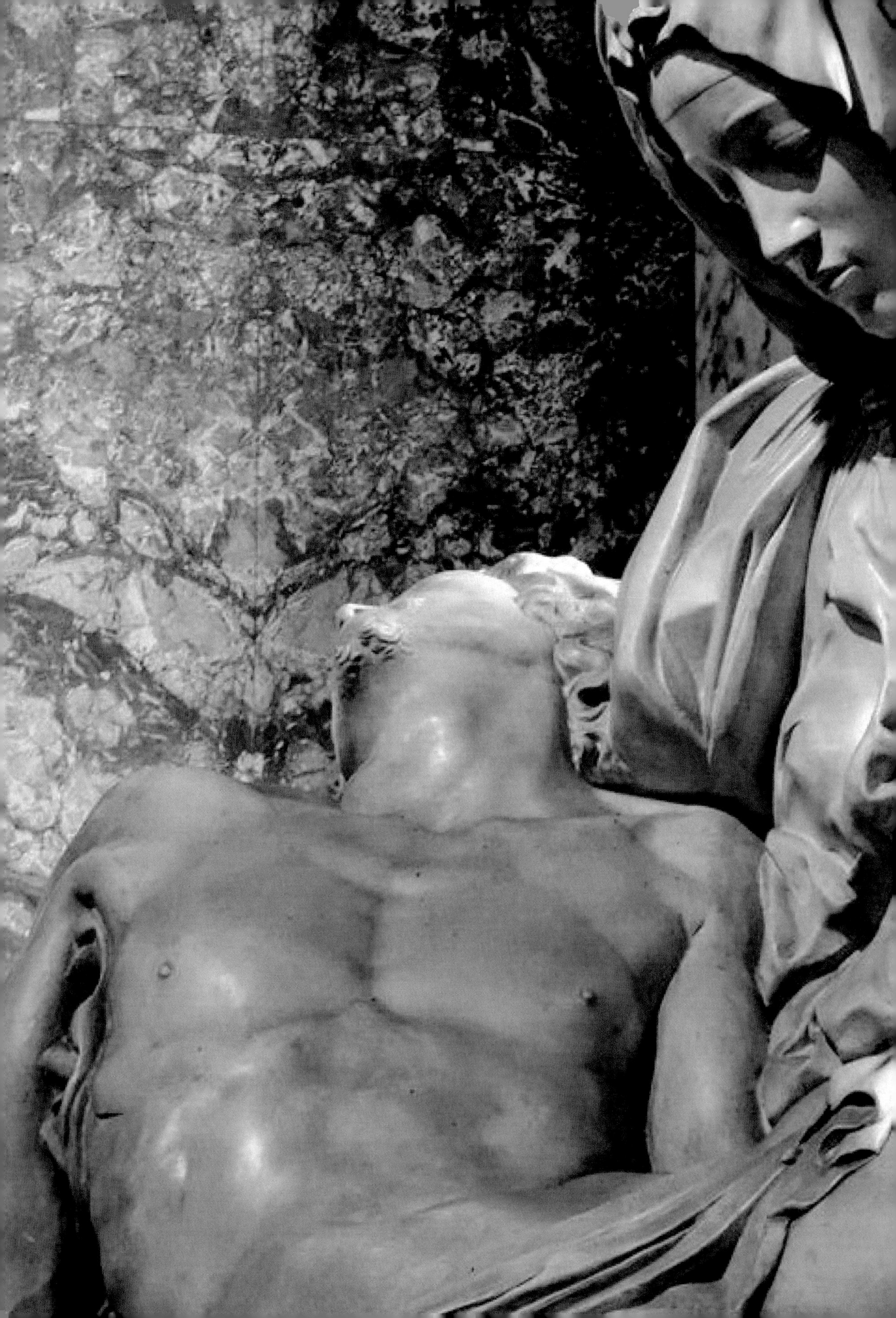

교황들의 권력과 위세가 느껴지는 곳,
그 덕에 거장들의 걸작을 볼 수 있는...
바티칸

이번 여정의 마지막 날, 바티칸 시국(Stato della Citta del Vaticano)을 둘러보기로 한다. 16년 전에 이어 재 방문이어서인지 감흥이 다른 지역보다 떨어지지만 뭐니 뭐니 해도 로마여행에서의 최대 하이라이트는 바티칸 박물관과 미술관(Musei Vaticani)인 점은 부인할 수 없다. 이전 방문 때보다 비수기인데도 불구하고 관람객들은 더 많다. 이곳은 성수기와 비수기 없이 1년 내내 사람들의 발길이 끊이지 않는 곳이니 그럴만도 하다. 특히 이곳은 인파로 인한 혼잡을 막기 위해 일방통행으로 관람하도록 되어있어서 놓친 것을 다시 돌아와서 볼 수 없는 동선이기 때문에 집중하지 않으면 지나칠 수도 있다. 처음 방문했을 때는 라파엘로의 《아테네 학당(Scuola di Atene)》 관람을 놓치기도 하였다. 온통 실내 천장과 벽에 빼곡하게 대작들로 가득 차있으니 집중하지 않는 순간 못보고 지나치는 경우가 있을 듯싶다. 성수기에는 입장하는 데만도 한 시간 넘게 기다려야 하는 경우가 많아서 이른 아침 시간을 이용해서 둘러보기로 한다. 특히 아내와 동행해서는 이곳이 처음이라 그동안 못 봤던 것을 꼼꼼히 보려고 한다. 바티칸 궁전은 6세기 교황 심마쿠스 시절에 교황의 거주공관으로 건립했고 1377년에 그레고리오 11세가 교황궁으로 정했다고 한다. 현재는 건물 대부분을 미술관과 박물관·도서관으로 활용중이라고 하고 미켈란젤로, 라파엘로 등 거장들의 벽화·장식작품과 역사적인 고문서와 공문 등을 소장하고 있다. 산 피에트로 대성당(San Pietro Basilica)은 4세기 피에트로의 무덤 위에 바실리카식 성당을 세운 것이 시초라고 한다. 16세기에는 미켈란젤로를 비롯한 10여 명의 건축가들이 120년 동안 르네상스 양식으로 재건했다고 한다. 17세기에 베르니니가 설계한 산 피에트로 광장에는 중앙에 이집트에서 가져온 높이 25.5m의 오벨리스크가 서있고 광장을 둘러싼 회랑으로 구성되어 있다. 그리고 시스토 4세가 건립한 시스티나 성당(Cappella Sistina)에서는 교황선거와 추기경회의 등이 이루어진다. 이곳에는 미켈란젤로의 벽화 《최후의 심판(Un Giudizio Finale)》이 있다. 시스티나 성당은 산 피에트로 대성당 안에 있는 부속성당이고 차기교황을 선출하는 콘클라베(Conclave)가 열리는 곳이기도 하다. 콘클라베는 교황이 선종하거나 사임하면 후임교황을 뽑는 것을 뜻한다. 콘(con)은 '함께', 클라베(clave)는 '열쇠'를 의미한다. 투표권이 있는 추기경들이 방에 들어가 문을 닫고 교황을 뽑는 전통 때문에

산 피에트로 성당 천장 프레스코화

명명되었다고 한다. 바티칸 박물관과 미술관 정문은 비알레 바티카노(Viale Vaticano)에 접해 있다. 이곳이 바티칸 시국의 국경을 이루는 곳으로 문 위에는 2개의 열쇠조각이 있다. 이 열쇠 왼쪽에 미켈란젤로, 오른쪽에 라파엘로의 대리석상이 조각되어 있다. 정문을 통과해서 들어가면 올라가는 길과 내려오는 길이 분리되어 있는 나선형 계단이 나타난다. 이 아름다운 계단은 1932년에 교황 비오 11세의 명에 의해 만들어진 것이라고 한다.

솔방울정원(Cortile della Pigna)에 들어서자 각국에서 온 단체관광객 무리들이 모여서서 성당내부에 있는 대작들 판넬 앞에서 가이드들의 사전설명을 이어폰을 끼고

비알레 바티카노

내부 정원 전경

듣고 있는 모습들이 보인다. 아마도 내부에서 조용하게 관람만 하라는 지침이 각 국에서 온 가이드들한테 전달된 듯하고 그래서 입장 전에 바깥에서 판넬을 이용해서 사전에 설명하고 있는 듯하다. 지금은 무선 수신기를 목에 걸고 가이드 설명을 듣고 있지만 16년 전에 아이들과 들렀을 때는 소위 깃발부대라는 단체관광객 무리들이 전문여행가이드들의 목소리에 의존한 채 설명을 듣는 것이 대세였다. 그 당시 우리는 어떤 가이드가 설명을 잘 하는지 들어보고 그 중 가장 잘하는 한 여성 가이드와 관광객 무리 근처에서 귀동냥하면서 움직였던 기억이 새록새록 하다. 웬만하면 이제는 오디오 가이드 서비스도 할만도 한데 아직 바티칸은 시행을 하지 않고 있으니 의아할 뿐이다. 연간 방문자수가 2,500~3,000만 명 규모가 될듯한데 아직도 주요국가의 오디오 가이드 서비스를 적용하지 않는 것은 무책임하고 너무 인색하다는 느낌이 들 정도다. 심지어 바르셀로나의 사그라다 파밀리아나 카사 밀라 등에서도 오디오 가이드 서비스를 제공하고 있는데 말이다. 그러나 앞으로 몇 년 후에는 인공지능(Artificial Intelligence)이 접목된 스마트폰 활용으로 작품 앞에서 각국 언어로 듣게 될 날도 머지않았을 듯싶다. 그렇게 되면 전문 가이드들의 역할도 사라지거나 변화되지 않을까? 이러한 뉴 테크놀로지 혁명이 어디 여행전문 가이드한테만 국한될까? 많은 부문의 직업군에 인공지능 기술이 접목되면서 생존의 문제로 대두되고 있고 그 규모는 파괴적으로 확대될 것으로 예측된다. 아무튼 우리는 동상의 정원이라고 불리는 교황의 거처였다는 벨베데레 정원(Cortile del Belvedere)에 먼저 들른다. 이 정원은 브라만테가 15세기 말 교황 이노센트 8세를 위해 만든 별장의 중심 부분이라고 한다. 바티칸 궁전의 전신인 이곳은 19세기 비오 7세에 의해 현재 모습을 갖추었다고 한다. 이 정원 모퉁이에는 학창시절에 많이 접했던 《라오콘 군상(Gruppo del Laocoonte)》이 있다. 16세기 초 콜로세움 부근 티투스 목욕장 유적에서 발견된 이 조각상은 트로이의 사제인 라오콘을 주제로 한 것으로 신에게 벌을 받아 2마리 거대한 바다뱀에 감겨 두 아들과 함께 사투를 벌이다 결국 죽임을 당하는 모습을 묘사하고 있다. 이 작품은 BC 100년경에 그리스 로도스섬의 아게산드로스(Agesandros) 등 3명의 조각가에 의해서 제작된 것으로 헬레니즘시대 조각의 최대걸작으로 평가되고 있다고 한다. 이 조각품을 네

벨베데레 정원의《라오콘 군상》

로황제가 자신의 황금궁전에 전시하려고 약탈한 것인데 로마멸망과 함께 땅속에 묻혔다가 발굴되었고 이를 본 미켈란젤로가 고대 그리스의 위대한 걸작이라고 격찬했다고 한다. 보면서 느낀 점 2가지는 거대한 바다뱀에 눌려 죽임을 당했다고 하기에는 라오콘의 모습이 더 크게 부각되고 있는 점과 하나같이 그리스·로마시대, 심지어는 르네상스 조각상들과 벽화작품 등에 등장하는 인간의 모습은 대부분 누드인 동시에 비현실적인 근육질 몸매라는 점이다. 인체해부도 연구를 너무 몰두해서인지 모르겠지만 작품에 대한 몰입감이나 현실성이 떨어지는 느낌을 지울 수 없다. 이 조각품은 결국 교황 율리오 2세의 컬렉션에 들어가게 되고 일반대중이 감상할 수 있도록 공개했는데 이 조각품 전시가 결국 바티칸 미술관의 기원이 된 셈이고 여러모로 이《라오콘 군상》은 기념비적인 작품이 되었다. 뮤즈 여신 전시실(Sala delle Muse)에는 학예·음악·시를 관장하는 그리스의 아홉 여신상들이 전시되어 있다. 그리스 학자 소크라테스

(Sōkratēs)·히포크라테스(Hippocrates)·플라톤(Platon) 등의 석상을 포함한 모든 작품은 그리스시대 원작을 로마인들이 복제한 것이라고 한다. 그리고 이곳에는 머리와 사지가 없는 흉상으로 유명한 《벨베데레의 토르소(Torso Belvedere)》가 중앙에 전시되어 있다. 토르소는 이탈리아어로 '몸통'이라는 뜻이고 미술 분야에서는 머리와 팔·다리 등이 없는 몸통뿐인 조각품을 의미한다. 고대 그리스나 로마의 유적지에서 발굴해 낸 조각상중 머리와 팔·다리가 없이 몸통만 남은 것들을 독립된 의미의 완전한 작품으로 판단하고 토르소라는 상징적인 표현을 찾아내서 19세기 이후부터 별도 장르로 부르게 되었다고 한다. BC 1세기 작품으로 후대 예술가들에게 큰 영향을 준 이 토르소는 고대로마의 유적지인 카라칼라 목욕장에서 발견되었다고 한다. 그러나 정작 조각가와 조각의 주인공은 불분명한 상태인데 조각의 주인공으로 가장 유력한 가설은 텔라몬의 아들 아이아스(Ajax)가 자살을 생각하는 모습이라는 견해가 유력하다고 한다. 즉 그리스신화 속 트로이전쟁에서 활약한 영웅인 아이아스의 모습으로 추정된다고 한다. 이 작품에 대해서 르네상스 대표적인 조각가인 미켈란젤로는 머리와 팔·다리 부분을 복원하라는 교황의 지시에 현재 상태 그 자체로 최고의 작품이라고 단호히 거부했다고 했을 정도라고 한다. 18세기 독일 미술 고고학자 빙켈만(Joachim Winckelmann)은 훼손상태임에도 불구하고 남아 있는 것들에서 여전히 배울 것이 많음을 강조했다고 한다. 무엇보다 중요한 사실은 토르소가 근대조각의 시조로 불리는 프랑스 조각가 로댕(Auguste Rodin) 이후 하나의 주요한 장르로 인정받게 되었다는 점이다. 로댕에게서 토르소는 단순히 팔·다리를 상실한 조각상이 아니라 몸통에서부터 응집된 에너지가 방출되는 새로운 예술이 된다. 비록 겉으로는 미완성 상태로 보이지만 속으로는 아름다움이 넘치는 형상, 깨지고 부서지고 잘려나갔지만 역설적이게도 특정 부분에 집중하게 되어 더 아름다운 토르소... 일반적으로 사람들은 흔히 예술을 대할 때 미학적으로 좀 더 엄격한 기준을 적용하는 편이다. 그러나 완벽하지 않아도 충분히 아름다울 수도 있는데 그건 초월적인 아름다움 때문일 것이다. 머리와 팔·다리를 상실한 채 몸통만 남은 토르소... 문뜩 오래 전에 본 영화 한편이 떠오른다. 〈남자가 여자를 사랑할 때(Boxing Helena)〉라고 로맨스 스릴러 장르라고 하지만 내가 느끼기

《벨베데레의 토르소》

에는 로맨스라기보다는 엽기공포물이라고 해야 될 듯싶다. 우리나라에서 영화제목으로 번안한 것도 전혀 어울리지도 않는다. 마치 요즘 심각한 사회문제가 되고 있는 데이트 폭력 내지는 연인 살해를 부추기는 표현인 듯싶다. 제니퍼 린치(Jennifer Lynch) 감독 작품인데 사랑의 광기와 집착이 소유할 수 없는 여자에 대한 파괴적 욕망의 또 다른 극한을 보여준다. 소심하고 나약한 남자를 놀리듯 이 남자의 진심을 무시하던 여자는 어느 날 사고를 당하게 된다. 실력 있는 외과의사인 이 남자는 여자의 사지를 절단해 자신의 집 안에 가둬둔다. 이후 남자는 여자를 사랑한다고 하기보다 자신이 당했던 만큼 그 여자에게 고통을 돌려준다는 내용이다. 감독 제니퍼는 〈멀홀랜드 드라이브(Mulholland Drive)〉, 〈트윈 픽스(Twin Peaks)〉, 〈블루 벨벳(Blue Velvet)〉을 감독한 컬트극의 황제라 칭하는 데이비드 린치(David Lynch)의 딸이다. 부전여전인지 그녀의 아버지는 미스터리 공포에 가깝다면 그녀는 엽기에 가까운 영화를 만든 셈이다. 아직도 그 영화장면을 상상하면 머리카락이 쭈뼛쭈뼛할 정도다. 이곳 벨베데레 정원에는 이밖에도 BC 4세기 그리스 청동상인 로마 복사본 《벨베데레의 아폴로(Apollo del Belvedere)》, 메두사의 머리를 들고 있는 안토니오 카노바의 《페르세우스(Perseus)》 등도 전시되어 있다.

벨베데레 정원을 지나 솔방울 정원 뒤에 위치한 피오 클레멘티노 박물관(Museo Pio-Clementino)으로 간다. 1층 피오 클레멘티노 전시관은 교황인 피오 6세와 클레멘트 14세가 만든 전시관이다. 그리스 시대의 작품부터 로마를 거쳐 1800년대까지의 다양한 조각물들이 전시되어 있다. 이곳에 전시된 조각물들은 헬레니즘시대의 원작들이라고 한다. 시스티나 성당과 더불어 바티칸 미술관의 최고봉으로 인정받고 있는 2층 피나코테카(Pinacoteca) 18개 방에는 12세기에서부터 19세기에 이르는 회화 작품들로 가득하다. 라파엘로의 《그리스도의 변용(La Trasfigurazione)》, 카라바조(Caravaggio)의 《그리스도의 매장(La Deposizione di Cristo)》, 레오나르도 다빈치의 미완성 작품인 《산 히에로니무스(St. Hieronymus)》 등 세계적으로 유명한 작품들이 전시되어 있다. 우리는 사도궁, 즉 팔라초 아포스톨리코(Palazzo Apostolico)로 이동한다. 이곳은 산 피에트로 대성당 오른쪽에 있는 건물들의 집합체로 교황이 직접 거주·집무하는 공간이다. 이 건물들의 수세기에 걸친 증개축에는 대부분 당시 르네상스 시대의 건축·조각·회화의 거장들이 모두 다 참가하였다고 한다. 브라만테·미켈란젤로·라파엘로·베르니니 등의 거장들로 하여금 사도궁을 지상에서 가장 훌륭한 궁전으로 꾸미도록 했다고 한다. 이 궁전에는 권위적이고 웅장한 1,400개가 넘는 방과 1,000개에 달하는 계단, 20개의 안뜰, 수천 채의 건물이 늘어서 있다고 하고 여기에는 박물관·도서관·화랑·전시실 등이 포함되어 있다. 이곳에서 가장 눈에 띄는 작품은 아마도 교황 율리오 2세의 개인서재인 서명의 방(Stanza della Segnatura)에 장식된 라파엘로의 《아테네 학당》이라고 할 수 있다. 이 프레스코화는 연작의 한 부분으로 《아테네 학당》 옆에는 《성체 논의(Disputa del Sacramento)》도 함께 그려져 있다. 걸작 《아테네 학당》은 고대 그리스의 뛰어난 철학적 사고 학당을 나타내고 그들의 선구자와 주요 대표자·후계자를 구현해냈다고 한다. 그 중심에는 철학자 플라톤과 아리스토텔레스(Aristotle)가 있다. 이 프레스코화는 르네상스정신 속에 유럽문화, 그들의 철학 그리고 학문의 기원에 대한 고대사상을 찬양하고 있다. 시스티나성당에 만족하지 못한 교황 율리오 2세는 그의 서재를 장식하기 위해서 만든 방이 라파엘로의 방(Stanza di Raffaello)이다. 이곳에는 서명의 방을 포함해서 4개의 방이 있다. 《아테네 학당》의 중심인물인 붉은 옷을 입은 사람은 플라톤으로 레오나르도 다빈치의 얼굴로 묘사

라파엘로의 《아테네 학당》

되어 있고 하늘을 가리키는 손은 이상주의를 의미한다고 한다. 그 옆에 푸른 옷을 입은 사람은 아리스토텔레스로 땅을 향한 손은 현실주의를 상징하고 있다. 그 왼쪽으로는 머리가 약간 벗어지고 녹색 옷을 입은 소크라테스가 사람들에게 무언가 설명하는 모습이 보인다. 아래로 내려가 보면 왼쪽 구석에 앉아 무언인지 열심히 쓰고 있는 모습의 피타고라스(Pythagoras)가 보인다. 그 앞에 가운데 탁자에 기대앉아 뭔가 쓰려고 고심하고 있는 사람은 비판주의자인 헤라클레이토스(Heraclitus)로 얼굴은 미켈란젤로다. 역시 라파엘로 관점에서도 미켈란젤로는 삐딱한 인물로 비춰졌던 모양이다. 약간 오른쪽 계단 중간에 홀로 비스듬히 누워있는 사람이 시노페의 디오게네스(Diogenes)다. 그에 대한 유명한 일화가 있는데 알렉산더 대왕이 워낙 기행으로 유명한 그에게 다가와서 부탁을 들어주겠다고 하자 햇빛을 가리지 말아줄 것을 요청했다고 한 인물이다. 그는 욕구를 버리고 개처럼 사는 삶을 실천한 철학자이자 코스모폴리타니즘(Cosmopolitanism)의 창시자라고 할 수 있다. 오른쪽 구석에 허리를 굽혀 둘러싼 학생들에게 뭔가 설명하고 있는 이는 기하학에는 왕도가 없음을 주장한 수학자 에우클레이테스(Euclid)로 얼굴은 브라만테의 모습이다. 그 뒤로 가장 오른쪽에 서 있는 네 명이 보이는데 천구의를 들고 있는 이가 천문학자이자 과학자인 프톨레마이오스(Ptolemy), 지구의를 들고 등을 보이고 있는 이가 페르시아 종교개혁을 주도한 사상가 조로아스터(Zoroaster)로 현대인에겐 자라투스트라(Zarathustra)로 잘 알려진 인물이다. 그리고 라파엘로 자신과 그의 스승 페루지노(Pietro Perugino)다. 총 54명의 인물이 등장하지만 산만하지 않고 조화가 뛰어나고 높고 둥근 천정이 이어져 만들어 내는 공간이 웅장함과 균형미를 동시에 느끼게 하는 걸작이다. 그러고 보면 라파엘로가 등장인물로 묘사한 대부분의 철학자들은 그와 동시대에 활약한 거장들의 얼굴을 차용했다는 점이다. 물론 화가들의 자존감답게 본인들 모습을 잊지 않고 한쪽 구석에 슬며시 담고 있다.

다음으로 미켈란젤로의 대작 《천지창조(Creazione del Mondo)》와 《최후의 심판》이 있는 시스티나 성당으로 입장한다. 이 성당은 아치형 천장이 있는 길이 40.9m, 너비 13.4m의 직사각형 건물이다. 구약성서에 나타나있는 솔로몬 성전(Solomon's Temple)

과 같은 규모라고 한다. 솔로몬 성전은 BC 10세기경 솔로몬 왕이 예루살렘에 지은 성전으로 고대 유대교의 중심지다. 성당 내부에는 미켈란젤로, 보티첼리, 페루지노 등 거장들의 작품이 있다. 시스티나 성당에서는 《천지창조》로 알려진 《시스티나 성당 천장화》를 비롯해 《최후의 만찬(Il Cenacolo)》 등 미켈란젤로와 레오나르도 다빈치의 걸작들로 꾸며져 있다. 천장화는 원래 교황 율리오 2세가 12사도를 중심으로 묘사하라고 지시했지만 미켈란젤로는 구약성서의 창세기에 나오는 방대한 내용으로 구성했다고 한다. 〈혼돈의 분리〉, 〈해와 달의 창조〉, 〈식생의 창조〉, 〈아담의 창조〉, 〈이브의 창조〉, 〈원죄와 낙원으로부터의 추방〉, 〈노아의 제물〉, 〈노아의 대홍수〉, 〈술 취한 노아〉 등 9개 그림이 천장중앙을 장식하고 있다. 이 그림들을 감싸는 좌·우와 창문들의 위쪽 등 자투리 공간에는 천사와 예언자 등을 담았다. 이중 가장 유명한 그림은 4번째에 있는 〈아담의 창조〉일 것이다. 닿을 듯 말 듯한 손끝에서 느껴지는 신비감과 생명력은 여러 곳에서 패러디했을 정도다. 미켈란젤로는 신 중심의 사고에서 탈피한 인간 본연의 르네상스 사상을 표현하기 위해서 인물들에게 옷을 입히지 않았고 인체를 사실적이고 역동적으로 그려 인간의 존엄성을 표현하려고 하였다고 한다. 이 그림 하나를 오랜 세월에 걸쳐 그렸기 때문에 순서대로 미켈란젤로 화풍의 변화를 엿볼 수 있다고 할 정도다. 이 걸작은 500여 년 동안 여러 차례 덧칠과 복원작업을 거쳤다고 한다. 그러다가 1982년에 최첨단 기법을 동원한 복원작업 끝에 그림을 덮고 있던 먼지와 때·덧칠 등을 제거해서 본래의 화려한 색채와 형태를 되살렸다고 한다. 제대 뒤 벽에는 《최후의 심판》이 자리 잡고 있다. 교황 클레멘트 7세의 요청으로 환갑이 넘은 미켈란젤로가 6년에 걸쳐 완성한 대작이라고 한다. 이 벽화에는 391명에 달하는 인물이 등장한다고 하는데 심판자의 모습을 한 그리스도를 중심으로 왼편에는 천국으로 올라가는 인물들을, 오른편에는 지옥으로 떨어지는 인물들을 배치하였다. 작품을 살펴보면 팔을 들고 서서 심판을 내리고 있는 중앙 상단의 그리스도를 중심으로 수많은 모습이 그려져 있다. 미켈란젤로는 그리스도의 모습을 그때까지의 고정관념에 따라 그리지 않고 근육질의 건장하고 수염도 없는 젊은이로 묘사하여 문제가 되었다고 한다. 공감되는 대목이다. 아무리 예술은 창작자의 자유라고는 하지만 우리가 익히 각종 성화에서 오랫동안 봐왔던 그 모습이 아니니 그 당시에 격렬한 비판이 있는 것은 당연했을 것이라고 판단된다. 너무 비현실적이다. 레오나르도 다빈치의 《최후의 만찬》 속의 그리스도 모습과도 너무 다르다. 미켈란젤로는 왜 그리스도를 그런 모습으로 묘사했는지가 무척 궁금해지는 대목이다. 그는 《최후의 심판》 이외에도 《천지창조》에서도 모든 등장인물 역시 근육질 몸매를 하고 있다. 그래서 몰입감이 떨어질 수밖에 없다. 나만의 생각인지 모르겠지만... 아무튼 《최후의 심판》에서 그리스도의 바로 왼편에 성모 마리아와 그 주변엔 순교 성인들이 있다. 그리스도의 오른편 아래를 보면 손에 들려 있는 한 사람의 가죽이 있는데 이는 피부가 벗겨지는 형을 받고 순교한 바르톨로메오(Bartholomaios)를 표현한 것이라고 한다. 그러나 그 얼굴은 미켈란젤로 자신의 모습인데 그 당시 그가 감수해야 했던 부당한 비판에 대한 불만을 일그러진 표정으로 나타내고 있는 것이라고 한다. 자신의 그림에 대한 신랄한 비판과 어려운 작업환경에서 미션을 감당해야했던 고통스러운 심정을 참형당한 순교자의 모습으로 감정이입시킨 것은 아닐까 싶다. 가운데 아래는 튜바를 부는 천사들로 하여금 지옥에 떨어진 인간들에게 경각심을 불러일으키고 있는 것으로 보인다. 그리고 그 왼편 옆으로는 천사가 2명의 흑인을 지옥으로부터 끌어올림으로써 인종문제까지 다루고 있는 것을 볼 수 있다. 이 천장화는 원래 모든 등장인물이 올 누드인데 이로 인해 음란하다는 혹평을 받게 된다. 이에 화가 난 미켈란젤로는 그러한 평을 했던 교황 의전담당관 체세나 추기경의 얼굴이 뱀에 감기고 생식기마저 물려 고통 받는 모습과 무지함의 상징인 당나귀 귀로 그의 얼굴을 묘사하여 가장 오른쪽 구석 지옥부분에 집어넣었다. 작가로서 모든 인물을 누드로 표현한 의도는 종말 앞에서 한낱 인간이란 존재는 그저 하나님께 구원을 청하고 갈구해야만 할 뿐인 나약한 존재임을 강조한 것이었다고 한다. 그런 그의 작품의도를 모른 채 교황을 비롯한 교황청의 비판이 신랄했으니 화가 날 만도 했으리라 본다. 아무튼 그 역시 요즘 말로 뒤끝 작렬하는 성격이었음을 알 수 있다. 그러나 후에 다니엘레 다 볼테라에 의해 누드는 모두 살짝 가려지게 되었는데 결국 원작에 대한 훼손인 셈이다.

시스티나 성당에 이어서 산 피에트로 대성당으로 들어선다. 웅장한 대성당에 딸린 인상적인 17세기 광장과 함께 조각품과 회화 등 보물 같은 수집품들로 가득한 이곳 역시 베르니니가 디자인한 곳으로 예술을 사랑하는 이들로부터 많은 관심을 받는 공간이다. 이곳은 네로 황제의 바티칸 원형 경기장(L'Arena Vaticana dell'imperatore Nero)이 있던 자리에 위치하고 있다. 64년에서 67년 사이에 피에트로와 그와 함께 했던 기독교인들이 이곳에서 순교했던 곳이라고 한다. 피에트로의 시신은 그 자리에서 멀리 떨어지지 않은 바티카누스 언덕에 매장되었다고 한다. 이 주변은 순교한 기독교인들이 피에트로의 곁에 묻히기를 원하면서 공동묘지로 확대되었다고 한다. 90년에 아나클레토 교황은 피에트로가 처형된 자리에 작은 성당을 지었다고 하지만 실제 피에트로가 처형당한 곳은 불명확하다고 한다. 교황이 미사를 집전하는 제대 밑에 베드로의 무덤이 있다고 하고 제대 뒤로는 피에트로의 의자가 있어서 교황이 피에트로의 정통적 계승자임을 강조한다. 그러나 그러한 행위는 바티칸 교황들이 그들의 정통성

산 피에트로 대성당 내부 모습

을 인정받기 위한 수단은 아니었을까 하는 생각도 든다. 그 당시 피에트로는 경기장 벽 옆에 있던 자리에 묻혔다고 한다. 160년에 경기장이 황폐해지자 그가 묻힌 자리를 표시하기 위해 작은 기념비가 세워졌다고 한다. 그러다가 콘스탄티누스 황제가 315년에 성인의 무덤자리에 성당을 세우라는 명을 내렸고 326년에 축성하였다고 한다. 그 이후 교황 니콜라오 5세는 15세기에 초라하게 무너져 버린 성당을 재건축하라는 명을 내렸지만 정작 작업은 교황 율리오 2세가 브라만테에게 새로운 성당 디자인을 맡겼던 1506년에야 본격적으로 시작되었다고 한다. 이곳 산 피에트로 대성당에서 가장 눈에 띄는 것은 대성당 보다는 미켈란젤로의 걸작 《피에타(Pietà)》라고 판단된다. 미켈란젤로는 23살 더 많은 나이의 대선배 레오나르도 다빈치와 관계가 견원지간이었다고 한다. 아마도 미켈란젤로는 조각가와 건축가 출신이다 보니 회화·건축·발명·해부·지질·천문학 분야를 망라해서 다방면에 우월인자를 가진 레오나르도 다빈치라는 존

산 피에트로 성당 내부 프레스코화

재는 미켈란젤로 입장에서는 넘사벽이었던 모양이다. 이러한 경력에서 그들의 회화에 대한 냉정한 평가가 내려질 수밖에 없을 듯하다. 즉 조각가 출신인 미켈란젤로의 회화에서의 인간 묘사는 조각 작품의 연장선상일 수밖에 없었을 듯싶다. 그의 탁월한 조각 작품인 《피에타》와 《다비드상》을 보면 더욱 그러한 인상을 강렬하게 받는다. 《피에타》에서 성모 마리아의 옷 선을 보면 여느 조각 작품과 달리 너무 자연스럽다. 이것을 약관 20세에 제작한 걸 보면 조각과 건축에 관해선 1인자임을 인정할 수밖에 없을 것 같다. 그는 모든 돌덩어리 안에는 그에 걸 맞는 조각상이 있고 그것을 발견하는 것이 조각가의 임무라고 말할 정도였다고 한다. 자신을 화가가 아닌 조각가로 여겨 달라고 할 정도로 조각에 혼신의 열정을 다한 그의 작품에는 대리석에 갇혀 있는 인물을 끄집어낸 것처럼 살아 숨쉬는 생동감이 넘친다. 그는 화가보다 조각가로서 작품에서 경이로움과 걸출함을 느끼게 한다. 그러나 그는 교황 율리오 2세의 명령을 무시하고 《시스티나 성당 천장화》를 자신의 의지대로 묘사한거나 《피에타》에서 성모 마리아의 옷에 자신의 이름을 대놓고 명시한 것을 보면 자기 과시적이고 저항심이 강한 캐릭터였던 듯하다. 일종의 삐딱한 예술가의 기질이 강했던 것 같다. 성모 마리아의 옷을 대각선으로 가로지르는 레이스 옷깃을 자세히 보면 라틴어로 "피렌체의 미켈란젤로 부오나로티가 만들었다(MICHAEL. ANGELVS. BONAROTVS. FLORENT. FACIEBAT)"고 새겨져있다. 이러한 행동은 그 당시로는 상상도 못할 너무나 경악스러운 일이었다고 한다. 조각가가 자신의 사인을 그것도 신성한 성모 마리아의 옷깃에 조각으로 남기는 건 상상할 수도 없는 일이었기 때문이다. 다행히도 그러한 행동은 그의 처음이자 마지막 일탈행동으로 그쳤다고 한다. 일화에 의하면 그렇게 《피에타》에 자신의 서명을 남기고 밤중에 길을 나섰는데 밤하늘을 보자 너무나 아름다움을 느꼈다고 한다. 그러면서 그가 생각하기를 온 세상을 이렇게 아름답게 창조한 하나님은 당신의 작품 그 어디에도 자신의 서명을 넣지 않았는데 자신은 고작 조각 하나에 오만하게 서명을 넣은 게 너무 부끄럽게 느껴져서 그 이후 다시는 자신의 작품에 서명을 넣지 않게 되었다고 한다. 충분히 이해가는 대목이다. 혈기왕성한 젊은 시절에 나타날 수 있는 자신감이 오만함으로 표출되었고 그 후 겸손함을 갖춰가는 과정이었을 테니... 그가 만든 이 걸작은 하나님의 슬픔인가? 아니면 마리아의 비탄인가? 이탈리아어로 '자비를 베푸소서' 라는 의미의 피에타는 일반적으로 죽은 그리스도를 안고 슬퍼하는 성모 마리아를 회화나 조각으로 묘사한 가톨릭미술의 한 양식을 가리킨다. 미켈란젤로는 평생에 걸쳐 3개의 피에타를 제작하였다고 한다. 이곳 산 피에트로 대성당의 피에타 외에도 피렌체 두오모 성당의 피에타, 스포르체스코 성에 있는 론다니니 피에타가 그것이다. 노안으로 거의 앞이 보이지 않는데도 촉각에 의지하여 세상을 떠나기 엿새 전까지도 매달려 작업했던 작품이 피에타일 정도로 그는 피에타에 대한 애착이 강했다고 한다. 그가 이렇게 피에타에 집착하는 행동에 대해서 그가 6살 때 어머니를 여읜 것과 관련이 있었을 것이라는 이야기도 있다. 높이 174cm의 이 대형조각은 대리석을 깎아 만들었다고 믿기 힘들 정도로 굉장히 정교하다. 성모 마리아의 옷 주름, 성모의 무릎에 축 늘어진 뼈만 앙상하게 남은 그리스도의 모습, 손등 핏줄 하나까지도 무척 생생하게 묘사되어 있다. 작품을 보고 있으면 마치 행위예술가가 분장하고 앉아 있는 것 같은 착각을 불러일으킨다. 무엇보다 피에타는 고요하고 절제된 슬픔을 간직한, 무엇인가 초월한 듯한 성모 마리아의 표정에 주목하게 된다. 미켈란젤로는 절제된 감정을 피에타에 담았다. 즉 아들이 죽은 끔찍하고 처절한 상황을 너무나 차분하고 고요하게 표현하였다. 성모 마리아의 품에 안긴 그리스도는 평안히 잠든 모습이고 가만히 눈을 감고 있는 마리아는 평온하여 마치 기도하는 것처럼 보인다. 하지만 작품을 본 많은 사람들은 통곡을 하는 성모의 모습보다 더 슬퍼 보인다고 말한다. 너무 슬프면 눈물도 나지 않는 것처럼 미켈란젤로의 이 작품에는 조용하지만 깊은 슬픔이 배어있다. 자세히 바라보면 아들의 마지막 체온이라도 느껴보려는 마리아와 하나님의 소명을 받아 육체적 고통을 감내해야 했던 그리스도가 보인다. 따라서 그들의 담담하고 차분한 모습은 오히려 비극적인 분위기를 더 증폭시킨다. 산 피에트로 대성당의 피에타가 높게 평가받는 또 다른 이유는 특별한 구도 때문이다. 그 당시 르네상스회화와 조각에서는 삼각형 구도를 많이 사용하였다고 한다. 피에타도 삼각구도에 따라 만들어졌고 삼각형 안에 피에타를 넣으면 안정적인 조형미를 드러내는 동시에 관람객의 집중도를 높일 수 있기 때문이다. 또한 2m나 되는 큰 조각상이 무거운 대리석으로 만들어졌기 때문에 넘어지지

미켈란젤로의 《피에타》

않도록 하단을 크게 만들어 지지대 역할을 하게 해야 했다. 그래서 성모 마리아의 머리는 작게, 몸통과 입고 있는 옷은 더 크게 표현하여 안정감과 시각적인 효과를 동시에 주려고 설계하였다고 한다. 이러한 삼각형의 구도는 피에타의 차분한 아름다움을 배가시킨다. 그리고 또 다른 이유는 하나님의 관점에서 바라본 피에타이기 때문이다. 피에타는 정면이 아닌 위에서 내려다 볼 때 미켈란젤로의 진짜 의도를 알 수 있다. 사람들이 작품을 보고 마리아가 그리스도보다 크게 표현된 것은 비현실적이고 성모가 주인공인 것처럼 보이고 아들의 죽음 앞에서 너무 담담하다고 비난했을 때 미켈란젤로는 “이 조각은 하나님에게 바치는 것이니 감히 인간의 시선으로 평가하지 말라”고 일갈했다고 한다. 그의 말대로 하나님의 시선에서 바라보려면 위에서 바라보아야 한다. 위에서 내려다 볼 때 비로소 작품의 진면목이 드러난다. 인간의 눈높이에서는 성모의 커다란 존재감이 눈에 띄지만 하나님의 관점에서 내려다보았을 때는 피에타의 주인공은 그리스도다. 그리고 90도 각도 위에서 내려다보면 그리스도의 신체비율이 완벽하게 들어맞도록 제작된 것임을 알 수 있다. 즉 이러한 그의 작품은 관람객 관점에서 보면 성모 마리아가 주인공이겠지만 천상에서 그의 아들을 내려다보는 하나님 관점에서 보면 그리스도의 모습이 주인공이라는 점이다. 정말 미켈란젤로는 이를 의도적으로 제작한 것인가? 그렇다면 다빈치 못지않은 천재성이 그에게 있었다고 봐야할 듯싶다. 이처럼 미켈란젤로의 피에타는 섬세하고 생생하게 죽음과 애도를 묘사하였고 마리아의 표정에 슬픔을 초월한 절제를 담으면서 위에서 내려다본 하나님의 시선에서 철저하게 창조된 것임을 확신할 수 있다.

마지막 장소인 캐리지 파빌리온(Padiglione delle Carrozze)에 들르는데 16년 전에는 그냥 지나쳤던 공간이다. 이곳은 1967년에 교황 바오로 6세에 의해서 만들어진 공간으로 1500년에서 현재까지 교황 초상화와 의식기구, 교황청 군대 군복과 유니폼, 그리고 교황들이 이용하던 마차와 각종 차량들이 전시되어 있다. 이전에 사용하던 황금으로 치장된 마차부터 말의 안장과 장식, 교황청 에디션 자동차들을 둘러본다. 많은 회화 컬렉션을 봐도 그렇지만 과거 교황의 절대 권력이 얼마나 강력했는지 그리고 그로 인한 그들의 세속적인 물욕은 어땠는지를 미루어 짐작하게 한다. 잘 드러나지는 않지만 그들 간의 교황승계에 대한 권력암투 또한 상상을 불허했을 것으로 추측해볼 수 있다. 대성당 밖으로 나와 입구에 서있는 근위병들의 모습을 담는다. 이들은 스위스 용병들이고 여전히 그들이 바티칸을 지키고 있다. 광장에서 대성당의 모습을 함께 담지만 16년 전 방문 때와 달리 광장 전체를 둘러친 바리케이트가 미관을 해친다. 이곳 바티칸을 배경으로 한 많은 영화작품들이 있지만 주요 작품으로는 댄 브라운(Dan Brown) 소설을 연작 시리즈로 제작한 〈다빈치 코드(The Da Vinci Code)〉, 〈천사와

캐리지 파빌리온의 교황 황금마차

대성당 근위병들 모습

악마(Angels & Demons)〉와 콜린 매컬로(Colleen McCullough)의 원작을 영화와 드라마로 제작한 〈가시나무새(The Thorn Birds)〉 등 다수의 작품이 있다. 특히 로마 가톨릭신부와 여신도 간의 사랑을 다룬 작품인 〈가시나무새〉는 교황청으로부터 커다란 반발과 비난을 받았음에도 불구하고 그 당시 20여 개 언어로 번역되어 수천만 부 이상이 팔려나간 초대형 베스트셀러가 되었다. 결국 대부분 바티칸과 가톨릭 신부를 주제로 한 작품에 대해서는 작가나 작품의 상상력에 관계없이 그들의 존엄과 이미지 손상을 우려한 나머지 칭송받은 작품은 거의 없었던 것 같다. 그만큼 종교계 스스로가 관용심이 없다는 것을 반증하는 대목이다. 장기간에 걸친 이탈리아 일주를 마치고 우리는 오후에 레오나르도 다빈치 공항으로 향한다. 아내는 이탈리아 일주를 강행군한 탓에 여행 말미부터 감기 기운이 있더니 한동안 후유증으로 헤매고 있다. 다음 여정으로 계획한 포르투갈·스페인 여행은 욕심 부리지 말고 방문지역을 대폭 줄여서 여유롭게 해야 할 듯싶다.

에필로그

먼저 양해를 구할 것은 유럽 각 도시들을 여행할 당시에는 이후에 여행에세이를 쓰겠다는 목적으로 하지 않았다. 그 말인 즉 자연스럽게 멋진 추억을 남길 목적으로 우리 모습이 담긴 사진들을 많이 찍은 편이다. 그러나 여행에세이를 집필하려다보니 인물이 담긴 사진을 최대한 억제할 필요가 있었고 그래서 독자들에게 이해를 돕기 위해서 인물이 없는 사진들을 선정하는 과정에서 다른 사람들이 찍은 나름 양질의 자료원이 포함된 사진을 넣어서 사용하려고 했지만 저작권 문제로 결국 포기할 수밖에 없었다. 그러다보니 원래 구상했던 것보다 좋은 사진을 많이 활용하지 못했던 점에 대해서 이해를 구한다. 그리고 특히 작품이나 건축물 등의 사진을 사용할 때는 인물이 클로즈업된 사진은 최대한 배제하려고 최선을 다했다는 점이다.

그리고 몇 년 동안 여행을 하면서 업무와 관련해서 느끼게 되는 것은 머지않은 미래에 여행이란 개념과 형태, 그리고 여행업이라는 업의 정의도 상당한 변화가 있을 것으로 판단된다. 우선 1차적으로 이미 광범위하게 적용되고 있는 단계로 이탈리아 바티칸 여행과정에서 언급한 것처럼 단체관광에서의 가이드 역할도 오디오 가이드 서비스로 점진적으로 전환되고 있는 상황이라는 점이다. 그리고 다음 2단계 과정으로 이젠 생체인식정보를 활용한 자동통역 서비스 도입이 곧 적용될 것으로 보인다. 즉 여행자가 특정 예술작품이나 조각품 앞에 서면 관람객 개인에 적합한 언어로 체계적인 설명도 가능해질 것이기 때문이다. 학교에서 모바일마케팅과 뉴미디어광고론 등을 강의할 때면 디지털시대 환경변화 부분에서 공상과학소설과 영화 속에 등장하는 장면에 깊은 관심을 가지라고 수강생들에게 주문하곤 한다. 그러한 까닭은 그것이 먼 미래가 아닌 우리의 현실에 곧 등장되기 때문이다. 탐 크루즈 주연의 영화 〈마이너리티 리포트(Minority Report)〉에 등장한 홍채인식 기술을 바탕으로 한 생체인식광고가 광고물 앞을 지나가거나 광고물 앞에 서있는 사람들의 홍채를 통해서 그들의 연령대, 성별 등을 파악해서 그들에게 적합한 광고메시지를 음성과 영상으로 전달하는 형태를 띤다. 이 정도 수준은 이미 국내기술로도 현실 속에서 적용되고 있다. 그렇게 되면 더 이상 여행 가이드에 끌려 다니는 형태의 단체관광에서 벗어나게 될 것으로 판단된다. 따라서 향후 여행 가이드의 역할은 관광객 일정관리나 여행지 이동 등에 관여하는 것 외에는 현재의 역할은 대폭 축소될 것으로 전망된다. 참고로 공상과학영화 속에 등장하는 미래 모습으로 해리슨 포드 주연의 〈블레이드 러너(Blade Runner)〉를 보면 우리의 미래를 더 면밀하게 살펴볼 수 있는데 여기에서 눈여겨볼 것이 하늘을 나는 스카이 카(Sky Car)와 복제인간 리플리컨트(Replicant)다. 스카이 카는 이미 여러 업체에서 개발해서 시운전된 상태고 법적 규제와 안전비행성능 인증만 통과되면 상업화하는 건 시간문제라고 판단된다. 국내에서도 활주로 없이 수직 이착륙할 수 있는 헬기 형태로 개발되었을 정도다. '하늘을 나는 택시'라 불리는 도심항공교통(UAM:Urban Air Mobility) 역시 곧 우리 앞에 현실로 다가오고 있다. 미래여행의 3단계는 가상현실(VR:Virtual Reality)과 증강현실(AR:Augmented Reality)을 접목시켜서 실제 특정 도시와 지역을 여행하고 있는 것 같은 간접체험을 제공함으로써 직접 현지에 가는 비용과 시간, 그리고 수고스러움을 덜어줘서 높은 참여도와 만족도를 꾀하는 형태로 전개될 것으로 판단된다. 즉 향후에는 현실세계와 비슷하게 만들어내는 가상적인 3차원 공간 또는 실재하지 않는 환경을 실재 현실인 듯이 체험시키는 기술을 의미하는 가상현실과 현재 실제로 존재하는 사물이나 환경에 가상의 사물이나 환경을 덧입혀서 마치 실제로 존재하는 것처럼 보여 주는 컴퓨터 그래픽 기술 또는 그런 기술로 조성된 현실인 증강현실이 여행의 형태에도 많은 영향을 미칠 것으로 판단된다. 그리고 조금은 허황되게 들리고 비현실적으로 와 닿을 수 있겠지만 4단계이자 마지막 미래여행 단계는 인간의 뇌 속에 여행의 기억을 주입시키는 수준으로 전개될 것으로 예측해볼 수 있다. 앞에서 언급한 영화 〈마이너리티 리포트〉와 〈블레이드 러너〉의 원작자인 SF 소설가 필립 K 딕(Philip K. Dick)의 또 다른 원작소설을 영화화한 아놀드 슈왈제네거 주연의 〈토탈 리콜(Total Recall)〉을 보면 미래의 여행이란 개념을 유추해볼 수 있다. 원작소설과 영화 속에서는 미래의 여행은 가상의 여행경험을 사람들의 뇌, 즉 인식 속에 심는 것으로 묘사되고 있다. 그러한 여행체험서비스를 제공하는 일종의 미래 여행사인 '리콜사'를 찾으면서 실제 화성여행을 했던 것인지 아니면 인식 속에 심어진 가상체험을 한 것인지 혼란 속에서 벌어지는 섬뜩한 음모와 에피소드를 배경으로 전개되는 이야기다. 만일 사랑하던 연인 또는 고인이 된 그 누군가와 현실에서 못 이룬 꿈을 함께 가상에서라도 동반여행을 저렴하게 할 수 있다면, 그리고 머리 속에 그 추억을 평생 각인시키고 싶다면 시도하려는 수요가 제법 많지 않을까?

끝으로 저서를 집필하면서 나름대로 가급적 많은 객관적인 자료를 인용해서 역사적 사실들을 팩트 체크하고 서술했지만 독자 관점에서 잘못된 표현이나 내용이 있다면 제 인스타그램(kwon_pum)이나 페이스북(Ohpum Kwon) 등에 남겨주면 확인하고 재출간이나 추가 인쇄할 때 수정과 보완을 하려고 하니 그냥 넘어가지 말고 피드백해주기를 바란다. 그리고 이전에 다른 저서를 출판할 때보다 원색사진이 많이 사용되는 여행에세이를 출간하려다보니 사진선정과 원고수정 등 몇 배 더 시간과 과정이 필요하다는 걸 새삼 느끼게 된다. 이후에 여행할 때는 이러한 점을 감안해서 사진과 기록을 더 꼼꼼하게 해야 할 필요가 있을 듯싶다. 아울러 출간과정에서 저자 못잖게 힘들었을 출판사 디자인21의 이용석 차장님과 편집담당자들에게도 고마움을 전한다. 그리고 옆에서 묵묵히 응원과 격려를 해준 아내에게도 감사함을 저서로 대신 전하며 둘만의 여행이 해질녘 노을처럼 한 편의 아름답고 소중한 추억으로 기억되고 우리의 나름 푸르렀던 날들을 그림처럼 간직해주기를 소망해 본다.

나만의 여행시선 1

1판 1쇄 2026년 2월 12일

저자 권범
발행인 이경화

발행처 디자인21
주소 04560 서울특별시 중구 퇴계로 293-1 3층
전화 02-2269-6561(대)
팩스 02-2269-6568
e-mail 21publish@naver.com
블로그 https://blog.naver.com/publish21
인스타 https://www.instagram.com/21publish.co.kr
홈페이지 https://21publish.co.kr

등록번호 제1-1128호
등록일자 1991. 2. 12

ISBN 978-89-6131-205-9 03980

정가 30,000원